加强判解研究
推进司法改革

肖扬
二〇〇〇年
七月一日

2019 年第 1 辑

总第 87 辑

判解研究

中国人民大学民商事法律科学研究中心　主办

王利明 · 主编

人民法院出版社

图书在版编目(CIP)数据

判解研究.2019年.第1辑:总第87辑/王利明主编.—北京:人民法院出版社,2019.7

ISBN 978-7-5109-2580-1

Ⅰ.①判… Ⅱ.①王… Ⅲ.①判例-研究-中国-丛刊②法律解释-研究-中国-丛刊 Ⅳ.①D920.5-55

中国版本图书馆CIP数据核字(2019)第141388号

判解研究

总第87辑(2019年第1辑)

中国人民大学民商事法律科学研究中心 主办

王利明 主编

责任编辑 兰丽专 陈晓璇
出版发行 人民法院出版社
地 址 北京市东城区东交民巷27号 邮编 100745
电 话 (010)67550520(责任编辑) 67550558(发行部查询)
65223667(读者服务部)
客服QQ 2092078039
网 址 http://www.courtbook.com.cn
E-mail courtpress@sohu.com
印 刷 三河市国英印务有限公司
经 销 新华书店
开 本 787×1092毫米 1/16
字 数 215千字
印 张 13.5
版 次 2019年7月第1版 2019年7月第1次印刷
书 号 ISBN 978-7-5109-2580-1
定 价 50.00元

《判解研究》丛书编委会

目录 CONTENTS

国际契约法统合和契约法之修订*

陈聪富**

对于国际契约法统合，我国台湾地区非常重视，原因就是我国台湾地区的“民法”是继受1900年的《德国民法典》。大家都知道，《德国民法典》在2002年已经做了很大的修改，可是我国台湾地区“民法”还没有正式修改完毕，目前处于修改中的阶段，台湾学者都认为必须要赶快让台湾地区“民法”与全世界的契约法修订的趋势一致。我接下来就把我的读书心得做一个报告，介绍一下全世界的契约法修法的趋势在我国大陆法律这边有什么样的反映，还会就台湾地区的“民法”应当做什么样的修改做一些讨论。

一、英美法系和大陆法系思考方式的差异

我们知道西方国家有两个大的法系，即普通法系（英美法）与大陆法系（欧陆法），它们都受到罗马法的

---

* 本文系根据作者在中国人民大学主讲的第484期民商法前沿论坛的讲座实录完成，文章对实录稿进行了部分删改。

** 台湾大学傅斯年纪念讲座教授、台湾大学特聘教授、台湾大学法学院蔡万才讲座教授。

影响。当然，罗马法对欧陆法影响比较大，对英美法影响比较少。从契约法的角度观察，欧陆法跟英美法在契约法上有很多截然不同的思考方式。

第一，欧陆法非常强调“意思自治”的理论，所有的契约都是来自于当事人的意思自治，只要当事人达成合意形成契约，那基于尊重当事人的意愿，法律就应当赋予该契约以契约法上的效力，当事人就有义务去遵守这个契约，这就演化出所谓的“契约严守”的原则。对于普通法上的契约法，我想引用《普通法》这部经典著作的作者奥利弗·霍姆斯（Oliver Holmes）讲的两句话。他说：“在法律上具有拘束力的允诺，其唯一的普遍结果就是——如果允诺的事件不发生，则在法律上将是表示允诺之人负赔偿责任。在任何情形下，表意人在履行期届满前得免于任何介入行为，因此其得以选择自由违反契约。”从这一段话我们可以看得出来，普通法的概念并没有非常强调“契约严守”原则，反而认为债务人是可以自由选择违约的，只要（债务人）会承担赔偿责任就好了。

基于此，普通法系和大陆法系的契约法对基于违约的强制履行请求权以及损害赔偿请求权持完全不同的态度。霍姆斯先生又说：“在普通法中，履行契约的义务蕴含着一个预期，也就是说如果表意人违反契约，应该负损害赔偿责任，别无其他。”所以，在普通法中，如果一方违约了，那么赔偿就可以了，法院并不会特意强调违约方的履行义务。为什么普通法系和大陆法系的契约法对基于违约的强制履行请求权的态度完全不同呢？英国法制史的研究者经常讲一句话，那就是“罗马法到英国到得太晚了”，也就是说英国受罗马法影响的时候，英国的法律体制已经基本形成了，所以欧陆法跟普通法有很大的差别。后来国际契约法上的法律文件也深受英美法的影响。

我再举几个简单的例子让各位了解普通法系和大陆法系在契约法上的不同。第一，就契约的缔结来看，欧陆法强调的是当事人的意思自治，契约一定要当事人在主观上形成合意，是以主观主义来看契约是否成立的；在英美法里，就契约的成立而言，当事人合意的有无并不重要，重要的是表意人的行为能否引起相对人的信赖，并基于这种信赖而去从事某种行为，若存在这种客观上的行为，契约就成立了。英美法上契约成立的客观主义观点对我们学欧陆法的人来讲，简直不可思议。

第二，不管是德国法还是法国法都很强调诚信原则，但英美法到现在还不承认"诚信原则"。有学者说:"英国的契约法是为了一国的商人制定的，而法国的契约法则是为一群农夫而制定的。"换言之，英美法上的契约法在制定时的适用对象是商人，而商人是非常有经验的，所以法院会认为所有的合法交易都应该由商人自己去约定，当事人依契约约定来保护自己，而不应该靠法院来保护自己；但是通过与法国、德国的契约法相比较，我们会发现，大陆法系的法院经常借由诚信原则介入当事人之间，对其权利义务进行调整。

第三，就违约责任而言，在大陆法系国家，违约责任是要以"可归责"作为要件的，这个特点在德国法上尤为突出。可是在英美法系国家，违约责任只基于承诺（promise），违约方只要违反合同约定的承诺，就需要承担严格责任。

第四，关于违约的救济方法。诚如我刚刚所说，欧陆法上的契约成立需要当事人双方形成合意，当事人形成合意，契约成立生效之后你就必须严守契约。严守契约的最佳表现就是你要好好去履约，因此，债权人对债务人就有所谓的"强制履行请求权"，可以向其要求为特定给付。在英美法系的契约法中，违约责任主要是指损害赔偿，契约的一方可以自由选择违约，只要赔偿了也就没事了。所以，在英美法里，强制履行请求权是例外而不是原则。从这些地方都可以看出欧陆法跟普通法在契约法上有很大的不同。

二、国际契约法的统合趋势

（一）概述

《合同法》第110条规定:"当事人一方不履行非金钱债务或者履行非金钱债务不符合约定的，对方可以要求履行……"这个规定比较像是偏向欧陆法，虽然之后我们会说明，我国大陆的《合同法》基本上是沿袭或参照《联合国国际货物销售合同公约》（The United Nations Convention on Contracts for the International Sale of Goods，下文简称CISG）制定的。CISG希望在世界各国，包括英美法系跟大陆法系国家都能通行，所以它试图融合这两个法系所有的规定，故条约内容里面也带有一些欧陆法的色彩，不过更多反映的是英美契约法的特质。CISG影响了其他很多国际契约法文件，后来也影响到了《德国民法典》和《法国民法典》的修订。

国际契约法统合的趋势，最早要从 1980 年于维也纳举行的外交会议上获得通过的 CISG 开始讲起。CISG 是国际货物销售合同的公约，看起来是只对买卖契约进行了规定，可是它却产生了大陆法系所谓“债法通则”的法效果。以现在正在制定的《中华人民共和国民法典合同编（草案）》[以下简称《民法典合同编（草案）》] 来模拟，《民法典合同编（草案）》没有规定债法总则，可是买卖合同（连同《合同法》的总则部分）却起到了类似债法总则对债法上的行为做基本性规定的作用。这也很像《美国统一商法典》(Uniform Commercial Code，下文简称 UCC)。UCC 的第二章是规定买卖合同，可是它的买卖合同规定几乎就等同于我们欧陆法里面的债法总则规定，这是非常有意思的。

后来国际统一私法协会于 1994 年编撰了《国际商事契约通则》(Principles of International Commercial Contracts，以下简称 PICC)，它的很多规定就是从 CISG 发展出来的。按时间顺序，接下来是《欧洲契约法原则》(Principles of European Contract Law，以下简称 PECL)，PECL 也有很多跟 PICC 类似的地方。之后当然大家都知道，2009 年有《欧洲私法共同参考框架草案》(Draft Common Frame of Reference of European Private Law，以下简称 DCFR)，最近的（国际契约法）则是 2015 年的《欧洲共同买卖法》(Common European Sales Law，以下简称 CESL)。CESL 希望通过欧洲议会制定一部欧洲共同买卖法，让全欧洲的国家去施行，这是欧洲的民法统合的最重要的一步。CESL 把过去欧洲所有关于民法、关于契约法的指令进行了重新整理并提高了认定标准。在这些国际契约法的文件中，PICC 主要用于规制商事契约，CESL 主要规制消费者契约，更强调消费者的保护。DCFR 与 PECL 没有太大差别，既规制商事契约，也顾及对消费者契约的调整，只是相比之下 DCFR 在法条的语词上更加精准。

随着这些国际契约法文件的一再发布，全世界兴起了修法热潮。当然第一个需要提及的就是 1999 年出台的《合同法》。就像我刚才讲的，《合同法》参照了很多 CISG 的规定。接下来是 2002 年《德国民法典》的修订，它的修订主要是受到 PICC 跟 PECL 的影响，而 PICC 与 PECL 都受到 CISG 的影响，所以我一直觉得 CISG 是很重要的。那么接下来是 2013 年《韩国民法》的修订草案，修订的内容可能相对少一点。之后是 2016 年

《法国民法典》的修订，在修订过程中，《法国民法典》接受了很多英美法上的观念，还吸纳了一些德国法的规定，之后我们会再进一步展开《法国民法典》的其他修订内容。然后是 2017 年《日本民法典》中债权法部分的修订。我曾经到日本去专门跟他们的学者讨论 2017 年《日本民法典》债权法部分的修订，发现日本的学者观点分为两派：一派说他们什么都没改，一切的改变都是不重要的；但是另外有一派说《日本民法典》债权法部分改变得非常大。我研究《日本民法典》的条文，发现最有意思的地方就是《日本民法典》债权法部分的条文规定得不清不楚，每一个条文都可以产生两派的见解，这就是为什么日本学者产生两派的原因，我也不知道日后日本民法的走向如何。最后我需要提一下，我国台湾地区“民法典”是从 2017 年开始启动修订的，等一下我要报告的关于台湾地区“民法”修订草案中的一部分条文是 2017 年我们台大几个老师共同研究拟定的。

世界上各个国家和地区参照国际契约法进行修法的趋势，可以分成以下方面进行讨论：先契约义务①；关于自始客观不能的契约效力问题；关于违约类型的规范；关于期前违约的制度；损害赔偿的归责原则；关于解除权的要件；关于法律行为基础不存在的规范。

（二）先契约义务

我们先说先契约义务。欧陆契约法以及我国大陆《合同法》都有先契约义务的相应规范，即所谓的缔约过失责任。缔约过失责任是德国法上的发明，《德国民法典》于 2002 年对其进行了明文确认。一方如果违反契约义务，当然要负损害赔偿责任；但如果一方违反的是缔约义务，英美法则不认为其应当承担损害赔偿的责任。这是因为英美法认为一方契约当事人拥有比他方当事人更多的信息，属于他的努力所得，他应该因而获得利益，没有义务告知他方当事人我所拥有的信息是什么，所以一方当事人可以利用他的信息上优势，去订立对他有利的契约。这样的交易形态在英美法上被认为是合理的，这跟德国法所谓的“先契约义务”有很大的差别。2016 年修订后的《法国民法典》也对诚信原则所生的告知义务、保密义务进行了规定。

① 先契约义务即我国大陆《合同法》规定的先合同义务。

对于国际契约法，CESL 有非常多的条文在规范所谓依诚信原则所生的“信息揭露义务”。这会引发一个重大的问题：在契约缔结过程里，契约一方当事人拥有的信息在何时必须告知他方以让对方可以充分了解缔约需要依赖的信息。为什么呢？契约的本质是告知后相互同意的过程，也就是英文所说的知情同意（informed consent），双方都需要在了解必要讯息的基础上缔结契约。只有这时候当事人之间才是公平的，也只有公平缔结的契约才能拘束双方当事人。对于拥有优越的信息地位的当事人是否有义务告知另一方这样的问题，CESL 的相关法条认为信息优势当事人要尽量地告知另一方，这可能是因为 CESL 比较强调对消费者的保护。

《合同法》第 42 条、第 43 条对缔约过失责任作了规定，我在看这两条规定时产生了两个疑问：第一个疑问是缔约过失的损害赔偿责任是不是只限于信赖利益。为什么会有这个疑问呢？我国台湾地区的“民法”规定：“一方对信赖契约能够成立而致受损害的他方当事人要负赔偿责任。”所以在台湾地区，对于缔约过失，责任方赔的是基于信赖利益的损害赔偿。然而，《合同法》第 42 条虽然明文规定了缔约过失责任，但没有规定该责任的范围。第二个疑问是除商业秘密不可以泄露外，泄露其他秘密是否属于引起缔约过失责任的行为。

（三）关于自始客观不能的契约效力

接下来我想谈一个可能在《合同法》中没有规定的问题，就是所谓的自始客观不能的（契约的）法律效力问题。修改前的《德国民法典》规定了自始客观不能的契约无效。是什么致使客观不能的契约变得无效呢？拉伦茨说，很简单，既然一个契约的目标是自始就不可能实现的，那赋予它契约的效力是毫无意义的，所以就让它无效吧。但后面像 PECL、DCFR 都明文规定自始客观不能的契约是有效的，《德国民法典》在 2002 年也做了修改，说自始客观不能的契约是有效的。

我查了一下《合同法》的规定，对于自始客观不能的合同的效力似乎没有规定。我国大陆的通说认为自始客观不能履行的合同是有效的，只不过会引发损害赔偿的责任。如果是这样的话，这种见解就跟现行的《德国民法典》的见解是一致的，跟 PECL 和 DCFR 也是一致的。我国台湾地区的“民法”现在对自始客观不能的契约效力明文规定为无效，我们希望以后修改为有效。

（四）关于违约类型的规范

接下来我想说明一下违约类型化与违约概念统一化的问题。就德国法和我国台湾地区“民法”而言，违约类型是分成三类的，即所谓的给付不能、给付迟延跟不完全给付，但在英美法上并没有这些区分。英美法上的违约只有一个概念，就是“违反契约”（breach of contract）。在违约类型化下发展出的法教育体系与违约概念统一化下的法教育体系有什么差别呢？在英美法里，契约法课上的教授在教学生的时候，他一定会说违约就是违反契约，不用再去想违约的具体类型，重要的是债权人有什么样的救济途径。可是我国台湾地区的教学从一开始就会去教学生说违约的类型分三类，我们要讨论什么叫给付不能，什么叫给付迟延，什么叫不完全给付，并分析不同违约类型的构成要件，基于不同违约类型的构成要件分析其法律后果。其结果是发生两个现象：第一个现象是我们的学生不知道什么叫“违反义务”，也就是他没有在接受法教育后产生违约其实就是在违反义务的认知；第二个现象是我们的学生对违约救济方法没有足够重视。

我认为，英美法系的契约法上以救济途径为主导的思考路径比较符合一般债权人的想法，这样的思考模式刚好与传统的欧陆契约法是完全不一样的。从 CISG，到 PICC、PECL，还有修订后的《德国民法典》《法国民法典》，我们都可以发现，现在无论是国际契约法还是内国契约法都不去区分违约的类型，只说违约是“债务之不履行或契约之违反”。尤其是这里所看到的《德国民法典》第 280 条第 1 项。在采取违约概念统一化之后，债务不履行已经从违约的类型转为违约的救济方法。所以《法国民法典》第 1217 条就说债务人没有履行契约或者履行契约有瑕疵的时候，可以拒绝自己的给付、请求履行、减少价金、解消契约、请求修补不完全的给付，PECL 也是一样。

归纳起来，就是现在契约法要探讨的是所有的这些违约救济方法，包括我下面要说的履行请求权、损害赔偿请求权、契约解除权、价金减少请求权及拒绝履行权。所以各位同学以后你们再看契约的时候，尤其是你在当律师的时候，你在思考问题的时候要反过来，你思考的问题不是债务人是迟延给付吗，是瑕疵给付吗，他再来要怎么办，它的效果是什么。而是倒过来，你的当事人到底可以主张什么，他想要主张什么，他想要请求特定履行，还是想要请求损害赔偿、解约、请求减价或拒绝履行。这个拒绝履行权，是在一方当事人不履行债务的时候，他方当事人可以暂时不履行，拒绝去履行。这个就是所谓的违约救济方法，思考的方向是刚好相反的。《合同法》第 107 条没有区分义务违反的违约类型，这与国际契约法文件采取的立场一致，是符合整个国际契约法修法趋势的。

正如刚刚所讲的，在台湾地区，我们会区分给付迟延、给付不能、不完全给付。但在教学的时候，我经常会碰到问题，就是有若干案例其实是分不清楚到底是给付不能还是不完全给付的，这在司法实践上也是如此。所以，我们希望以后不再强调区分违约类型，把相关条文改成"只要违反债之关系所生的义务就可以请求损害赔偿，但不可归责于债务人之事由不在此限"。

我这里想另外强调一个观念，就是给付义务跟损害赔偿义务的分离。未来修订的我国台湾地区"民法"第 225 条第 1 项、第 4 项规定，如果自始给付不能，即便是可归责的债务人也是一样免给付义务；但如果给付不能是可归责于债务人的原因，债务人还是要负损害赔偿责任。换言之，无给付义务的债务人，仍然要承担损害赔偿义务，如此会将给付义务跟损害赔偿义务分离。这个观念会对债之关系的第一次给付义务和第二次给付义务的观念产生冲击。因为在现行德国法的观念里，第一次给付义务就是为特定给付请求权的给付义务。如果无法履行这个债务，才会考虑第二次给付义务，即损害赔偿义务。可是现在如果免除了给付义务还是有可能负损害赔偿责任，此时所谈的第一次的给付义务就不一定是所谓的强制履行的给付义务，这会与传统上所谓的第一次给付义务跟第二次给付义务的概念产生很大的差别。亦即，目标物特定给付义务与损害赔偿义务均属第二次给付义务，而第一次给付义务是指债权人期待契约履行所能获得的利益。

（五）关于期前违约的制度

其次要谈的另外一个问题是期前违约制度。一个债务人负有债务，他什么时候会违约呢？一般而言，履行期届至而不履行债务，才构成违约，因为那时候义务才开始发生。问题来了，债务人在履行期届至前不履行债务，算不算违约？严格意义上讲，他没有违约，因为履行期还没有届至。

如果履行期还没有届至，债务人就跟债权人讲，即便一个月后期限到了他也不会履约，这时候债权人就会开始担心。可是当债权人向债务人主张权利的时候，债务人会说期限还没到，原则上他没有违约。目前我国台湾地区“民法”没有规定期前违约制度，所以期前违约到底是不是违约行为，仍然有很大的争议。

但是在英美法就不一样，英美法从一开始就认为期前违约就是违约。在履行期届至前，债务人有不作为的义务，即不应该使给付成为不能。而且在英美法的概念里，如果债务人已经明确地与债权人说不会履行义务，债权人却没有办法主张自己的权利，其结果是债权人的损害越来越大，对于债权人及债务人均属不利。关于期前违约制度，像 CISG 就规定，履行期限届满前有重大违约行为的，守约方可以解除契约，PICC 也规定期前违约可以解约。修订后的《德国民法典》也规定债务人坚定而明确拒绝给付的时候会发生迟延责任，债权人可以立即请求赔偿；如果属于重大违约行为，债权人可以解除契约。《合同法》第 94 条与第 108 条规定了期前违约制度，我觉得采取这个制度是非常好的，是符合世界潮流的。

接下来我要谈的是违约的救济方法。违约的救济方法归纳起来大概有以下几种：第一个就是履行请求权。所谓的履行请求权包括了下面三种：其一是特定给付请求权，也就是《合同法》讲的强制履行请求权；其二是补正请求权，或者修补请求权；其三是替代给付请求权。各个国家和地区的契约法文件都明确规定，即便债务人没有过失，债权人仍然可以主张履行请求权，这一点非常重要。但在我国台湾地区现行“民法”中，对于给付迟延或瑕疵给付，都一定要是可归责的时候，债权人才可以行使履行请求权，尤其是补正请求权，这其实是不对的。第二个是损害赔偿请求权，我们等一下会谈关于它的要件及赔偿范围。第三个是契约解除权，我们之后也会谈它的要件。最后一个是价金减少请求权。在大部分国家的立法例中，价金减少请求权都是规定在各种具体之债中的，在通则编规定的不多。可是《法国民法典》第 1223 条第 1 项规定：“在通知履行后，债权人得接受不完全的契约履行而按比例减少价金。”它把价金减少请求权给一般化了。《合同法》第 111 条也规定了“减少价款”作为一般性违约责任，这样一个一般性的规定不多见，是一个非常有意思的现象。

我们下面来看特定给付请求权，欧陆法系通常都对特定给付请求权予以明文确认，不管是《德国民法典》第241条，还是我国台湾地区“民法”第199条都一样。关于特定给付请求权的最极端例子是一个法国法院的案例，就是在一个承揽契约里，定作人委托承揽人去盖一栋大楼，盖完了以后发现承揽人所盖好的房子跟原本契约书上面写的房子的高度少了33公分。结果定作人拒绝给付报酬，主张承揽人的工程不符合契约的约定，所以定作人就拒绝给钱，起诉要求法院判决拆掉重做。大家会觉得这个诉讼请求非常的疯狂，可是法国法院判决原告胜诉了。关于法院的这个判决，法国的学说评述是这样说的：“无论履行债务在财务上或社会上是否形成一场灾难，或使债务人丧失所有一切，在所不论。”这是我看过最为疯狂的一个案件，判案的法院能运用契约严守原则到这种地步，强制履行请求权也可以发挥到如此极致。

在英美法上，就像我最开始讲的那样，英美法认为债务人可以违约，甚至在判例中逐渐形成所谓的“有效率的违约”的理论，也就是说如果你的违约对于双方当事人来讲更有利的时候，就违约吧。换言之，如果履行契约的成本超过所有当事人的利益，就违约吧。在“有效率的违约”概念下，债权人就没有请求为特定给付的权利了。所以，在英美法中强制履行请求权只是一个衡平法上的概念，必须在例外的时候才可以主张。《合同法》第110条看起来比较趋近于欧陆法，肯定了强制履行请求权，但也同时规定了若干的例外情形。

（六）损害赔偿的归责原则

接下来我们再谈关于损害赔偿的归责原则问题。损害赔偿的归责原则在英美法跟欧陆法有很大的差别。英美法的契约就是来自于承诺，所以契约当事人就需要担保（warranty），以保证债务的履行，因此形成了所谓的严格责任。这种观念影响到了CISG的规定。CISG第79条规定，一方当事人如果可以证明违约是因为超越他所能控制的障碍事由，且该事由不在其合理预期的范围内，这时候对契约义务的违反才不需要负责。换言之，在CISG的概念下，一个债务人，尤其是出卖人，违反了义务就要负责，损害赔偿不以可归责为要件，除非他能够举证他违反义务是因为他所不能控制的障碍事由才能免责。后来这一条免责条款被PICC、PECL、DCFR全盘继受了。

对于损害赔偿的归责原则，我还想举一个例子来说明。一个匈牙利的葡萄藤的经营者去跟德国的商人买黑色的葡萄藤蜡，以防止葡萄藤干化或感染。这个德国商人跟一家供货商买蜡，一合计，供货商就直接把这个蜡送去给买受人。葡萄藤的经营者用了这些蜡之后，发现所有的葡萄藤都坏掉了，因为这种葡萄藤蜡是有瑕疵的。这个案子争议的是，一个出卖人需不需要为他的供货商所提供的商品承担债务不履行的瑕疵担保责任呢？这种问题天天都在发生，这种供货商的责任到底应如何处理。

德国的内国法多数的见解认为出卖人不用负责，因为他没有检验的可能性。但在国际契约里，德国法院适用 CISG，出卖人要基于获取风险的义务而承担赔偿责任，因为这个葡萄藤蜡的瑕疵非属出卖人无法控制的履行障碍，除非出卖人能举证供货商所造成的物资瑕疵非出卖人跟供货商所能控制。换言之，出卖人要免责，他必须证明两件事：第一件事情是履行的障碍超越出卖人所能控制的范围；第二个是葡萄藤蜡有瑕疵也不是供货商所能控制的。这个判决结果和德国内国法不一致，非常有意思。

我们来看《合同法》第 121 条：“当事人一方因第三人的原因造成违约的，应当向对方承担违约责任。”我猜这一条应该是从 CISG 第 79 条第 2 项来的，但是这个“第三人”是指谁呢？如果是当事人的履行辅助人，当事人应该要负责；如果也包括其他第三人，比如像上面说的供货商，基于《合同法》第 121 条得出的结论和 CISG 就是相同的。就这个问题，稍后我也想请教一下各位老师同学们的意见。

就内国法而言，到底损害赔偿请求权是要采取归责原则还是严格责任呢？就这个问题，我们可以观察一下法国法。《法国民法典》第 1218 条第 1 项定义了什么叫作不可抗力，如果在契约关系里发生超越债务人所能控制的事件，而且在一开始没有办法预见，这种阻碍了债务人履行债务的事件就叫不可抗力。第 2 项又说这种履行债务的阻碍如果是永恒的话，契约依法解消，当事人免除义务。这个规定很像 CISG。法国法之所以会有这样的规定，是因为法国法在理论上将债务分为所谓的“方法债务”跟“结果债务”。对于违反“结果债务”的行为，法国法一直都认为要负严格责任，只有违反义务的人举证（不可抗力的存在），才能免除责任。不过对于违反“方法债务”的行为，法国还没有规定。《德国民法典》当初在 2002 年修订的时候，对违约责任要采免责规定或归责原则，有非常深刻的讨论，最后还是决定维持归责原则。

《合同法》第107条规定，当事人一方不履行合同或履行合同不符合约定的应承担违约责任。条文中的违约责任到底是严格责任、无过错责任还是过错责任呢？学界好像仍然有不同的见解。不过单纯从条文来看，我是比较倾向《合同法》采取严格责任的。我们如果去追溯《合同法》的立法源流CISG，CISG就是沿袭英美法的严格责任，所以我认为《合同法》上的违约责任也是严格责任。此外，我们可以结合《合同法》第117条作体系性解释。《合同法》第117条规定，因不可抗力不能履行合同的，义务人部分或全部免除债务。要不可抗力才免除债务，除此之外，义务人都要负责，这种解释会比较接近严格责任。就我国台湾地区“民法”对违约责任归责原则的修订，我们希望修订后的条文仍然遵循现行《德国民法典》，以可归责作为损害赔偿的要件，但如果有特别规定，也可以采取无过失责任。

接着我们看损害赔偿的范围。《合同法》第107条规定当事人一方不履行合同应该承担违约责任。目前通说是依照《合同法》第113条规定，债务人要赔偿履行利益，这个我想不会有争议，全世界都如此。有个问题，就是如果债权人无法举证履行利益的时候，能不能放弃主张履行利益，而主张他可以证明的信赖利益的赔偿？毕竟信赖利益是已经支出的费用，比较容易举证，履行利益有时候是难以举证的。关于这个问题，英美法认为是可以的。修订后的《德国民法典》第284条规定债权人可以请求赔偿因为信赖支出的合理费用，所以德国民法也认为是可以的。《德国民法典》的这个规定是合理的，所以我们在台湾地区“民法”上也准备借鉴，明文规定债权人可以不请求债务人为替代给付的损害赔偿，而请求其赔偿因信赖可取得给付所已支出的合理费用。换言之，我们会让履行利益跟信赖利益形成一个法定的任意之债，让债权人可以选择，对债权人比较有利，对债务人也没有太大的不利益。

（七）关于解除权的要件

接下来我要谈的一个问题是解除权的要件。修订前的《德国民法典》及我国台湾地区现行的“民法”都规定，如果当事人要解除契约，必须是基于可归责于债务人的违约，债权人在违约基础上还需要催告履行，只有债务人经催告而拒绝履行的时候，债权人才得解除契约。这样的规定跟英美法有很大的不同。英美法一开始就认为契约要尽量维持，不可以随意解除，如果要解除契约，一定要达到某种程度的严重性。所以英美法经常说，一定要达到根本性的违约（fundamental breach of contract）或者是实质性的违约（material breach of contract），才可以去解除契约。

我们来看 CISG。CISG 第 49 条第 1 项规定，买受人只有在出卖人没有履行他的义务构成重大违约，或者迟延交付，经过催告仍然不交付时才能解除契约。这里又出现了“重大违约”这个说法。CISG 第 25 条又明确规定，一方的违约实质性地剥夺了他方当事人契约上可以期待的利益，并且产生损害的，为重大违约，而违约当事人无法预见该违约结果的，不在此限。所以，构成重大违约有两个要件：一个要件是实质上剥夺了债权人可得期待的利益；第二个要件是债务人要可预见违约结果。所以，重大违约是以债权人主观上的利益作为判断标准，而不是以客观上违约行为的严重性或损害是否重大作为标准。

比如说，如果构成给付不能，就属于重大违约，如果是给付迟延，还需要看给付日期是不是真的重要，不迟延的给付对买受人是不是有特殊的利益。以债权人的利益来看，瑕疵给付原则上不会构成重大违约，瑕疵必须达到无法修复，无法使用，或者是没有办法以较低的价格出售的程度，才构成重大违约。这在实务上很重要，我可以举两个例子。德国的买受人向希腊的出卖人购买英国制的硫酸盐，结果交货后才发现硫酸盐的原产地是南非，而不是英国。买受人主张出卖人构成重大违约，法院认为南非的货物仍然可以正常出售，所以不构成重大违约，买受人不可以因此解约，只能请求减价和损害赔偿。不同的是，如果意大利的出卖人卖加糖红酒到法国，买受人就可以解约，因为依照法国法的规定，红酒加糖就不可以出售于消费者，买方不能以较低的价格出售。

在国际契约法上，PICC、PECL、DCFR 的规定都与 CISG 一致，以重大违约作为解约事由。在内国法上，修订后的《德国民法典》第 323 条规定了契约的解除条件，但没有以可归责事由作为解除的要件。《法国民法典》第 1224 条规定必须要发生“充分严重的不履行”（Sufficiently serious breach），债权人才得解约，存在“重大违约”的概念。在中国大陆，重大违约一般被称为根本违约，《合同法》第 94 条规定有四种情况可以解除合同：给付不能；明确表示不履行债务，也就是所谓的期前违约；迟延后，经过催告不履行（以上三种是 CISG 规定可以解除契约的情况）；不履行债务或者违约的行为致使不能实现合同目的。所谓“不能实现合同目的”，是不是就是“根本违约”？《合同法》是不是以“根本违约”作为解约要件之一？这个是要厘清的。如果我国大陆《合同法》继受了 CISG 的相关法条，应该把它理解为是以重大违约作为解约要件的，因为 CISG 就是这样规定的。不过我发现《合同法》第 94 条第（4）项的规定虽然说了“不能实现合同目的”，但没有提到债务人到底需不需要预见违约结果。

至于契约解除的效果，依照 CISG、DCFR 的规定和《德国民法典》的规定，都是不妨碍守约方主张损害赔偿请求权，这个看起来没什么疑问，但在台湾地区学术界却引起了很大的争议。比较一下《合同法》第 97 条和我国台湾地区“民法”第 260 条。《合同法》第 97 条规定，合同解除后没有履行的，终止履行；已经履行的，依照履行情况跟合同的性质，当事人可以要求恢复原状、采取补救措施，并有权要求赔偿损失。这个“赔偿损失”是什么意思？在实务上有两种不同的看法。有的人认为，依照《合同法》第 113 条，损失赔偿包括履行利益的损害赔偿，也有判决认为不可以请求履行利益的损害赔偿。就我而言，这倒不是一个大问题，因为从国际契约法文件的规定来看，债权人解除契约不妨碍其行使损害赔偿的权利，损害赔偿请求权不因契约解除而排除。《德国民法典》也是这样规定的，因为契约上的请求权本来是存在的，不会因为解约使得本来的履行利益损害赔偿突然转变为信赖利益的损害赔偿。

我国台湾地区的学界争议主要是围绕台湾地区“民法”第 260 条的规定，即解除权的行使不妨碍损害赔偿请求权的行使。这个规定看起来跟德国法的规定很像，可是在实践中台湾地区的法院一直认为，解约完了之后，解约之前的损害赔偿请求权不受影响，但解约引起的嗣后的损害赔偿就不可以再要求。这对债权人非常不公平，因为这种司法观点让债权人不敢解约，让损害一路扩大。我们目前唯一的办法就是准备把第 260 条改得更清楚，而且明确表示债权人因契约所生的损害赔偿指的是所有的损害赔偿，包括嗣后的损害赔偿。

（八）关于法律行为基础不存在的规范

最后我要提的是所谓法律行为基础不存在的契约效力问题。法律行为基础不存在的契约效力，我国台湾地区“民法”没有规定，可是台湾地区的教科书都会提到所谓的双方动机错误，其实就是法律行为基础不存在的契约。对于双方动机错误，我想用两个案例来稍作说明。第一个案例是政府机关委托一家打捞公司去打捞特定海域的油轮沉船，打捞公司在指定的海域没有发现任何沉船的残体。这时候政府机关可不可以因为打捞公司没有成果，拒绝给付报酬？第二个案例是所谓的“英王登基游行案”。英王登基，要办游行，大家就赶紧去订游行会经过的街道附近的旅馆房间，准备看游行。等到订完房间之后，由于英王生病了，所以游行取消了。得知了游行取消的消息之后，订房的人说我没必要再住了，旅馆说契约已经成立，你还是要给我租金。这两个案子共同点在于，双方当事人都对于契约的成立有一个预设的成立基础，而这个预设成立的基础后来发现根本不存在。换言之，缔约的双方都对预设的基础事实发生了误认，这跟单方的“意思表示错误”是不一样的。《合同法》规定了重大误解，意在解决一方的误认，不是在解决双方当事人共同的误认。

对于这样的问题，英国的衡平法确定由法院来调整契约内容，《德国民法典》第 303 条规定这种情况依情势变更原则来处理。情势变更跟法律行为基础不存在主要的差别在于：所谓情势变更原则，一定是在契约成立后发生的双方当事人不可预期的情势改变；但是，法律行为基础不存在是缔约之前就已经存在的事实，只是双方在缔约时发生了共同的认知错误。这一类案子在现在的我国台湾地区“民法”中没有规定，从台湾地区的实务发展来看，这个规定也是很重要的。因为有一些案例的事实，明明就是法律行为基础不存在，可是没有人主张，没有人知道怎么办。因此，我们准备在台湾地区“民法”修订的时候，把法律行为基础不存在的情形准用情势变更的规定加入新的“民法”中。

《最高人民法院关于适用〈中华人民共和国合同法〉若干问题的解释（二）》第 26 条，还有《民法典合同编（草案）》第 323 条规定：“合同成立以后客观情况发生了当事人在订立合同时无法预见的、非不可抗力造成的不属于商业风险的重大变化，继续履行合同对于一方当事人明显不公平或者不能实现合同目的，当事人请求人民法院变更或者解除合同的，人民法院应当根据公平原则，并结合案件的实际情况确定是否变更或者解除。”这个规定应该就是情势变更原则。问题是，如果发生了法律行为基础不存在的情况，在中国大陆合同法体系之下怎么解决？我认为可以趁着民法典编纂这一时机，仿照《德国民法典》，规定法律行为基础不存在的情形准用情势变更原则的相关规定，这样可能有助于以后法律的适用。以上就是我对于国际契约法文件的重要演变，与现在世界各国各地区的契约法上的重要问题的一些介绍。

三、其他问题

作为台湾学者，我看《合同法》其实有望文生义之嫌，没有充分去了解它制定的标准，以及它的制定目的和解释适用的情况，所以才会提出那么多可能你们听起来非常肤浅的问题。像债务不履行的时候能不能依照《合同法》第113条请求信赖利益赔偿，学说上认为是可能的。但是就我来看，那个条文其实是读不出来的，因为台湾地区的学说认为，违约责任只能请求履行利益，不能请求信赖利益。所以这个在台湾才会变成一个问题，也许在这边不是一个问题也说不定。

另外就刚刚提到第三人的问题，叶林教授做了一个很好的补充。既然债务人距离供货商比较近，而且可以通过保险机制来分担风险，当然应该由债务人承担责任，这种解释是有合理性的。

另外叶林老师提到买卖法作为契约的基础模板的问题，这个问题很有趣。就财物性契约来讲，买卖法的确是一个基础。对财产性的契约，买卖契约算是一个非常典范的契约了，所以它的很多规范都会被拿来做有偿契约的适用，除非有特别的规定。至于叶老师提到的（买卖法的契约观念）对于一些劳务性契约，或者合伙契约的适用，这倒是一个问题。劳务合同跟一般的财产契约最大的不同，就是它有一些属人性。在属人性可能相异于买卖契约的时候，基于买卖法的契约观念可能要做不同的调整，不然的话会伤到属人性的特色。

叶老师提到说身份契约逐渐归为财产法，慢慢脱离人的身份的问题，这种现象很有意思，而且现在又倒回去了。从身份到契约这个脉络，放在商事契约，的确是这样。但是现在很多消费者契约，其实又从财产关系回到个人上面，身份变得很重要。比如CESL很多条文就是为了保护消费者，所以整个条款的内容跟我们想象的民法规定差别很大。

至于叶老师最后提出来两个问题，一个是台湾“民法”是不是带有商事契约属性，对这个问题我没有特别掌握得很清楚，所以我可能没有办法作答。当然在台湾地区很简单，反正只要是台湾“民法”规定的契约就是任何人都适用，这就是所谓的民商合一制度。

至于刚才有特别提到的《合同法》第120条双方违约各自承担责任这个规定，我国台湾地区审判主管机构曾经有过一个判决。台湾地区有一家公司，要引进一个俄罗斯的马戏团来台湾表演，后来发现台湾这边负责引进的这家公司并没有好好去做申请程序，所以是有疏失的；可是马戏团也没有好好提供动物的检验报告，所以就变成了两边都有过失。在两边都有过失的时候，台湾地区“民法”没有类似于《合同法》第120条的规定，在双方都可以归责的情况下，台湾地区审判主管机构判决认为用过失相抵来减轻被告的赔偿责任，学说也都认为用这种方式来处理。

石佳友老师提到《法国民法典》第1195条关于情势变更原则的再协商义务。《法国民法典》第1195条采取情势变更原则，被英国学者认为是“法国法离开法国法的第一步”，说法国法竟然采纳了德国法，走向欧陆那边去了。至于再协商义务，我们在台湾地区“民法”的修订过程中有讨论到这个问题，认为法国法虽然有规定，但是再协商义务在实务上不太会使用，因此大家觉得再协商义务没有意义。

至于“格式之战”，我觉得如果能以法律规定下来，应该会比较好一点。

关于赵秀美老师提到的问题，我刚刚说了，给付不能时，债务人免给付义务，可是还要负担损害赔偿责任，这种规定会对我们原本传统上的所谓的第一次给付义务跟第二次给付义务的观念产生很大的冲击。因为本来传统概念中第一次给付义务是在讲原始的给付义务；如果给付不能了，会发生一个损害赔偿的债务，这是第二次的给付义务。亦即，在第一次的给付义务无法履行的基础上，再讨论第二次的损害赔偿债务。可是如果我们现在规定成债务人免于履行给付义务后，还要负损害赔偿的义务，就与第二次给付义务是第一次给付义务的变形这个说法不同了。既然第一次的原给付义务都已经被免除掉了（给付不能是建立在存在给付义务的基础上的），怎么还会有第二次的损害赔偿债务呢？这时候观念就会改变，所谓的第一次给付义务已经不是所谓的原物给付义务，而是变成了经由契约之缔结，债务人向债权人赔偿应当经由履行原本契约而能获得的利益，而其他的特定给付义务全都变成了救济的方法。当然，以后学说上的发展，是可以再观察的。

关于熊丙万老师提到美国法上的效率违约原则的概念，我想熊老师对我的报告内容做了一个很好的补充。有时候我会觉得经济学家讲的好像有道理，纯经济模型的分析好像有道理，可是拿到实务上判断，我们也不一定觉得很有道理。当然经济学家的回答是说，所谓最有效率的违约是从整体当事人的最大利益来看的，而不是说违约的人拿到了好处。但是违约的人获得了最大的利益，才是效率违约原则适用的常态，这是不能否认的，所以经济学模型与效率违约的法理是否切合，还有待商榷。当然，对于熊老师用不完全合同中模拟谈判的策略来指导法律基础不存在的合同效力这一观点，我是非常赞同的。

对于同学提的第一个问题（请问你如何看待国际契约法统合过程中民事规则与商事规则的区分，比如说检验期间的规则无法适用于民事契约），我今天没有带国际契约法的条文来，只能就手头上的这本《合同法》来回答你。其实检验期间的规定和《合同法》上规定的买受人的通知义务是很类似的。如果买受人发现目标物有瑕疵，在检验期间内要通知出卖人。如果买受人逾期不通知，就视为目标物质量符合标准。这样的规定不能说不适用于民事契约，只适用商事契约，因为这种规定在《合同法》里有，在台湾"民法"里也有，在适用上好像没有发生太多障碍。

对于第二个同学的提问（陈老师之前有说希望台湾地区"民法"将损害赔偿之债定为法定任意之债，此等选择的必要性何在？关于违约方的解除权，中国大陆的法学界讨论甚多，但莫衷一是，是否需要担心违约方的解除权会导致不诚信的现象泛滥？中国大陆的立法蓝本与学说继受上的差异会产生什么影响?)，让债权人可以选择请求履行利益的损害赔偿或信赖利益的损害赔偿，真正的原因就是因为很多债权人无法证明履行利益存在，倒是证明信赖利益是比较容易的，所以赋予债权人选择权，对债权人比较公平。

至于违约方拥有解除权的规定赋予违约方可以脱离契约关系，似乎解决一些问题。但是我会比较担心会不会造成一种道德风险。这个我不太清楚，因为台湾地区"民法"没有这种规定。也许这个要请教在座各位老师，为什么会有这一条规定，这条规定会不会产生道德风险。这是第二个问题。

对于第三个问题，我一直认为现代的法律制度是来自于西方的。既然法律制度来自于西方，它自然在西方接受了长时间的洗练，法传统当然发展得比我们来得精致。所以我们需要去学习它，然后调整它，让它能很好地契合我们的法环境。我觉得在看很多法律规定的时候，真的有必要去探本溯源，去看看规定是怎么来的。如果这个规定来自于外国立法例，可能真的要去参考一下外国相关规定的立法精神和它要解决的问题是什么，这样才不至于产生太多歧见。通过刚才的讨论，我发现我国大陆的合同法其实融合了各种不同见解，包括 PICC、CISG、德国法、法国法等。如果能够各取其长，我觉得它会是一部不错的法律，也许甚至能成为中国大陆未来民法典的重大特色也说不定。

（本文仅代表作者个人观点）

合同责任与侵权责任的统合与区分

[德] 彼得·A·温德尔[*]　　李运杨[**]译

法律科学主要体现在法律的体系化之中。体系化是指确定事物的相同点、不同点和它们之间的关系。尤其对在潘德克顿体系上发展出来的德国法律科学来说，体系化通常伴随着这样一个问题，即是否可以抽象出一般规则或总则部分。在损害赔偿法或责任法中，对体系化的追求产生了《德国民法典》第249～254条的一般规则，这些规则位于债法总则中。中国法虽然放弃了债法总则，但借助于《民法总则》中的第179条（承担民事责任的方式）、第180条（不可抗力）和第186条（责任竞合），也初步规定了责任法的一般规则。① 因此，从法教义学的视角探讨合同责任和侵权责任的相同点（第一部分）、不同点（第二部分）和二者之间的联系（第三部分）就显得很有价值。

---

* 德国波鸿大学法学院教授。

** 华东政法大学法律学院师资博士后。

① 中国《民法总则》第177条、第178条中规定的按份责任和连带责任也属于债法总则的内容。

一、合同责任和侵权责任的相同点

（一）统一的责任基础

每一个完全法条都可以分解为构成要件和法律后果，不同的构成要件往往会导致相同的法律后果，法律人更倾向于从有别的构成要件的角度而非从相同的法律后果的角度进行体系化。因此，人们曾试图从构成要件的角度来讨论合同责任和侵权责任的关系，导致这种情况出现的是两个截然不同的原因。

第一，欧陆民法传统和普通法之间的结构性区别被认为是有问题的。因为，它阻碍两种法律文化之间的思想交流，不利于法律的统一。很多德国法学家因此建议放弃欧陆合同理论中的意思教义（Willensdogma）。① 取而代之的是，将合同责任和侵权责任归因于一个共同的基本思想上，这个基本思想可以存在于一个“不公正的行为”（unrechtes Verhalten）② 中，可以存在于“补偿”（Gutmachung）③ 中，还可以存在于“财产损失的平衡”（Ausgleich eines Vermögensnachteils）④ 中。

对侵权责任，这些建议是适用的。但对合同责任，所有这些建议最多⑤适合于“附带”给付的损害赔偿（Schadensersatz neben der Leistung），即给付迟延和所谓的积极侵害债权，难以适用于给付利益的担保义务（Einstandspflicht）。格哈德·凯格尔（Gerhard Kegel）曾这样论证，即：债权人在合同订立时就获得了所许诺的财产利益，这是因为根据经验，合同通常会被履行。因此，所许诺的给付如果未被履行，就可以视为财产的减少，就需要给予补偿。⑥ 但这种论证方法颠倒了合同的功能，合同的功能是使财富的交换成为可能，合同是面向将来的，在合同订立时就已经发生价值的移动是不可能的。

---

① 尤其是 *Oechsler*，Vertragliche Schuldverhältnisse[2]（2017），Rn. 6 ff.

② *Oechsler*，aaO，Rn. 9 ff.

③ *Fikentscher* SchR[8]（1992），Rn. 15 f.

④ *Kegel*，Vertrag und Delikt（2002），S. 98 f.，106 f.，119.

⑤ 先合同责任除外。

⑥ So *Kegel* Vertrag und Pflicht（2002），S. 97 ff.

第二个导致用侵权法的结构来调整合同责任的原因，存在于《法国民法典》糟糕的结构中。在《法国民法典》中，根据制定法的外部体系，债务被视为所有权取得的原因（第三编第3章）。但该部分规范的重心仍是合同性债务关系（《法国民法典》第1101条及以下条款），侵权法仅仅作为“合同外债务”简短地予以规定（《法国民法典》第1240～1244条）。因此，法国的学说和判例都在致力于准确地说明侵权法在债务关系体系中的地位。① 在这个过程中，出现了一个将侵权法纳入债法总则的学术流派。② 这就导致，即使对合同性损害赔偿请求权，法律行为也难以作为责任的原因。③ 然而，法国债法中合同法所具有的优势地位阻止了侵权责任和合同责任在责任原因方面的统一。法国的教义学仍集中精力于责任构成要件的结构，这种思想在下文中还会谈及。

人们只能在最高的抽象层面上才能找到一个对所有可能的损害赔偿请求权都适用的原因。因此，赫克（Heck）正确地提出了人类利益的流通性（Vertretbarkeit der menschlichen Interessen），④ 即：之所以能够存在损害赔偿，是因为人们可以在一种利益未能实现的地方安置另外一种利益。但在这样的抽象高度上，不可能产生具有可操作性的构成要件。

（二）统一的责任结构

合同责任和侵权责任在责任结构上存在相同性。我们这里思考的出发点是表述巧妙的《德国民法典》第823条第1款，该款规定：故意或过失侵害他人生命、身体、健康、自由、所有权或其他权利的，有义务赔偿他人因此产生的损害。在该表述中，我们可以看出存在两级构成要件，第一级构成要件是将行为和侵害连接起来，第二级构成要件是将侵害和损害连接起来。第一级被称为责任证立（常被称为责任证立性因果关系），第二级被称为责任填充（常被称为责任填充性因果关系）。⑤ 这两级构成要件之

---

① *Ferid*, Das Französische Zivilrecht Bd. I (1971), 2 M 6 ff.

② *Ferid*, aaO, 2 B 78 ff., 在《瑞士债法总则改革草案》(OR/CO 2020) 中贯彻的就是这种模式。

③ *Ferid*, aaO, 2 B 82 f.

④ *Heck* SchR § 11 (S. 36).

⑤ 比如 Jauernig/*Teichmann* BGB[17] (2018), vor § § 249－253 Rn. 24.

间关键的区别在于，故意和过失必须存在于第一级构成要件上，但在第二级构成要件上，因果关系的存在就足够了。

当然，如果要从《德国民法典》第 823 条第 1 款中得出一个统一的责任结构的话，还需要在多个不同的方面作出调整。因为，在受绝对保护的法益（生命、身体、健康、自由）和权利（所有权和其他权利）受到侵害时，第 823 条第 1 款是一个针对过错性结果不法（verschuldetes Erfolgsunrecht）的基本模型。这里面缺少对行为不法（Verhaltensunrecht）的规定，行为不法体现为对法律规范的违反；① 这里还缺少对无过错责任的规定；这里也没有规定对合同中相对义务的违反；最后，将简单的因果关系（einfache Kausalität）作为责任填充的基础也会导致责任过大。但所有这些指摘都可以通过对基本模型的进一步澄清得到弥补。

第一级构成要件上要有一个行为，这个行为可以是作为或者是不作为。如果是不作为，须以存在一个法定或约定的作为义务为前提。这个行为必须导致了一个侵害，这个侵害可以体现为对权利、法益或利益的侵犯，也可以体现为不履行法定或约定②的义务（或对给付形态的不履行③）。这样一来，需要规定的违背规范或违背合同（Norm - bzw. Vertragsverstoß）原则上④也是具有违法性或违反合同性的。为了责任的证立，需要一个合格的归责事由，它可以是《德国民法典》第 276 条第 1 款第 1 句中规定的可归责性（Vertretenmüssen），也可以是对一个危险源的负责性（Verantwortlichkeit），甚至可能是一个客观的不法（objektives

① 一个典型例子是《德国民法典》第 823 条第 2 款第 1 句，该句规定：如果违法了以保护他人为目的的法律，负有同样的赔偿义务。

② 所违反的义务到底是约定还是法定的，在德国债法现代化的过程中，变得模糊，因为旧的给付障碍体系与新的义务违反体系融合在了一起，详见 *Looschelders* SchRAT - Rn. 484 mNw）；*Windel*, ZJapanR, Sonderheft 7 [2013], S. 203, 228 ff.）。因此，今天还不能确定，如果给付标的物被闪电所损毁，这个时候的"义务违反"（Pflichtverletzung）是位于这个自然事件中，还是位于债务人的不履行中。

③ 在债法现代化的过程中人们还忽略了，合同中的给付部分通过义务，部分通过形态（Modalitäten）来确定。

④ 一个例外出现在所谓的框架权上，在框架权上，侵害行为的违法性需要正面地加以论证。

Unrecht）。①

至此，我们可以确定，通过将《德国民法典》第 823 条第 1 款②中规定的构成要件一般化和扩大化，我们可以在责任证立方面获得一个一般模型，即违背规范或违背合同 + 违法性或违反合同性 + 可归责事由。但与之相反，在责任填充方面，人们已经形成共识，将简单的因果关系直接作为的归责事由会导致责任范围无边无际。因此，相当因果关系理论（Adäquanztheorie）、违法性关联学说（Lehre vom Rechtswidrigkeitszusammenhang）和规范的保护目的学说（Lehre vom Schutzzweck der Norm）都在讨论如何限制责任的范围。③ 这些学说最终都是将位于法律后果层面的责任填充通过目的性解释与各自的责任证立相协调。统一的责任结构请参见下图：

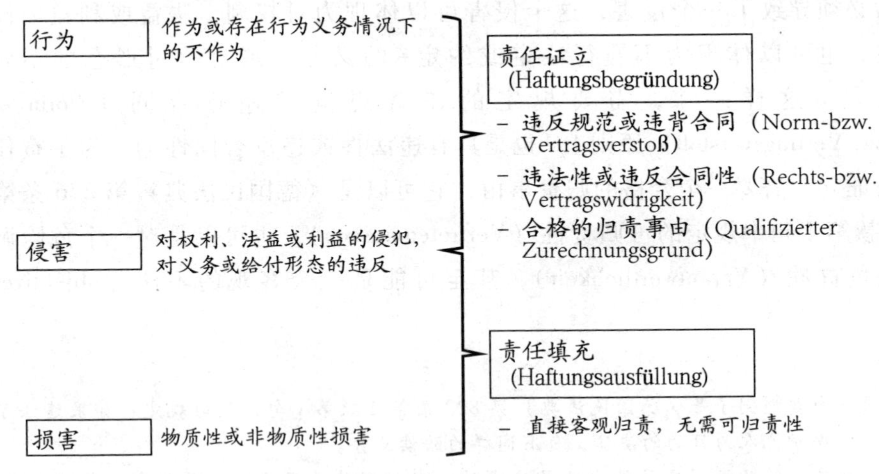

① 比如《德国产品责任法》（ProdHaftG）和《德国药物法》（AMG：Arzneimittelgesetz）中的责任。Zum Problem Münchner Kommentar – BGB/*Wagner*，Band 6[7] (2017)，ProdHaftG Einl Rn. 17 ff.

② 有趣的是，法国教义学在侵权一般条款的基础上也得出一个类似的结构，但这个结构对合同法并没有用处，vgl. *Ferid*，Das Französische Zivilrecht Bd. I (1971)，2 B 81 ff.

③ 比如 Jauernig/*Teichmann* BGB[17] （2018），vor § § 249 – 253 Rn. 27 ff.

二、合同责任和侵权责任的不同点

赫克（Heck）认为，损害赔偿法的主要问题是确定赔偿义务，尤其是认定损害，损害赔偿的执行却是较为简单的。① 德国立法者显然也持这种观点，因此，规定了《德国民法典》第249条及以下条文。② 中国立法者的观点可能也与此类似，因为《民法总则》第179条和第180条大体上也规定了一个责任法的总则，除此之外，③ 立法者并未打算规定一个债法总则。

赫克所作的上述判断是否正确，在此无法完全评判。但《德国民法典》在第249条及以下条文的一般规则之外，又在第840～853条中规定了侵权法中的损害补偿的特殊规则，这些规则在体系上看本应属于债法总则的内容。④ 因此，按照正确的观点，这些规则对合同法⑤和无因管理⑥也应适用。但是，如果将这些规则移到债法总则中，则会使得大量的参照适用条款（如《德国民法典》第618条第3款、第630b条，《德国商法典》第62条第3款）和《德国民法典》第842条及以下条文的并列规则（如《德国责任义务法》（Haftpflichtgesetz）第6条第1款，《德国道路交通法》第11条第1句，《德国航空交通法》第36条，《德国产品责任法》第8条第1句，《德国药物法》第87条，《德国环境责任法》第13条第1句，《德国基因技术法》第32条第5款，《德国原子能法》第29条）变得可有可无。

此外，由于层出不穷的判例，《德国民法典》第249条及以下条文属

---

① *Heck* SchR (1929), § 11, 2 (S. 36 f.).

② 至于它们的功能参见 Jauernig/*Teichmann* BGB^{17} (2018), vor § § 249 - 253 Rn. 1.

③ 中国《民法总则》第177条和第178条除外。

④ Münchener Kommentar - BGB/Wagner, Band 6^{7} (2017), § § 842, 843 Rn. 2 f., 8.

⑤ 支持的观点有 von Tuhr, Der Allgemeine Teil des Deutschen Bürgerlichen Rechts Bd. II/2 (1918/1957), § 88 III 2 (S. 462)。德国通说虽然与之不同，但在合同法领域通过适用相当因果关系理论得出了与第842条相类似的结论，通过附带保护第三人作用的合同得出了与第844条、第845条相类似的结论。

⑥ 自 RGZ 122, 298 这个判决以来一直是通说，但另外一种观点见 Münchener Kommentar - BGB/Schäfer, Band 5/2^{7} (2017), § 683 Rn. 30.

于《德国民法典》中很难适用的条文。这是因为，在责任构成要件的统一结构之内，为了获得可行的结果，还有必要在合同责任和侵权责任之间进一步作出详细的区分，下文中将详细说明该问题。

（一）损害和利益

当损害发生在具有金钱价值的财物上时，我们称之为物质损害。《德国民法典》严格区分物质损害和非物质损害。

物质损害这个概念是有争议的。对此，有三种理论，即自然损害说、规范损害说和利益说，这三种学说都有片面性而无法完全遵循。自然损害说（die Lehre vom natürlichen Schaden）从文意上讲就不能成立。比如，对一个孩子而言，他的父亲被杀害，他虽然失去了抚养请求权（Unterhaltsansprüche），但另一方面他继承了他父亲的财产。如果父亲有时间建立遗嘱，父亲可能会剥夺孩子的继承权，如果考虑到这种可能，父亲的死亡使孩子变得更好还是更糟呢？这种“自然”的观察方式在这种情况下不能提供帮助，这种情况必须在法律意义上作出判断，即：获得继承权后的孩子是否仍可以要求赔偿失去的抚养费？支持的理由有，如果父亲不被杀害，孩子本来到后面也会继承父亲的财产，而且父亲在此期间本来可以很好地管理自己的财产，使财产的价值不会因抚养孩子而减少。①

“损害”是一个法律概念，因此必须由规范所决定，对此大家都很清晰。然而，规范损害说（Lehre vom normativen Schaden）② 却超出了既定的目标，因为它不打算建立在经济关系的基础上。利益学说（Lehre vom Interesse）就做到了这一点，因此也是主流学说。根据该学说，损害的计算依据是两种财产状况的比较，即：一种是因侵害所出现的财产状况，另一种是如果没有发生侵害将会出现的财产状况。

当然，利益学说也需要在规范方面进行多方面的修正，其中最重要的是《德国民法典》第249条及以下条文。这里最需要强调的是：利益学说

---

① OLG Frankfurt, VersR 1992, S. 595.

② 规范损害说不同于法律损害（juristischer Schaden），后者所指的损害体现为对一个权利的侵犯，这样的损害通常会通过这样的方式被补偿，即受害人从《德国民法典》第242条或第138条以及第826条中会获得一个抗辩权，*Heck*, SchR (1929), § 18, 2b (S. 56)。一个鲜明的例子是《德国民法典》第853条。

中的“利益”表示的就是差额，那么这里的差额指的是什么之间的差额呢？对此我们可以发现，损害赔偿法（包括侵权责任和合同责任）中存在三组请求权基础。

在第一组请求权基础中，因侵害受绝对保护的权利和法益所产生的损害赔偿请求权按照固有利益计算。受害人要被恢复到他的权利或法益从未被侵害的状态，比如《德国民法典》第823条第1款、第280条第1款中的附带给付的损害赔偿。另外两组请求权基础发生在法律行为领域。在该领域，尤其是在合同领域中，除了迟延损失和其他伴随损失(Begleitschäden)外，损害的填补跟上述权利或法益的完整性没有关系，而跟作为动态要素的法律行为有关。因此，这里要区别的是，受害人要被恢复到他从未听说过该法律行为时的状态（消极利益或信赖利益），例如：《德国民法典》第122条第1款、第179条第2款；或者恢复到该法律行为按规定被履行的状态（积极利益或履行利益），例如：《德国民法典》第179条第1款、第281条或第283条中的替代给付的损害赔偿。

示例：因为有关汽油的丑闻，没有人愿意购买汽车，于是聪明的K在经销商V处以低于市场价值5000欧的价格购买一新车。如果合同失败，他的履行利益是5000欧。但他的信赖利益要根据他为合同的进展（Vertragsabwicklung）所支付的费用来计算。例如，如果他已经签订了一个建造车库的合同，他现在必须花费500欧元取消该合同，那么这些取消费用便是消极利益。

消极利益不仅包括为合同所付出的费用，相反，它也指对方因信赖这个交易而未能完成另一个交易所造成的损害。比如，如果因为信赖合同的有效性，K未能在其他地方购买同样具有很大折扣的汽车。现在，鉴于汽油丑闻的化解，他不能再以此价格获得该汽车，这种情况下，他能够获得折扣价格与市场价格之间的差额赔偿。这就产生了消极利益和积极利益之间的竞合问题，到目前为止，该问题的解决方案是，积极利益构成了消极利益的上限，也就是说，如果K能在其他地方甚至以比市场价值便宜6000欧的价格购得该汽车，V只须赔偿5000欧即可。

德国的立法者最近有意或无意地放弃了这一限制。新版的《德国民法典》第284条（该条规定的是徒劳费用的赔偿）和第311a条第2款第1句（该条规定的是给付自始不能时的费用赔偿）允许所支出的费用（即消极利益）可以不受限制地获得赔偿。这在《德国民法典》第284条中是前后一致的，因为该条规定的应该是不包含积极利益的损害赔偿，例如：一个政党纯粹出于社会、意识形态或政治目的而租赁一个大厅，后来租赁合同未能成立，但承租方为了印制海报等支出了很多费用，因为租赁大厅的目的并非盈利，所以不存在积极利益问题。① 但在《德国民法典》第311a条第2款第1句中却存在一个与旧版《德国民法典》第307条第1款第1句的冲突，因为旧版《德国民法典》第307条第1款第1句中规定的给付自始不能时的信赖利益的赔偿受到积极利益的限制。德国最新的立法可能与下面的考虑有关，即：第284条和第311a条第2款规定的是过错责任，所以不需要受积极利益的限制，而旧版的《德国民法典》第122条第1款（该条规定的是意思表示撤销后信赖利益的赔偿）、第179条第2款（该条款规定的是无权代理人对相对人遭受的信赖利益的赔偿义务）以及第307条第1款第1句规定的是不依赖于过错的信赖损失的赔偿责任，若再不受积极利益的限制将会导致责任范围过大。因此，我认为，单就对中国《民法总则》第157条第2句的解释而言，是否要受到积极利益的限制，似乎都是可行的。

（二）物质损害和非物质损害

在诸如幸福、生活乐趣、荣、自尊、愉悦和享受等上面发生的非物质损害，在德国法律中受到特殊的对待。德国的传统观点是不愿意将人身（Persönliches）商业化。因此，《德国民法典》第253条第1款将非物质性损害的赔偿限制在法律规定的②案件上。在债法现代化的过程中，德国立法者将侵权法中的抚慰金规则（Schmerzensgeldregelung）规定在了第253条第2款中，并在内容上扩展了该规则。将该规则移到债法总则中意味着现在该规则对债法中所有法益侵害案件都适用，也就是说，对违约案件也具有适用性。

物质损害和非物质损害的区分已经被商业化思想（Kommerzialisierungs-

---

① 这个规定的主要根据是BGHZ 99，182这个判决。

② 根据《基本法》第1条第1款、第2条第1款，对一般人格权的侵害也应属于这里法律规定的情况，参见*Windel*，ZJapanR，Sonderheft 7（2013），S. 203，211 m. Nw.

gedanken）所相对化，这种商业化思想已成为法教义学的一部分。假如有人破坏你的车、你的洗碗机或你的电脑，并且你在工作中也不需要这些东西，在这些东西的维修期间里，你也就不需要另外租赁一个替代物。这种情况下，你遭受了使用损失（Nutzungsausfall），也就是说，你有一段时间必须选择自行车和公交车出行，必须自己亲自洗餐具或不能上网。这是非物质损失，因为你的财富压根并未减少；相反，你可能节省了资金（对能源和其他经营费用的节省）。但是，使用可能性和处分可能性（Gebrauchs - und Verfügungsmöglichkeit）本身如今也被视为是一种财产价值。

使用损失在私人使用的机动车辆上已经被承认，除非所有权人本来也无法实现车辆的使用价值。但对于老爷车（Oldtimer）来说，如果它们在日常生活中并不投入使用①或如果有第二辆车可用时②，并不存在使用损失。对于商用机动车来说，是否可以进行商业化或者损失的计算是否必须具体化进行（替代车辆的租金、利润损失、维护成本），一直以来是有疑问的。杜塞尔多夫高级法院认为，对一个商用的法拉利来说，可以设定26400欧的使用损失赔偿。③ 但德国联邦最高法院（BGH）在一个新的判决中完全否定了在商用机动车上的使用损失赔偿，因为德国联邦最高法院认为纯商用机动车可以投入使用的状态不具有财产价值，暂时剥夺其使用可能性，并不构成损害。④

在这个问题上，判例区分得非常详细。比如，一辆摩托车被损害，该摩托车既用于日常生活，也用于休闲活动。另外，该摩托车仅在4月1日到10月30日之间被许可进入道路行驶。损害事故发生在9月5日。德国联邦最高法院要求下级法院确定受害方本来可以享受的正常使用天数。对此，在9月5日到10月30日之间的阴雨天数也要确定。⑤

对机动车以外的标的物，使用损失的认定则较为慎重。在自用的财物上必须产生一个“可感知”的使用价值剥夺（Gebrauchswertentzug），而且

---

① OLG Karlsruhe, NJW - RR 2012, S. 548 ff. - Mercedes 300 SL.

② OLG Düsseldorf, NJW - RR 2012, S. 545 ff. - Morgan Plus 8.

③ OLG Düsseldorf, NJW - RR 2010, S. 687 ff.

④ BGH NJW 2019, S. 1064 ff.

⑤ BGH, NJW 2018, S. 1393 m. Anm. *Filthaut*, ebd., S. 1395.

受害方必须在生活中的任何时候对该物的可用性具有依赖性。借此，应该可以将奢侈品和爱好排除在外。①

(三) 责任填充性因果关系的限制

责任填充性因果关系与过错责任、危险责任或对客观不法的担保义务 (Einstandspflicht für objektives Unrecht) 没有关系。责任填充因果关系中的等价理论 (Äquivalenztheorie) 认为所有的条件在归责方面都是等价的、不可或缺的，但该理论中的不可或缺的条件 (conditio – sine – qua – non) 需要其他因素的限制。在民法中，下述归责标准起到了关键的作用。

相当因果关系理论 (Adäquanztheorie) 认为，一个由于极不寻常的情况而导致的后果不应被归责。例如：父母有两个女儿，一个女儿起诉了父母，父母的律师给父母提供了错误的意见，接着父母无缘无故地向这个女儿的妹妹付出了巨额的金钱，因为父母想要平等对待这两个女儿。② 一般而言，如果受害方③或第三方④主动介入到因果过程之中，而不是由行为人所引起的，这时相当性 (Adäquanz) 就不存在了。

规范或合同的保护范围说 (Lehre vom Schutzbereich) 根据法律或缔约的目的对归责加以限制。有的人称其为违法性关联 (Rechtswidrigkeitszusammenhang)，并更加深入地探究，被违反义务的目的是否恰好就是避免出现这个后果。比如：一名公务员在交通事故中受伤。他来到医院，在那里他发现了脑动脉硬化，并导致了他的提前退休。德国联邦最高法院正确地拒绝了这种情况下对收益损失 (Verdienstausfall) 的赔偿，因为道路交通法的规定并非旨在使年迈的公务员继续上班。⑤

同样的思想在合同责任中也起到一定作用。比如：丈夫由于医疗缺陷而变得无性能力；他的妻子因失去性满足感而起诉要求抚慰金赔偿。该起

① BGHZ 98，212 (GS).

② BGH，NJW 1997，S. 250，253.

③ 只要因果链条没有被中断，可能会涉及《德国民法典》第254条中所规定的共同过错 (Mitverschulden)。

④ BGHZ 25，86.

⑤ BGH，NJW 1968，S. 2287.

诉被驳回，因为该女士的诉求超出了医疗合同的保护范围。[①]

三、合同责任和侵权责任之间的竞合

经常会出现这样的情况，同一个行为既满足了合同责任的构成要件，又满足了侵权责任的构成要件。因此，接下来需要在实体法和程序法两个层面讨论一下二者的竞合问题。

（一）实体法上的问题

在实体法上，合同请求权和侵权请求权有时可能适用不同的诉讼时效期间。[②] 而且，在德国法中还存在一个特殊之处，[③] 即在合同法上，基于《德国民法典》第 278 条中规定的直接归责（unmittelbare Zurechnung），债务人必须对他的法定代理人或履行辅助人等第三方的行为负责，第三人的过错就如同自己的过错；而在侵权法中，债务人根据第 831 条的规定，只对自己被推定的选任和监督过错负责，这种情况下，如果债务人能够证明他在选任和监督第三人的过程中尽到了所有应尽的义务，不存在过错，就可以免责，或根据第 823 条第 1 款，对组织瑕疵（Organisationsmängel）负责。第 842 条至第 845 条将损害赔偿义务的范围扩张及于受害人和第三人的生活费和职业发展损失（Fortkommen），这些规则是否适用于合同请求权，这还是有争议的。[④] 假如将这些规则置于债法总则中，即置于第 249 条及以下条款中，这个问题就不攻自破。[⑤] 在债法现代化之后，根据第 253 条的规定，非物质损害的赔偿对合同法和侵权法同样适用，然而目前在中国，仍然适用旧版《德国民法典》第 847 条[⑥]中所规定的做法，即原则上只有在侵权法中才能要求支付抚慰金。

特别是，法国的法教义学悠久的传统表明，人们可以用几乎所有可能

① OLG Hamm，FamRZ 2018，S. 71 f.

② 在德国，2001 年至 2002 年的诉讼时效法的改革虽然减小了合同请求权和侵权请求权之间的差异，但并不彻底。

③ 非常清晰的论述参见 *von Tuhr*，Der Allgemeine Teil des Deutschen Bürgerlichen Rechts Bd. II/2（1918/1957），§ 88 III 2（S. 460 ff.）.

④ 支持的观点参见 *von Tuhr*，aaO，S. 462.

⑤ 见该文第二部分的开始部分。

⑥ 对此可参见 *von Tuhr*，aaO，S. 462.

的组合方式来对待这种竞合关系。① 作为可供选择的论点，比如可以说：侵权法优先适用，因为它对合同当事人而言不是任意性的；还可以说，合同法优先，因为侵权法只适用于不具有特殊关系的法律主体之间的一般关系；人们还可以说，我们不能减轻一个违反了两种法律规范的行为人的责任；最后我们还可说，为受害方累积有利的法律后果是不恰当的，这样他最终可能会从侵害行为中获利。

我们不想在这里继续这种无休止的讨论，而是要探讨竞合的基本模式，即：请求权竞合抑或法律竞合（Gesetzeskonkurrenz）。在请求权竞合的情况下，存在两个独立的请求权，而在法律竞合的情况下，则仅仅存在一个请求权，但具有多个基础。② 由于法律竞合这种模式最终需要回答上述困窘的基本问题，即合同法与侵权法何者优先适用的问题，所以，德国的主流观点③以及中国《民法总则》第186条正确地采纳了请求权竞合模式。

但是，单纯的请求权竞合模式并不能解决所有问题。所以，人们通常选择一个相互作用的请求权竞合（einwirkende Anspruchskonkurrenz）模式，在该模式中，不同的请求权在特定的点上会相互影响，如在管辖法院、诉讼时效、证明负担、证明标准、赔偿范围等方面，不同的请求权可能适用不同的法律规范，按照这种模式，不同的请求权之间可以相互影响，在主张契约上的请求权时，可以适用侵权法上的有关规定；在主张侵权法上的请求权时，也可以适用契约法上的有关规定。这种相互作用的请求权竞合模式实际上是在严格的请求权竞合模式和严格的法律竞合模式之间的一个折中方案。在对所有的损害赔偿请求权都具有适用性的一般规则上，这样一种中间方案的意义不大。④ 相比之下，中国法律中并没有规定《德国民法典》第249条及以下条文意义上的一般规则，而且中国法采纳了选择性请求权竞合（elektive Anspruchskonkurrenz）模式（《民法总则》第186条），这就意味着，从实体法的角度看，不同请求权基础之间就不能相互

---

① *Ferid*, Das Französische Zivilrecht Bd. I (1971), 2 M 10 – 42.

② *von Tuhr*, aaO, S. 464 f.; Wolf/*Neuner*, Allgemeiner Teil des Bürgerlichen Rechts[11] (2016), § 21 Rn. 8，这两个文献支持法律竞合模式（请求权规范竞合和请求权基础竞合）。

③ BGH, NJW 2014, S. 3089, 3092 Rn. 53.

④ 详见该文第二部分的开始部分。

影响了。

（二）程序法上的问题

具体到法律纠纷，在程序法上首先需要强调的便是不同的证明责任。① 例如，德国的出租车司机造成交通事故致使乘客受伤，乘客总共有五种请求权，其中针对出租车的经营者有三种请求权，即一个无过错责任请求权（《德国道理交通法》第7条）、一个因过错违约而产生的请求权（《德国民法典》第631条、第280条第1款、第278条）、可能还有一个基于选任过错和监督过错而产生的请求权，但在该请求权中，出租车经营者可能免责（参见《德国民法典》第831条）。针对出租车司机有两种请求权，根据《德国道路交通法》第18条，司机应承担过错推定责任；根据《德国民法典》第823条第1款，司机应承担过错责任，受害方需要证明过错的存在。

这种证明责任的问题就引起了我们对诉讼标的的追问，即：原告是否必须根据中国《民法总则》第186条在诉讼程序开始时对请求权基础作出选择？如果诉讼中他在一个请求权基础上陷入了证明困难，他可否就另一个请求权基础再次提起诉讼？

对这个问题的回答涉及对诉讼标的的理解，尽管在中国的民事诉讼法与德国民事诉讼法一样，都存在诉讼标的（Streitgegenstand）这一概念，但在我所能及的文献中，② 我没有找到这个问题的答案。在德国，无论如何，诉讼标的作为程序法上的请求权，不同于实体法上的请求权。相反，我们的主流观点是根据诉讼请求（Klagebegehren）和生活事实对纠纷进行界定。③ 因此，在实际结果中，所有针对同一人的实体法上的不同请求权构成了程序法中纠纷、判决和既判力的一个统一的标的。

（本文仅代表作者个人观点）

① *von Tuhr*, aaO, S. 460 f.

② Pissler/*Klages*, Handbuch des chinesischen Zivilprozessrechts (2018), § 5 IV. (S. 107 ff.).

③ 比如 Rosenberg/Schwab/*Gottwald* Zivilprozessrecht[18] (2018), § 93 Rn. 10-13, 27.

司法视野下的精神损害赔偿制度：问题与对策

王元田[*]　马小龙[**]

精神损害赔偿制度诞生于罗马法时期，是对人格权益保护的一项重要制度。伴随着人格权的发展，精神损害赔偿制度也在世界各国不断地发展、完善，被认为是社会文明发展的重要衡量标志。“对于侵害人格权的受害人的法律保护，以损害赔偿为基本方法，是人类历史发展和法律文化发展的必然结果，是人类的自身选择。”① 精神损害赔偿制度在我国的构建以司法解释为主，并零星规定于刑事法律、侵权法、国家赔偿法等法律法规中，对我国人格权的保护起到了重要的作用。然基于精神与人身的哲学思辨、精神损害与法律规范的制度确认、精神损害赔偿与裁判规范的天然鸿沟等问题，对于精神损害赔偿的争论始终伴随着人类文明的进程，我国亦存在着亟待解决的现实问题。

---

* 北京市西城区人民法院副院长。

** 北京市西城区人民法院侵权庭法官、北京师范大学民商法在读博士。

① 王利明、杨立新、姚辉：《人格权法》，法律出版社1997年版，第197页。

一、我国精神损害赔偿制度的立法梳理及评价

（一）立法梳理

精神损害赔偿制度在我国立法中的确认，部分学者认为起始于《民法通则》第120条的规定，但该处并无“精神损害”的字样，且第2款规定法人亦享有第1款中公民的赔偿请求权，显然将精神损害的起源置于此处无法契合法律体系的逻辑自证。笔者认为，我国《民法通则》中并未体现精神损害赔偿制度的形式及实质性规定。

1993年最高人民法院出台的《关于审理名誉权案件若干问题的解答》第10条首次提出公民名誉权受损时可提出精神损害赔偿。2001年颁布的《关于确定民事侵权精神损害赔偿责任若干问题的解释》，系我国首次系统予以立法规定。2010年颁布的《侵权责任法》，系我国首次以国家立法的形式确认精神损害赔偿制度。

除上述外，在我国的刑事诉讼、消费者权益保护、国家赔偿、婚姻家庭等相关法律中亦有规定，初步构建了立法体系（如图1）。

（二）评价

精神损害赔偿制度对我国人格权的保护具有积极的作用，也在一定程度上反映了我国社会文明的发展进程。笔者认为其肯定之处主要有：

1. 适用范围：以人格权保护为中心，适度延伸制度职能

精神损害制度从诞生起，就与人格权益密不可分，能否超越人格权益的保护范畴，在各国立法中颇存分歧。我国采取明文列举的方式对所保护的人格权益类型予以规定，并以“人格尊严权”的法律术语，将保护范围由“具体人格权”延伸到“一般人格权”，赋予法官自由裁量权的同时，更体现了时代的前瞻性，是我国人格权司法保护的重大进步。而除了人格权保护外，在对基于监护关系的特定身份权、死者的人格利益以及特定财产权等的保护中对精神损害赔偿制度的适用，均是司法实践对其适用的重大突破，在世界范围内对精神损害赔偿制度的纵深发展提供了样本。

2. 适用规则：以适度性赔偿为原则，平衡利益保护界限

由于精神损害的不可量化性，在适用时无规可循，赔偿数额较低或较高均失公平正义，因而各国皆对其配以相应的适用规则，力求该项制度的

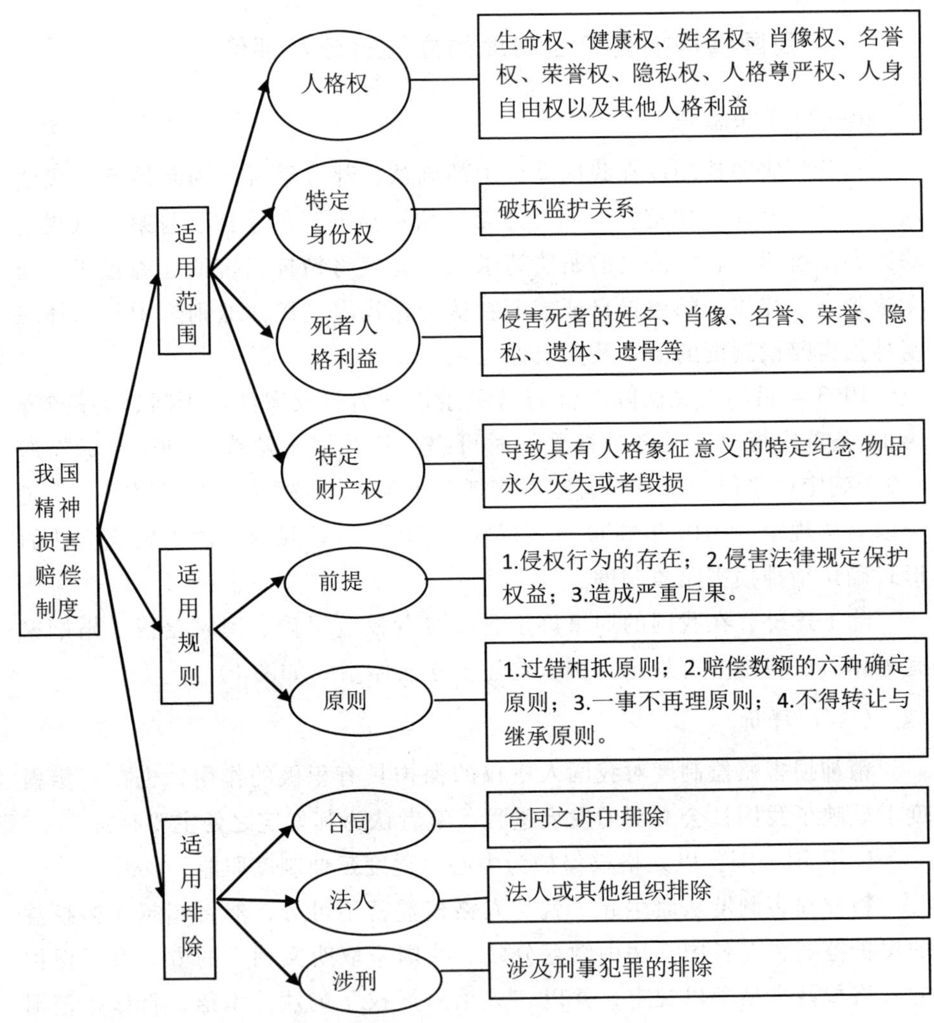

图1　我国精神损害赔偿制度立法体系

功能契合实际。我国立法采取谨慎、防泛化的态度，吸取其他国家的立法经验，将严重后果作为适用前提，明确列举了赔偿数额确定的六种因素，较为契合实际。过失相抵原则的适用，也体现了法律保护的正当性及公平性。在对财产受损提起精神损害赔偿时，注明“具有人格象征意义”，有效地防止了滥诉行为，立法技术具有开创性。

然而法律是随着社会的发展不断制定与完善的，精神损害赔偿制度引入我国的立法体系时间较晚，在适用过程中难免存在缺陷。笔者认为，当前立法方面存在的问题主要有：

1. 立法体系较为零散，存在一定的滞后性

通过前述立法脉络梳理，我们可知精神损害赔偿制度在我国立法体系中主要以司法解释为主，零散的见诸其他法律法规，国家立法的形式仅体现在《侵权责任法》中，且条文简陋，具体适用时还需参照其他司法解释。《最高人民法院关于确定民事侵权精神损害赔偿责任若干问题的解释》公布时间较早，并未吸收新类型人格权，存在一定的滞后性，如该司法解释制定时隐私权并非是一种法律明文规定的人格权利。纵观国外立法，大部分成文法国家都将精神损害赔偿置于民法典中，特别是《德国民法典》将该项制度置于债法总则，极大地扩展了适用范围。我国在民法典的制定中，亦应将精神损害赔偿制度纳入立法体系予以综合考虑，提升立法位阶，完善逻辑性，进而契合对人格权保护不断加强的时代需求，充分发挥其制度价值。

2. 未明确界定统一的称谓及赔偿性质

关于精神损害赔偿，在我国不管是法律条文，还是在实际的司法适用中，均存在称谓多样化的问题。在我国立法术语有：《最高人民法院关于确定民事侵权精神损害赔偿责任若干问题的解释》中表述为精神损害、精神损害抚慰金，《侵权责任法》中表述为精神损害赔偿，《最高人民法院关于执行〈中华人民共和国刑事诉讼法〉若干问题的解释》中表述为精神损失……司法实践中常出现的如精神损害赔偿金、精神损失费、精神损害抚慰金等。

称谓不统一，根源之一在于我们对精神损害赔偿的性质、功能尚未取得明确的认知，且存在分歧。目前存在赔偿、抚慰、惩罚等不同的观点。对于如何正确界定精神损害赔偿的实质功能及性质，在世界范围内都属于难题，还需进一步的探讨与研究。

称谓的多样性及性质、功能认知之分歧，一方面，影响了法律的严肃性及规范性；另一方面，导致实际适用时对法律条文产生不同的认知分歧，造成司法适用上的实际困难。

3. 与残疾赔偿金、死亡赔偿金之间的关系问题

《最高人民法院关于确定民事侵权精神损害赔偿责任若干问题的解释》

中第9条规定精神损害抚慰金包含残疾赔偿金以及死亡赔偿金，而《最高人民法院关于审理人身损害赔偿案件适用法律若干问题的解释》中将精神损害赔偿与死亡赔偿金、残疾赔偿金区别表述，使其成为独立赔偿项目，二者之间存在矛盾。在刑事诉讼法解释中，关于精神损害的规定是否包含残疾赔偿金及死亡赔偿金，也存在着争议。

在司法实践中，精神损害赔偿作为独立的赔偿项目已无争议。将精神损害赔偿包含残疾赔偿金与死亡赔偿金，是与我国当时实行的有关民事特别法和行政法规等相协调的。“在法律有关精神损害赔偿的规定缺失的‘时代’，将死亡赔偿金扩充理解为包含精神损害赔偿的内容，是特定历史时期的权宜之计。在精神损害赔偿已在法律上获得其独立地位的今天，仍将死亡赔偿中的精神损害赔偿项目寄居于死亡赔偿金之下，则未免欠妥。”①

4. 合同与侵权竞合的问题

精神损害赔偿制度以侵权为前提，然而在合同履行中侵权现象较为普遍，产生合同与侵权的竞合。是否能够在合同之诉中因人身侵权而提出精神损害赔偿，立法并未给出答案，只有《最高人民法院关于审理旅游纠纷案件适用法律若干问题的规定》中予以明确否定。然此规定仅限于旅游合同纠纷，且主体仅限于旅游者，显然不具备法律的普适性。合同之诉中是否支持精神损害赔偿，审判实践中存在裁判不一的现象。

5. 涉及刑事赔偿的问题

《最高人民法院关于适用〈中华人民共和国刑事诉讼法〉的解释》第138条第2款“因受到犯罪侵犯，提起附带民事诉讼或者单独提起民事诉讼要求赔偿精神损失的，人民法院不予受理”的规定争议较大。我国《民法总则》及《侵权责任法》中都规定，承担行政责任或刑事责任的，不影响承担民事侵权责任。但受到刑事犯罪侵害的，却无法得到精神损害赔偿。所谓“受到刑事处罚即是对受害人精神上的抚慰”之说缺乏理论依据。

---

① 张新宝：《〈侵权责任法〉死亡赔偿制度解读》，载《中国法学》2010年第3期。

二、我国精神损害赔偿制度的司法适用及评价

（一）适用范围

笔者以北京市X区法院审判数据为例，该院2017年审结涉精神损害赔偿案件526件，其中涉及人身伤害的455件，其余姓名权1件、肖像权17件、名誉权13件、隐私权2件、一般人格权2件。同时，笔者在中国裁判文书网上分别以《最高人民法院关于确定民事侵权精神损害赔偿责任若干问题的解释》第2条、第3条、第4条检索一审法院的判决，① 符合规定的案件数分别为7件、58件、156件。显然我国精神损害赔偿制度主要适用于物质性人格权，在其他权益保护方面适用率较低。

在合同与侵权竞合时，存在不同的裁判结果，即使同类运输合同纠纷中，有些支持，② 有些认为属于合同纠纷，而精神损害抚慰金属于侵权责任范畴，故不予支持。③ 在涉及刑事附带民事诉讼案件中，法院均不支持精神损害赔偿，但是对于残疾赔偿金及死亡赔偿金存在不同的认知，如张某故意伤害案中，法院判决其赔偿死亡赔偿金，④ 而在高某故意伤害案中，法院认为附带民事诉讼原告人要求赔偿死亡赔偿金、精神损害抚慰金等诉求不符合法律规定，不予支持。⑤

（二）赔偿金额计算

精神损害赔偿制度中存在的一大困境是与财产损害不同，精神上的痛苦无法量化分级，其赔偿金额以法官的自由裁量为主。

在X区法院所审结的526件案件中：人身伤害时以构成伤残为赔偿基础，十级赔偿5000元，依次等额递增，同时考虑其他因素适度调整赔偿数额。没有构成残疾而予以支持的案件67件，赔偿金额介于1000元至5000元之间，主要基于伤情、年纪、受伤部位等酌情考虑。

我国各地法院对于人身伤害时基于伤残等级，形成一定的赔偿标准。

---

① 检索时间：2018年5月4日15时。

② 案号为（2015）延民初字第115号。

③ 案号为（2013）鄂鹤峰民初字第00894号。

④ 案号为（2014）佳刑一初字第41号。

⑤ 案号为（2014）淄刑一初字第4号。

而非人伤案件中，赔偿数额则差异明显。如侵害监护关系时，王某诉金某变更抚养关系纠纷一案中，法院判决支持8万元，① 而刘某诉李某抚养关系一案中，法院判决支持4000元。② 另外，赔偿数额的区域性因素也较大，笔者以“机动车交通事故责任纠纷、被告为全责、伤残等级十级、2017年审结”在中国裁判文书网上按区域检索，可发现赔偿数额存在2000元、3000元、5000元、6000元等不同的酌定标准，有些省份制定了计算公式，但将城镇与农村标准作为介入因素，分别得出9862.80元③、3617.10元④的固定标准。

（三）评价

我国精神损害赔偿制度的发展，属于立法与司法不断地发展完善的过程，在一定的程度上司法实践推动了立法的发展。如北京市海淀区人民法院1997年审理的“卡式炉爆炸赔偿案”中，第一次在判决书中出现了“精神损失”，但囿于当时我国并没有精神损害赔偿的规定，法官判决赔偿受害人残疾赔偿金10万元以弥补受害者精神损失。个案中从具体人格权扩展到一般人格权，显示出法官的司法主动性。在赔偿数额方面，各地法院也逐渐摸索、形成了一定的共识，如人身伤害中以构成伤残等级为达到严重损害之基础，有些省份制定了计算方式，为司法实践之赔偿提供了借鉴样本。

由于精神损害赔偿尚未形成相对统一、规范的标准，且我国立法存在的问题，亦可能导致司法实践中产生适用标准不一、同案不同判、自由裁量因素过大等负面现象的发生。突出问题有：

1. 受立法谨慎因素之影响，以及对“严重损害”的理解不一，实践中限制了除物质性人格权保护之外的赔偿范围。例如：在面对名誉的严重降低如何评判、具有人格象征意义如何界定等主观性评价问题时，法官往往出于谨慎而不支持。

2. 在涉及刑事赔偿以及合同与侵权竞合时，是否支持精神损害赔偿，

---

① 案号为（2011）杭西民初字第2386号。

② 案号为（2013）浦民一（民）初字第28521号。

③ 案号为（2017）辽1224民初3076号。

④ 案号为（2017）辽1224民初1号。

存在不同的判决结果。

3. 在具体的赔偿数额上，裁判差异较大的现象存在。即使除去地域差别、经济发展程度以及受害人过错等因素，在同一法院对同类案件，由于法官不同的理解，其判决结果也存在着一定差异。

三、域外法视野下的精神损害赔偿制度研究及启示

（一）概述

精神损害赔偿制度起源于罗马法编纂时期，对私犯（delictum）的制裁逐渐演变成由法律制度加以确定的财产刑（poena pecuniaria），由私人通过维护自己权利的诉讼手段而取得的私人罚金。①《十二表法》中针对不同的损害行为予以法律的明文规定，如侵辱行为，规定25阿斯的罚金。这种罚金之诉专指对人的身体肉体与人格心理的侵害，等同于我国今日的精神损害赔偿。② 大陆法系国家从单纯的物质性人格权扩展到精神性人格权的保护范畴。③ 将精神损害作为对人格权的一项保护制度最早写入法律的国家是瑞士。1896年的《德国民法典》所确立的“非物质损害”赔偿制度，开启了现代意义上的精神损害赔偿制度，因而被视为精神损害赔偿制度的起源。英美法系国家将精神损害赔偿与惩罚性赔偿金制度并轨适用，从简单的人身侵权领域扩展到了整个社会的公众利益领域，如环境保护、消费者权益等。

精神损害赔偿制度与人身紧密结合，大部分国家的立法也都是建立在精神损害是人身权益受损的结果之上，带有补偿受害者及惩罚侵害者之功能，发展过程中呈现范围扩大之趋势。本文由于篇幅所限，特选取两大法系的代表国家德国与美国作为研究对象，研究其各自的适用范围及适用规则，希冀为我国精神损害赔偿制度的完善提供域外视野。

---

① ［意］朱塞佩·格罗索：《罗马法史》，黄风译，中国政法大学出版社2009年版，第99页。

② 周枏：《罗马法原论》，商务印书馆2010年版，第826~833页。

③ 理论中将人格权分为物质性人格权及精神性人格权，前者包括生命权、健康权等，后者为隐私权、姓名权、肖像权、名称权等。

（二）德国制度

1. 适用范围

德国通过其民法典以“非物质损害”的立法模式构建起精神损害赔偿制度，以侵犯身体、健康、自由以及性的自主决定权为可赔偿性之前提，其适用范围:① 第一，侵权行为法中的适用。为传统适用领域，适用于所有的侵权行为。第二，危险责任法中的适用。所有的危险责任都创设了抚慰金请求权。第三，合同法中的适用。体现在旅游合同、缔约过失、无因管理等。在判例中逐渐将一般人格权也归入到可赔偿之列，但尚未形成明文立法。除了民事法律外，其他法律中也有零散规定，如在其刑事法律中规定侵犯女性性自主权可以附带精神损害赔偿，且享有先诉权，在知识产权方面，被侵犯著作权和其他邻接权时，作者可诉相应的精神损害赔偿。法人、受害人死亡的无法请求精神损害赔偿。

2. 适用规则

（1）法官自由裁量为原则，亦受民法典中公平裁量法则的制约；

（2）个案考量因素：受害人的个体感受、痛苦的严重程度及持续时间、受害人的职业、侵害人的主观恶意性等；

（3）“微不足道”原则。由判例发展出，指受害人的健康只是短时间且微不足道地受到损害，则不能请求抚慰金；

（4）精神损害的赔偿数额较低，呈现逐年递增趋势；

（5）适用过错相抵原则；

（6）创设年金赔付方式，由一次性给付变为按年给付；

（7）刑事处罚不能代替或抵销精神损害赔偿。②

此外，学者针对以往的赔偿标准，对同类案件归纳出适用标准表格，法官一般也参照采纳。

---

① 韩赤风：《论精神损害赔偿的适用及其排除——以中德法律及司法实践为视角》，载《法学》2006年第10期。

② 德国这一规定明确了刑事处罚在于纠正犯罪人的社会危害性而精神损害的目的在于补偿受害人的损失。

（三）美国制度

1. 适用范围

早期美国的精神损害被附带于各种人身伤害责任案件中，发展过程中，通过不同的案例探索以及两次《侵权法重述》的规定，其适用范围逐渐扩大，并演变为一种独立有效且可诉的侵权责任，突出了对人格权的保护。在各州的适用范围不尽相同，可归纳为两类：第一，人身遭受较严重的损害时，精神损害赔偿一般可作为附带的损害赔偿而予以救济；第二，人身无伤害时，精神损害可作为独立的诉求。合同法上适用精神损害赔偿制度，但并未形成统一的意见，有的判例支持，有的不支持。基于有效违约说、期待利益说等观点，适用于运送旅客合同、劳动合同、建筑合同等。惩罚性赔偿金制度的并行适用，共同构成了精神损害赔偿体系。

2. 适用规则

在具体案件的适用中，主要在综合考虑伤害的性质、损害的结果基础上，依据法官和陪审团的主观自由裁量具体金额。在身体受到伤害的案件中，美国法院创制了一种公式计算方法，被称为“per diem argument”①，即先确定以天或以时为单位的精神赔偿数额，再乘以受害者精神痛苦与折磨的持续时间。此种算法往往会产生极高甚至荒谬的数额，因而有些州分类规定了赔偿上限，但同样亦被认为在伤害极重的情形下赔偿不足有违宪法的平等原则，因而有些州法院废除了最高上限额的规定。

（四）评价

通过对两大法系不同国家的相关制度研究可知，精神损害赔偿均呈扩大化趋势，具体适用时以法官自由裁量为原则，但都采取了限制性措施。具体赔偿金额方面参考多种因素。均采取举措试图建立统一的裁判规范，如德国的“赔偿金表格”、美国的计算公式等。

四、对我国精神损害赔偿制度的完善建议

随着我国经济的发展，人民对精神财富的追求日趋强烈，而在互联网

---

① ［美］文森特·R. 约翰逊：《美国侵权法》，赵秀文译，中国人民大学出版社2009年版，第60~62页。

发展的大背景下，侵害人格权事件高发，面对人民群众对精神利益保护的司法需求与司法制度之间的矛盾，只有完善方为解决之道。而我国当前法治社会建设的深入推进、对人格权保护的愈加重视以及民法典的制定亦为精神损害赔偿制度的完善提供了契机。

（一）立法模式选择

针对我国精神损害赔偿制度目前存在的立法位阶较低、体系零散、逻辑冲突等问题，笔者提出以下两种立法建议：

1. 民法典中设置债法总则时

我国民法典如果设置债法总则，则可借鉴德国的立法模式，将精神损害赔偿的规定置于债法总则，表述为“侵害他人合法权益，造成严重精神损害的，可以请求精神损害赔偿”，同时以司法解释的形式予以具体规定。建议理由：（1）我国的许多法律制度来源于德国法，对其非物质损害赔偿制度的立法借鉴与我国的法律体系比较契合；将精神损害赔偿制度置于债法总则篇，提升其适用的总领性与广泛性；（2）我国精神损害的赔偿范围已不再局限于人身权益，因而以对合法权益之侵害立法，符合实践；（3）严重精神损害作为赔偿的前提，符合合理赔偿之法理并有效防止滥诉，依然需要保留。

2. 民法典中未设置债法总则时

如果我国民法典中未设置债法总则篇，则可重新制定专门统一的司法解释，同时对《民法总则》第179条规定的赔偿损失进行扩张司法解释，明确其包含精神损害赔偿，提升立法位阶。建议理由：《民法通则》及《民法总则》相继作为我国的基本民事法，在民事责任中均提出了赔偿损失，但是否包含精神损害赔偿未能明确。笔者认为，精神上的损失亦属于民法体系中的损失，精神损害赔偿亦属于民事责任承担的一种方式，因而有必要予以明确。

（二）界定性质及概念

笔者认为，应依据民事赔偿以及侵权法赔偿的基本原理，将精神损害赔偿的性质突出界定为对受害者精神损失的赔偿。同时，建议依据理论发展脉络以及司法实践中的功能，在理论支撑、适用范围、社会效果、逻辑完善的综合因素基础上对精神损害作出符合我国法律体系的概念，从而正确地表达、认识及适用。

统一法律术语，建议定义为“精神损失赔偿金”，理由为：其一，基于目前法学理论界所普遍认可的精神损害是基于人身权益遭受侵害而精神受到损失的结果；其二，我国《民法总则》等立法术语是“赔偿损失”；其三，“赔偿”比“补偿”“抚慰”等词汇更符合法律体系及民事法律的损害赔偿原理，“补偿”“抚慰”的概念暗含了赔偿额低且随意；其四，能更好地与“残疾赔偿金”“死亡赔偿金”并列区别。

（三）具体适用

1. 人格权益损害中的精神损失赔偿

列举增加新确认的人格权类型。我国民法典中若规定“一般人格权”，则将其亦包含在内，否则依然保留“人格尊严权”的表述。

2. 身份权益损害中的精神损失赔偿

《最高人民法院关于适用〈中华人民共和国婚姻法〉若干问题的解释(一)》第28条规定，婚姻法规定损害赔偿既包括物质损害赔偿，也包括精神损害赔偿。司法实践中婚姻关系中造成精神损害的案件高发。笔者认为，婚姻关系内出轨等行为损害的权益应属于基于配偶关系的身份权，因而建议我国精神损害赔偿身份权益保护方面应从监护关系扩展到婚姻关系。

3. 财产权益方面

对精神利益有关的特定财产权利的保护，明确两个原则：首先，侵害的客体应当是以精神利益为内容的纪念物品，其本身负载重大感情价值具有人格象征意义。其次，该纪念物品因侵权行为而永久性灭失或毁损，其损失具有不可逆转的性质。

4. 合同方面

笔者建议在特定的、具备可期待精神利益的合同履行过程中，因合法权益受损符合精神损害赔偿实质的，赋予当事人诉讼权利，但以合同不能继续履行为前提。理由：其一，从违约损害赔偿的角度来理解，笔者认为，期待精神利益损失具有“可预见性”特征，亦适用我国《合同法》第113条规定中的可得利益损失；其二，我国司法实践中受害人以合同之诉要求精神损害赔偿的，法院支持的已存在，集中于运输合同、服务合同等案件中；其三，域外国家如德国、美国等在合同领域中已有适用；其四，避免当事人的诉之选择困境及赔偿结果的巨大差异，造成公平正义的缺失；其五，在倡导精神利益最大化保护的理念之下，违约精神损害赔偿是一个重要的保护渠道。从此意义上讲，对违约精神损害赔偿的强调，是扭转精神利益在传统民事责任体系中未得充分保护之不利局面的一个方面。①

5. 刑事附带民事诉讼中的精神损害赔偿

笔者建议对刑事附带民事诉讼中的精神损害赔偿应予受理。理由：其一，法理上，正如德国法所明确的刑事处罚在于纠正犯罪人的社会危害性而精神损害赔偿的目的在于补偿受害人的损失；其二，诉讼程序上，刑事附带民事诉讼的程序设置，是为了简化诉讼程序，提高诉讼效率，但附带民事诉讼所审理的案件，本质上仍然是民事案件，与独立的民事诉讼程序审理的同类民事案件应遵循共同的实体法律规范；其三，社会效果上，改变遭受刑事犯罪侵害得到的赔偿反而少于一般的民事赔偿之诟病。

6. 法人人格权损害中的精神损失赔偿

随着互联网的发展，法人及非法人组织名誉受到侵害的现象呈扩大化趋势，往往造成很大的利益损失。而传统民法理论一般认为精神损害是专属于人的精神痛苦，法人及非法人组织作为民事主体不具备精神感受力，因而其人格权受侵害时无精神之损害。笔者认为，法人人格权受损时，其自身的经济利益以及背后的个人精神权益均会受到损害，单纯的赔礼道歉并不能完全弥补损失，对经济损失的赔偿又面临着举证艰难的困境。笔者建议我国立法机构可以考虑将法人及非法人组织纳入保护范畴，体现精神损害赔偿制度的调整功能，有利于制止目前盛行的商业不正当竞争等违法侵权行为的发生。并且域外国家如法国，规定法人因商业秘密侵犯、商誉毁损等时亦可诉求精神损害赔偿。

7. 请求权的转让与继承

《最高人民法院关于审理人身损害赔偿案件适用法律若干问题的解释》第18条规定精神损害赔偿请求权不得转让和继承，除非已诉讼或者侵权人承认。该条系移植于《德国民法典》原第847条的规定，该规定已于1990年废止。笔者认为，精神损害赔偿请求权作为财产权的一种，当事人有权

---

① 方乐坤：《精神利益保护与民事责任体系完善研究》，西南政法大学2012年博士论文。

进行处分，亦可被作为财产继承。因而建议我国立法也及时作出调整。

（四）赔偿数额的确定

精神损害自身的不可估量性、区域发展的不平衡性、法律规范的欠统一性等因素的客观存在，导致精神损害赔偿的具体适用依然寄托于法官的自由裁量。裁判者的自由裁量行为在缺乏有效规制时，其负向效应将会被放大，削弱甚至于抵销裁判权的正向效应。① 为克服目前精神损害赔偿数额的较大差异，对法官自由裁量权的适度限制符合精神损害赔偿实现利益平衡的内在要求。笔者建议借鉴美国陪审团的做法，以我国司法责任制改革为契机，吸纳人民陪审员的力量，充分发挥合议庭的评议功能，强化法官在判决书中的说理义务。同时按不同的权益类型确定考虑因素、制定区域性参照表格。

1. 按照不同的保护权益特征，规定不同考虑因素，如表1。

表1 精神损害赔偿考虑因素

权益类型	考虑因素
生命、健康等物质性人格权	双方过错、侵害手段、伤情、受伤部位、治疗时长、后遗症、自愈能力等
名誉、荣誉、隐私等精神性人格权	侵权手段、传播媒介、传播范围、传播时长、获利情况、经济损失、负担能力、职业特征、社会地位等
死者人格利益	侵害手段、场合、行为方式、对公序良俗的侵害等
特定身份权	主观过错、侵权目的、侵害手段、持续性、对被监护人成长的影响等
特定财产权	财产的获得途径、拥有时长、唯一性、主观过错、财产本身价值等

评注：不同的权益类型，有不同的侵害手段，因而考虑时应从不同的角度予以考虑，如对生命健康权的侵害应主要考虑伤情，而对名誉、荣誉等人格权的侵害，主要应基于目前互联网发展，利用微信、微博等载体传播媒介的特征，从传播时长、传播范围、经济损失、获利等角度考虑。而对死者人格利益的侵害，实践中主要集中于对死者遗体、遗骨等的侵害，

① 张蓉：《事实认定中的法官自由裁量权》，法律出版社2010年版，第22～25页。

应主要从侵害手段、有违公序良俗的角度予以考虑。需要指出的是，应排除城市与农村的户籍差异以及受害者的自身收入因素，避免产生“同命不同价”的问题，从而保证该项制度背后所蕴含的精神价值以及人格的平等。

2. 借鉴德国学者所创制的“赔偿金表格”做法以及美国设置赔偿限额的制度，我国亦可推行精神损害赔偿数额区间制度。针对所保护的权益类型不同，总结梳理当前的赔偿数额范围，制定各类型权益保护的赔偿最高额及最低额，让法官自由裁量时有表可循，从而提升裁判的规范化，以及赔偿数额的正当性与合理性。考虑到我国区域经济发展不平衡，因而笔者建议应以省份为单位制定不同的限额，同时，也应考虑经济发展的变动因素，建立数额的浮动机制。笔者以北京为例，如表2：

表2　北京地区法院精神损害赔偿参考数额

权益类型	赔偿参考数额
生命、健康等物质性人格权	侵害生命权的：10万元~100万元 侵害健康权的：1000元~10万元
名誉、荣誉、隐私等精神性人格权	公民：1000元~10万元 法人及非法人组织：1000元~30万元
死者人格利益	1000元~10万元
特定身份权	1000元~10万元
特定财产权	1000元~10万元

评注：具体数额的确定中，考虑精神损害的赔偿是基于人身伤害发展而来，对生命权的赔偿数额应赋予最大的限额，是对于生命的尊重，而健康权侵害时，基于目前北京法院以伤残等级为量化基础，一级伤残最高赔偿10万元，未构成伤残的，以5000元为基数浮动考虑。其他的权益受损，笔者认为基于精神损害赔偿的实质内涵，精神损害赔偿数额不应突破人身伤害的赔偿数额。如果将来我国立法能够将法人及非法人组织纳入考虑范畴，笔者认为考虑到一般会对其造成巨大的经济损失，因而对其赔偿限额

可以适当放宽。考虑到个案的差异性以及精神损失的无法量化性，笔者不建议采取固定数额或者公式计算方式。

五、结语

笔者在本论文撰写过程中，深感精神损害赔偿制度的覆盖范围之广、意义之重大。然检视各国和地区对精神损害制度的理论研究，大多局限于以法律的具体规定为问题导向，而采用实证法学分析的研究路径，即在各国既定的法律框架内界定精神损害的赔偿范围及如何赔偿的问题。而对于精神损害制度背后的法律依据、理论依据缺乏研究成果，导致精神损害的赔偿实为无源之水、无本之木，难以形成成熟的理论。雄关漫道真如铁，而今迈步从头越。笔者希冀在今后的发展中，学者能够从法理上深入探究精神损害的本质，确定精神损害赔偿的法理依据，这将有助于精神损害赔偿制度的发展与完善。随着科技的发展，医学、生命科学的进步，人类也许能够实现对精神损害程度的分级界定，进而构建更加科学合理的精神损害赔偿方法。我国对精神损害赔偿制度适时完善，对该项制度的发展提供中国智慧、中国方案，无疑功在千秋。

（本文仅代表作者个人观点）

反思与矫正：食品标签惩罚性赔偿纠纷裁判难题及应对

——以法律适用逻辑思维为方法

宋　硕*　马　欣**

一、考察：食品标签惩罚性赔偿纠纷实践评述

（一）数据：职业打假新洼地

民以食为天，食以安为先。可以说，食品安全关乎人民生活质量及社会和谐稳定。在食品领域内的违法行为，不仅影响人民群众的身体健康和生命安全，同时也会动摇消费信心，引发社会动荡。

为强化监管手段，解决食品安全领域的突出问题，最高人民法院于2013年颁布了《最高人民法院关于审理食品药品纠纷案件适用法律若干问题的规定》（以下简称《食品药品规定》），其第3条规定，食品、药品领域“知假买假”不影响消费者维权。① 条文本意是为加

---

* 北京市海淀区人民法院民四庭副庭长。

** 北京市海淀区人民法院民四庭法官助理。

① 《食品药品规定》第3条规定：“因食品、药品质量问题发生纠纷，购买者向生产者、销售者主张权利，生产者、销售者以购买者明知食品、药品存在质量问题而仍然购买为由进行抗辩的，人民法院不予支持。”

强对违法行为的惩戒力度，却意外招致食品领域职业打假案件呈现井喷式增长。虽然2015年修订的《食品安全法》在第148条第2款①专门针对食品标签纠纷作出十倍惩罚性赔偿的除外规定，但食品安全纠纷数量不降反增。对此，最高人民法院又将食品安全纠纷问题纳入新一轮司法解释立项中。② 本文将基于近五年的实践数据，针对食品标签纠纷问题提出相关修改建议。

基于职业打假者的逐利特性，从2013年到2017年的五年时间里，③因标签问题引发的十倍食品安全惩罚性赔偿纠纷和三倍消费者欺诈惩罚性赔偿纠纷④已成为消费者诉讼洼地。

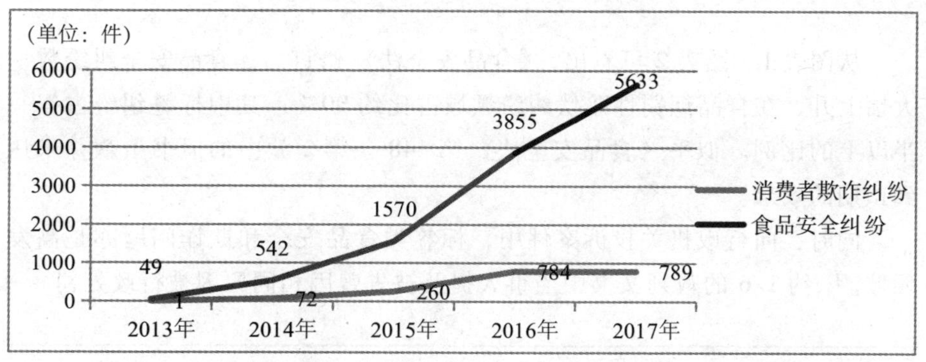

图表1 全国法院近五年食品惩罚性赔偿纠纷案件裁判文书统计

---

① 《食品安全法》第148条第2款规定："生产不符合食品安全标准的食品或者经营明知是不符合食品安全标准的食品，消费者除要求赔偿损失外，还可以向生产者或者经营者要求支付价款十倍或者损失三倍的赔偿金；增加赔偿的金额不足一千元的，为一千元。但是，食品的标签、说明书存在不影响食品安全且不会对消费者造成误导的瑕疵的除外。"

② 2018年7月2日，最高人民法院将《关于审理食品安全民事纠纷案件适用法律若干问题的解释》纳入《2018年度司法解释立项计划》中。

③ 以下图表1－4统计数据来源于中国裁判文书网。数据采集时间：2018年5月13日。

④ 《消费者权益保护法》第55条第1款规定："经营者提供商品或者服务有欺诈行为的，应当按照消费者的要求增加赔偿其受到的损失，增加赔偿的金额为消费者购买商品的价款或接受服务的费用三倍。"

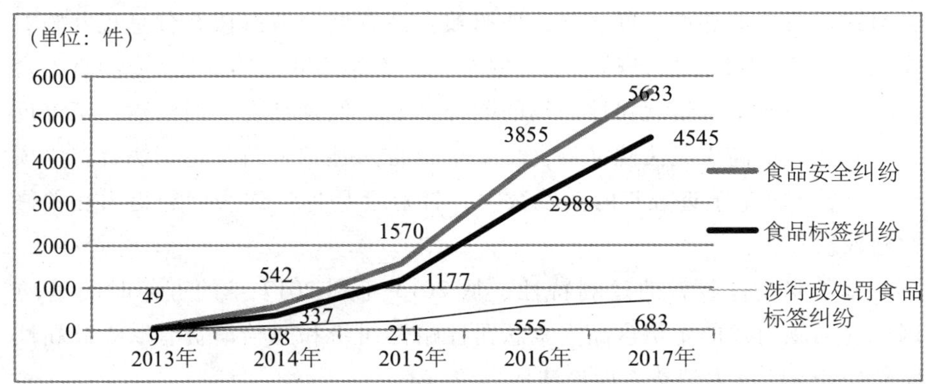

图表 2　全国法院近五年食品安全纠纷案件裁判文书统计

从图表1、图表2可看出，《食品安全法》修订后，食品安全纠纷数量大幅上升，在食品惩罚性赔偿纠纷领域占比约90%，其中标签纠纷占据一半以上的比例。似乎《食品安全法》第148条第2款中的但书条款并未达到预期的效果。

同时，向行政机关投诉案件中，标签类食品安全和欺诈问题亦是高发领域。① 约1/6的裁判文书中当事人提及被告曾因相同原因被行政处罚。

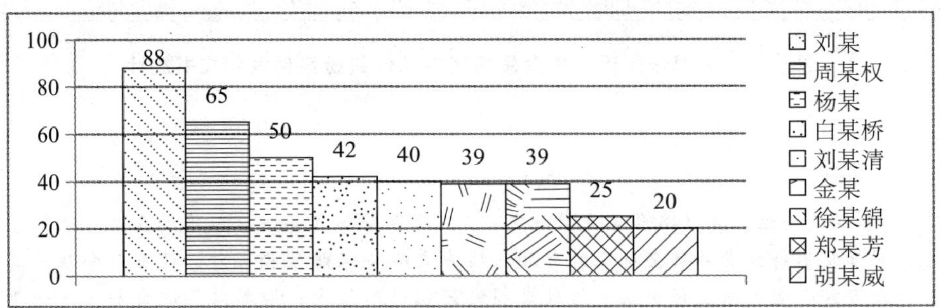

图表 3　常见原告食品标签十倍赔偿纠纷涉案判决书数量统计（单位：件）

① 参见国家工商总局：《全国工商和市场监管部门2017年处理消费者投诉举报咨询情况分析》，载 http：//www.gov.cn/xinwen/2018－03/15/content_5274426.htm，访问时间：2018年5月13日。

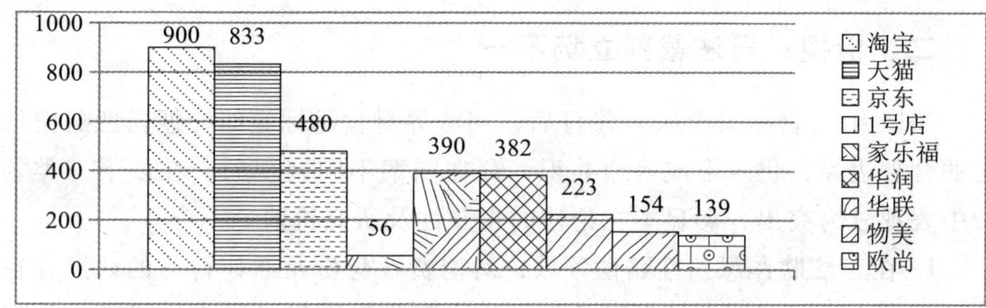

图表4　常见被告食品标签十倍赔偿纠纷涉案判决书数量统计（单位：件）

从图表3、图表4可以得出，食品标签纠纷案件当事人重复出镜率高。随着电子商务的兴起，维权纠纷的被告从大型超市转向淘宝、京东等知名电商。此类被告经营产品种类繁多、购物凭证齐备、自动履行率高，财力雄厚且重视声誉，成为诉讼的首选目标。

（二）类型：客观争议事实的梳理

食品标签最主要的作用是向消费者传递信息、进行承诺。标签问题触发《消费者权益保护法》第55条第1款之三倍赔偿，主要在于标签呈现的信息构成欺诈；而因标签问题导致当事人以《食品安全法》第148条第2款主张十倍赔偿，则主要基于《食品安全法》第26条第（4）项、第67条、第97条以及涉及食品安全方面的相应国家标准①，即基于标签问题影响食品安全。

诉讼中标签问题常见类型分为以下三类：一是漏标，即产品标签上的生产许可证号、生产者信息、生产日期、保质期、储存条件，质量等级、产品类型、适用标准、营养成分及含量、配料成分及含量、添加剂、警示语、证书等没有标注；二是错标，即前述标签事项标注错误；三是无标，即进口食品无中文标签。

---

① 食品安全国家标准对标签标注事项的规定通常涉及GB7718-2011《预包装食品标签通则》、GB13432-2013《预包装特殊膳食用食品标签》、GB28050-2011《预包装食品营养标签通则》、GB29924-2013《食品添加剂标签通则》，这也是诉讼中常被提及的食品安全标准规定。

二、检视：司法裁判立场不一

2015 年《食品安全法》修订后，司法界对食品标签纠纷惩罚性赔偿认定的合理边界，仍未形成普通共识，存在同案不同判现象，在以下三类领域中表现较为突出，彰显本文论述的重要性及研究价值。

1. 在三倍欺诈惩罚性赔偿领域，对消费者身份及欺诈行为的认定存在分歧。即法院对何谓消费者以及如何认定商家在销售过程中构成欺诈认定不一：有法院引用行政规章，认为商家存在某些客观行为即构成欺诈行为;① 有法院依据司法解释之规定，从主观要件和结果要件两方面否定了商家欺诈行为的成立。②

2. 在十倍食品安全惩罚性赔偿领域，对惩罚性赔偿的适用标准难以统一。即裁判者对“消费者”“食品安全标准”“食品安全”“误导”和“惩罚性赔偿”等的认定标准存有不同理解，进而选择不同的裁判路径，造成审判实践中法律适用的相对混乱。以杨某诉某品牌茶叶案为例，其以产品未标示产品分类违反国家标准为由诉至法院要求十倍赔偿，某法院认为产品不符合食品安全标准支持了原告的诉请,③ 另一法院认为原告无法证明茶叶类型与食品安全有关驳回了十倍赔偿的诉请。④ 两案原告、诉请、事实理由及裁判年月均相同，判决结果却存在差异。这客观上为消费者维权增加了难度，也会损害司法权威。

3. 在十倍食品安全惩罚性赔偿要件缺失时，法院对当事人诉求的释明与调整存在不同认识。在当事人以十倍赔偿为诉讼请求时，一些法院认为案件情形虽不符合十倍赔偿的要件，但却得以成立欺诈，故直接判决三倍赔偿。⑤ 而亦有法院认为不应径直适用《消费者权益保护法》，自行判决三倍赔偿责任，而应以当事人的诉求基础，对不符合十倍赔偿要件的案件，

---

① 广东省广州市中级人民法院（2016）粤 01 民终 1009 号民事判决书；江苏省南京市中级人民法院（2014）宁民终字第 4945 号民事判决书。

② 广东省东莞市中级人民法院（2015）东中法民二终字第 1795 号民事判决书。

③ 北京市朝阳区人民法院（2014）朝民（商）初字第 35081 号民事判决书。

④ 天津市东丽区人民法院（2014）丽民初字第 4899 号民事判决书。

⑤ 安徽省合肥市中级人民法院（2017）皖 01 民终 4124 号民事判决书；广东省广州市中级人民法院（2017）粤 01 民终 1471 号民事判决书。

予以驳回该部分诉讼请求。①

基于上述论述不难看出，各地法院既有生效判决对法条适用逻辑存在分歧，对于重要概念、要件理解存在差异，使用形式、实质审查方法也不完全相同。而在判决说理层面，有判决坦诚阐述了自身的价值立场（消费者及商家的利益平衡）及功能考虑（促进实现理想社会秩序），甚至进行了道德评判。② 总体而言，行政机关的处罚结果影响法院判决倾向；判决惩罚性赔偿者侧重形式演绎，辅以功能考虑和道德评价；驳回诉请者则以实质审查和功能分析方法为主。

本文意图针对这三类情形，重构食品标签纠纷惩罚性赔偿法律适用的评价和论证体系，以法律适用之逻辑为视角，结合探讨行政规则的私法效力，探索一定的裁判方法和路径，以期促进法律适用的统一性、稳定性和可预测性。

三、解构：规范冲突、解释异化与路径分歧

（一）方法：法律适用之逻辑思维——评价与论证

法律适用的形式为逻辑三段论法，即将特定的案件事实置于法律规范要件之下，以获取结论（一定法律效果的发生）的过程。“其实质则为评价，即对其前提（包括法律规范案例事实）为必要的判断。”③ 评价事实上终究为价值导向，以认知和经验为依据做理性判断。④ 就食品标签纠纷而言，法官评价时的价值立场，不外乎平衡消费者及商家的利益，进而结合证据及认知，以判断案件事实、确定法律规范及要件，从而在个案中得出是否使商家承担惩罚性赔偿责任的结论。

---

① 江苏省南京市中级人民法院（2017）苏01民终7119号民事判决书。

② 例如用“诚信良知”和“以暴制暴”等朴素的大众道德观念去分析生产问题食品和职业索赔的行为。“中国的文化传统和社会心理，很难接受没有道德内容的形式法治观。”参见张翔：《形式法治与法教义学》，载《法学研究》2012年第6期。但是，“职业法学家在讨论制度设计方案时，不宜轻易对道德观念本身赋予独立的权重”。参见熊丙万、周院生：《国家立法中的道德观念与社会福利》，载《法制日报》2014年1月1日，第3版。

③ 王泽鉴：《民法思维：请求权基础理论体系》，北京大学出版社2009年版，第163页。

④ 但因司法目的乃在实现正义、规范社会，故应以社会多数人的正义共识为准据。

作出法律上的判断必须要以充分的理由构成去进行必要的论证。既然属于规范论证，则其推论和证明的规则、形式均需符合现行法框架，在实质上合乎正义，在形式上合法，这也决定了法律解释或类推适用为论证的主要内容。①

法官在审理食品标签纠纷这类具有规模效应和潜在影响的案件时，同样遵循的是"评价（判断）—论证（解释）"的大过程。即如果法官认定"职业打假牟利损害不谨慎经营者的合法权益"，则可能因多次相同购买行为判断原告为职业打假人，依据《消费者权益保护法》第 2 条②规定，将"为生活消费"作为解释理由否定其消费者身份；而如果法官有"知假买假有利于实现特定社会时期的公共政策目标"的功能性考虑，则可能选择将"消费者"作"经营者"的反面解释，从而将职业打假人纳入主体概念范围。

在食品标签惩罚性赔偿纠纷这一法律法规及司法解释有具体规定的场合，本文意图在现行法框架内，综合法律所要调整的各项利益，探究规范目的，厘清概念冲突，以明确裁判的前提，使实务上经常出现的问题获得较为稳定的解决方法。

（二）法之发现：请求权基础及构成要件概述

请求权基础的分散性和独立性是我国惩罚性赔偿立法的突出特征。各请求权在调整领域及效力后果上可能存在交叉重叠之处，但其通过配置不同要件来调整不同范围的争议，具有互相独立的运行方式及规范意旨。

就食品标签纠纷最常见的三倍欺诈惩罚性赔偿和十倍食品安全惩罚性赔偿的诉讼请求来说，前者的请求权基础为《消费者权益保护法》第 55 条第 1 款，而后者的请求权基础为《食品安全法》第 148 条第 2 款。从内容上看，此两款规定均为完全法条，即包含有构成要件与法律效力两个部分，③ 在填补性损害赔偿之外，赋予消费者增加主张惩罚性赔偿的权利。

---

① 论证首先是法律解释，其次是填补法律漏洞，再是不确定概念、一般条款的价值补充。

② 《消费者权益保护法》第 2 条规定："消费者为生活消费需要购买、使用商品或者接受服务，其权益受本法保护；本法未作规定的，受其他有关法律、法规保护。"

③ 参见黄茂荣：《法学方法与现代民法》，法律出版社 2007 年版，第 137 页。

三倍欺诈惩罚性赔偿请求权的发生需具备两项要件：（1）须是消费者合同；（2）须经营者的行为构成欺诈。①

十倍食品安全惩罚性赔偿请求权的发生需具备三项要件：（1）行为要件，即生产、经营不符合食品安全标准的食品；（2）主观要件，即经营者明知；（3）隐含要件，即消费者合同。② 同时，食品标签、说明书领域规定了阻却事由，即标签、说明书虽存在瑕疵，但不影响食品安全，且不会造成误导。

从维权流程及诉讼结果来看，原告往往首先选择向行政机关举报，原因在于行政机关的处罚决定所认定事实会对民事诉讼结果产生重要影响。诚然，行政处罚所认定的事实可以在民事诉讼领域作为证据使用，但因行政违法所认定相关行为的构成要件与民事法律规定上的构成要件并不相同，如果不能准确加以区分，而是径行将二者认定标准等同，则会在民事领域中对经营主体的合法权益造成损害。司法实践中，对于前述两种标准的认识不同，是导致目前裁判结果混乱的重要原因。因此，如何准确把握行政处罚与民事赔偿责任的区分标准，是食品标签纠纷惩罚性赔偿裁判的核心和难点问题。

（三）外部规范冲突：欺诈惩罚性赔偿构成要件之差异

三倍赔偿是否成立，最关键的要件在于“欺诈行为”，而《消费者权益保护法》或立法机关并未对此要件的涵义进行特别规定。由此导致司法实践中，因引用不同规范而对“欺诈行为”采取了不同认定标准，最终出现裁判结果迥异的乱象。

---

① 法条并未将“消费者因欺诈而遭受损失”作为要件，《消费者权益保护法》第55条第1款的损失概念，出现在法条的效果部分，而非要件部分。参见韩世远：《消费者合同三题：知假买假、惩罚性赔偿与合同终了》，载《法律适用》2015年第10期。

② 食品安全惩罚性赔偿亦不以“消费者遭受损害”作为要件，全国人大常委会指出：“本条第2款规定的惩罚性赔偿，不一定是在消费者有实际损失的情况下才可以主张，即使消费者购买后尚未食用不符合食品安全标准的食品，仍可要求生产经营者支付价款十倍的赔偿金。”参见全国人大常委会法工委行政法室：《中华人民共和国食品安全法解读》，中国法制出版社2015年版，第394页。

1. 民事领域欺诈行为认定标准

民事领域中对于“欺诈行为”的认定标准，主要规定在《最高人民法院关于贯彻执行〈中华人民共和国民法通则〉若干问题的意见（试行）》（以下简称《民通意见》）第68条，即一方当事人故意告知对方虚假情况，或者故意隐瞒真实情况，诱使对方当事人作出错误意思表示的，可以认定为欺诈行为。

2. 行政领域欺诈行为认定标准

《侵害消费者权益行为处罚办法》（以下简称《处罚办法》，国家工商行政管理总局公布）第16条规定：“经营者有本办法第5条第1项至第6项规定行为之一且不能证明自己并非欺骗、误导消费者而实施此种行为的，属于欺诈行为。经营者有本办法第五条第7项至第10项、第6条和第13条规定行为之一的，属于欺诈行为。”在行政规章对于欺诈行为的认定中，行为人主观故意要件以及诱使对方当事人作出错误意思表示的结果要件被弱化、消减或无视了。据此，有观点认为：“消费者权益保护法中的欺诈行为不以相对方陷入错误为要件，只要经营者客观上存在可以被认定为欺诈的行为，就符合《消费者权益保护法》第55条的规定，因此知假买假不影响惩罚性赔偿的适用。”①

（四）内部逻辑冲突：食品安全惩罚性赔偿法条之评价

在《食品安全法》第148条第2款中规定有食品安全惩罚性赔偿的例外情形，即食品的标签、说明书存在不影响食品安全且不会对消费者造成误导的瑕疵除外。但该项规定并未厘清食品安全惩罚性赔偿的法律适用要件，反而使得法条内部逻辑出现冲突，进一步导致司法适用的混乱，主要表现在以下方面：

1. 审查原则分歧：“食品安全标准”与“食品安全”

“食品安全标准”“是《食品安全法》首次确立的法定概念，它是由国务院（或省级）卫生行政部门会同其他部门，就食品安全相关事项所制

① 江苏省高级人民法院民一庭课题组：《供给侧结构性改革背景下新型消费纠纷疑难问题研究——基于江苏法院消费者权益保护纠纷案件的调研》，载《人民司法·应用》2016年第31期。

定的"[①] 强制性技术规范，《食品安全法》第25条[②]将其效力规定为"强制执行的标准"。

食品安全的定义，依据《食品安全法》第150条第2款的规定，指"食品无毒、无害；符合应当有的营养要求，对人体健康不造成任何急性、亚急性或者慢性危害"。

根据《食品安全法》第25条和第26条第（4）项的规定，食品安全标准与食品安全要求有关，并具有强制性。但是，立法者在但书条款中将"不影响食品安全"作为判定十倍惩罚性赔偿的除外要件，反映出不符合食品安全标准的行为不一定影响食品安全。

笔者梳理了当前该类情形的裁判规则，发现主要有以下两种审查方式：一是不符合食品安全标准即触发十倍赔偿责任的形式审查原则；二是影响食品安全才承担十倍赔偿责任的实质审查原则。显而易见，前一种审判思路通过比对现有的技术规范即可确定最终裁判结果，符合司法克制主义并有较强的可操作性。而后一种审判思路则需要法官针对案情作出实质判断，其自由裁量权避免了机械执行的不公平，但对法官的辨别能力则提出更高要求，增加了审理难度。

2. 领域疑问：标签、说明书与其他领域的审查冲突

根据《食品安全法》148条第2款的但书条款，在标签、说明书领域，司法者仍需对是否影响食品安全进行实质性判定，但在其他领域，虽不符合食品安全标准但不影响食品安全的行为，并不在调整范围之内。立法上针对不同领域作不同规定，逻辑上难以自洽，间接导致现行司法实践中裁判结果的差异。

3. 构架错位：不当的赔偿规则导致责任承担显现倒挂趋势

《食品安全法》中将"不会对消费者造成误导"与"不影响食品安全"并列作为十倍赔偿的除外要件，从规范层面亦可解读出，误导消费者与不符合食品安全标准、影响食品安全均并无直接关联，即不符合食品安全标准不一定误导消费者，不影响食品安全也可能误导消费者。

---

① 宋亚辉：《食品安全标准的私法效力及其矫正》，载《清华法学》2017年第2期。

② 《食品安全法》第25条规定："食品安全标准是强制执行的标准。除食品安全标准外，不得制定其他食品强制性标准。"

误导的概念在现行法中无明确规定，但至少可确定其内涵广于“欺诈”。这样但书便可导致一个结论，即如果存在轻微瑕疵，只要构成欺诈，便可主张十倍赔偿；甚至在不构成欺诈（尚不足以触发三倍赔偿）、亦不影响食品安全的情况下，仍可诉请十倍赔偿。这无疑混淆了惩罚性赔偿的调整范畴，影响其逻辑体系。

因此，但书条款表明司法者仍需考察是否实质影响食品安全，但是将标签、说明书之外的领域排除于调整范围，“误导”之概念关系也不合理地扩大了十倍赔偿的适用范围。

四、重建：审理规则与路径建议

“在民法之后陆陆续续订立的多如牛毛的法令，像躲在木马里的雄兵一样进入特洛伊城，管制法令摇身一变成为民事规范，私法自治的空间，包括法律行为和事实行为，实际上随着国家管制强度的增减而上下调整。”① 在公私交融的食品标签纠纷领域，行政规则效力范围基于私法范畴并无异议。但是，在认定导致惩罚性赔偿法律效果的构成要件时，如果对行政规则照单全收，难免使私法成为公法的管制工具，背离私法的立法初衷，并带来法律适用冲突之难题。因而，司法者应结合私法的既有概念、结构及体系，在坚守私法意思自治和价值中立秩序的基础之上，借助行政规则的技术性和政策性优势，构建合理的法律适用逻辑及路径。

（一）欺诈惩罚性赔偿之欺诈行为的认定标准

1. 性质判断：基于消费者合同项下的欺诈行为认定标准

消费者合同，从类型上判断，仍然属于平等主体之间的民事合同。《消费者权益保护法》关于消费者合同的规定的性质，属于民事合同特别法，应优先适用。而在特别法没有规定的场合，应适用一般法及相关司法解释的规定。《民通意见》第68条为定义性法条，旨在对其他法条构成要件上所使用的概念，加以阐释或界限，其对于民事合同中“欺诈行为”的认定具有普遍适用性，自然也适用于消费者合同。

因此，在《消费者权益保护法》未对欺诈行为内涵进行特别规定的情

---

① 苏永钦：《私法自治中的国家强制》，中国法制出版社2005年版，第9页。

形下，应适用《民通意见》的规定，不宜适用行政处罚领域的欺诈行为认定标准。

由此可知，消费者合同中构成欺诈行为，是主观要件（欺诈的故意）、客观要件（欺诈的行为：告知对方虚假情况或者隐瞒真实情况）及结果要件（诱使对方当事人作出错误意思表示）三位一体成立的法律效果。

2. 辅助说理：行政规章的私法效力

在民事审判领域，行政规章等并非正式法律渊源，其规范目的也并非为法院提供裁判依据，使用应只限于裁判说理部分，在存在法律漏洞或价值补充场合，起拾遗补缺的作用，增加裁判的说理性和说服力。在食品标签纠纷中，“欺诈行为”在《民通意见》中有明确规定，则不宜以行政规章置换司法解释之规定。因此，若当事人将行政机关的处罚决定作为商家欺诈行为的证据提交时，人民法院不宜直接援引该证据作为认定发生欺诈惩罚性赔偿请求权。还应审查消费者是否因商家客观上的欺诈行为而作出错误意思表示，即需要判断购买意思表示的作出是基于谋取惩罚性赔偿的动机还是陷入错误认识，据此分析是否应当适用欺诈惩罚性赔偿责任。

（二）食品安全惩罚性赔偿审理之逻辑路径：实质审查

1. 食品安全标准：影响食品安全之辅助判断标准

“食品安全标准”作为行政机关颁布的强制性技术标准，经由《食品安全法》第 148 条第 2 款引入私法规范后，法官首先应厘清其对民事责任的影响效力。

（1）行政标准嵌入私法规范可发挥积极的工具作用

利用“食品安全标准”判定食品安全相关问题有其优势。

食品安全领域复杂性、专业性和技术性较强，并非法官所能全面了解、深入剖析并熟练掌握的范畴。而中国食品安全治理迈入“标准治理”的时代后，食品安全标准专门处理专业技术问题，制定程序上由国务院卫生行政部门主导，多学科联合组建的食品安全标准审评委员会议定、审查及通过，已尽量作出相关领域的专业判断及政策取舍，其客观性、权威性及可操作性可缓解司法所面临的技术和政策难题。相对于结构稳定的私法体系，不断变化的行政规范因素满足了随当前社会变化的灵活性需求。反过来说，通过标准衔接，私法也可作为具有私人监控优势的查漏机制，促使商家遵循事前管制规范。

因此，食品安全标准之遵守情况，可作为食品安全风险的辅助判断工具。

（2）行政标准不应置换私法要件

行政机关制定强制性标准主要是从公法角度、为实现管制目的，并未仔细思量其私法适用效果。如果嵌入条款缺乏过滤机制，以行政标准完全置换私法上既有的弹性化概念，易使法官丧失自由裁量权，成为公法的管制工具，与私法的精神背道而驰。

将眼光聚焦于食品标签纠纷领域时，此种效应尤为明显。

首先，根据《食品安全法》第25条和第26条第（4）项之规定，食品安全标准与食品安全要求有关，并具有强制性，但是各类标签通则中规定的许多标准并不具有实质意义上的强制性或对食品安全的影响性。例如文字、符号、数字的高度，配料排列顺序，日期标示顺序，计量单位写法，分类、规格、标示形式，修约间隔等。一些要求与食品安全危险无甚关联，只是对食品信息表达的统一规范；另一些可标准化程度极低，本应纳入推荐性标准，但是“制定者基于食品安全治理的雄心和大一统管制思维，仍然基于大数法则或平均数思维制定了一刀切的强制性标准”。①

其次，如果轻微违反实质性食品安全标准，如营养标示略微超过国家标准允许的误差范围（甚至经检测实际含量并未超出标准），也难谓存有安全风险。甚至，某些不符合食品安全标准的情形不仅不危害反而有益于食品安全。②

最后，因为食品安全标准乃是针对可标准化的领域已有规定，但是在无法标准化或者标准未涉及的特殊原料类型、新问题领域，符合食品安全

---

① 宋亚辉：《食品安全标准的私法效力及其矫正》，载《清华法学》2017年第2期。

② 例如企业在婴幼儿奶粉中添加营养强化剂“酒石酸胆碱”，有益于食品安全，但是企业行为其实并不符合当时生效的食品安全标准（此营养强化剂并非食品添加剂，禁止添加）。法院参照尚未生效的《食品营养强化剂使用标准 GB14880－2012》否定了企业的十倍赔偿责任。参见湖南省长沙市芙蓉区人民法院（2012）芙民初字第1340号民事判决书。

标准的行为仍可能存在安全风险。①

因此，如果完全将食品安全标准的遵守情况作为触发私法上惩罚性赔偿的判断依据，无疑偏离《食品安全法》第1条“保证食品安全，保证公众身体健康和生命安全”的立法目的，背离过错与责任相适应的比例原则，违背惩治恶意及明知故犯行为的规范初衷。综上，无论是从立法者设置但书条款的目的，或是从食品安全标准本身的性质、规定，还是从形式标准与实质危险的关系来看，司法者审理食品安全惩罚性赔偿纠纷时，仍需判断是否有实质食品安全之风险。

2. 裁判的路径选择：两步审理法

在现行法框架下，笔者认为，食品标签纠纷可遵照“两步审理法”：第一步：形式判断。即对违反食品安全标准作形式主义判断。第二步：实质审查。即结合《食品安全法》第150条第2款“食品安全”的定义对“不影响食品安全”作实质主义审查，同时需将“误导”的内涵解释为“将导致食品安全风险的误导”。

但是，标签、说明书之外的领域因不在但书条款调整范围之内，无法遵循此解释方法，只能将法条中的“不符合食品安全标准的食品”作实质性解释为“不符合食品安全的标准的食品”，再依照前述审理方法，达到预期法律效果。

如果第一步形式判断的结果是符合食品安全标准，并不能构成合规抗辩。一般而言，考虑到惩罚性赔偿制度的目的在于惩罚和制裁加害人的恶意或严重过错行为，遵守标准应当作为免责事由。但是，如前文所述，在标准尚未力及之领域，如果案件事实表明当事人有故意或重大过错行为导致食品安全危险，法院仍应对其做否定之评价。

如果第一步形式判断的结果是行为违反食品安全标准，首先应判断是

---

① 例如，在三聚氰胺毒奶粉事件发生后，国家食品质量监督检测中心有关人士表示：“三聚氰胺属于化工原料，是不允许添加到食品中的，所以现有标准不会包含相应内容。”因为非食品级禁止添加的原料成千上万，不可能均予制定标准。参见新京报 http://news.sina.com.cn/c/2008-09-13/093716286083.shtml，访问时间：2018年6月12日。直到2008年10月8日，卫生部、工业和信息化部、农业部、工商总局、质检总局才一并发布2008年第25号公告称：“特制定三聚氰胺在乳与乳制品中的临时管理限量值。”

非实质性还是实质性安全标准。依上文所述，违反非实质性安全标准、轻微违反实质性安全标准，以及违反实质性安全标准但于食品安全有益之行为，尚不足以引发十倍惩罚性赔偿。

将“误导”的内涵解释为“将导致食品安全风险的误导”，可将关键要件仍囿于“食品安全”的实质审查，避免在只存在甚至尚不足以构成欺诈情形的场合，对商家苛以较重的惩罚性赔偿责任，混淆欺诈与食品安全惩罚性赔偿的立法初衷。毕竟，《食品安全法》与《消费者权益保护法》惩罚性赔偿的重要差异在于：“欺诈惩罚性赔偿并不解决商品、服务对人身性、财产性固有权利的侵害，其正当性基础在于欺诈行为侵害消费者的知情权、选择权，扰乱市场经济秩序。”①

不可否认的是，同一案件事实可同时导致欺诈与食品安全惩罚性赔偿责任，此时得以成立请求权竞合情形。

(三) 法规范之交叉：请求权竞合

请求权竞合是法律规范竞合的情形之一，“指以同一给付目的的数个请求权并存，当事人得择一而行使，其中一个请求权因目的达到而消灭时，其他请求权亦因目的达到而消灭；反之，就一个请求权因目的达到以外之原因而消灭时，则仍得行使其他请求权。”②

就《食品安全法》与《消费者权益保护法》惩罚性赔偿请求权基础之间的位阶关系来说，虽然两部法律运行轨道有重合之处，但二者并非上位法与下位法地位，而是平行的同位阶规范。当同时成立影响食品安全及欺诈情形时，就同一惩罚性赔偿给付目的，当事人得择一行使。在法院认为只成立其一，而当事人选择错误的场合，法官应当行使释明权，告知当事人可以选择行使对自己最为有利的请求权来主张权利，这是能动司法促进审判效率、节约司法成本、保障当事人诉权的应有之义。

但是，在当事人未变更诉请的情形下，若法院径直选择对当事人有利的另一法律关系的裁判方法，则有缺乏依据之嫌。《最高人民法院关于适

---

① 陈澜鑫：《〈食品安全法〉惩罚性赔偿适用的限制——从第148条第2款但书出发》，载《研究生法学》第31卷第4期。

② 参见王泽鉴：《民法思维：请求权基础理论体系》，北京大学出版社2009年版，第130～131页。

用〈中华人民共和国民事诉讼法〉的解释》第228条规定："法庭审理应当围绕当事人争议的事实、证据和法律适用等焦点问题进行。"根据该司法解释，法院不应自行将当事人没有主张的主要事实作为审判对象。根据辩论主义原则，当事人没有主张和经过辩论的事项不能够作为裁判的根据。"法律突袭"一方面无法保障民事诉讼当事人就裁判依据展开平等对抗的机会，另一方面也排除了当事人诉权对审判权的制约功能。食品标签纠纷中，在当事人双方围绕《食品安全法》第148条第2款推进诉讼程序的情况下，商家并未就欺诈行为是否成立进行举证和辩论，若法院径直适用《消费者权益保护法》进行裁判，难谓保障了商家的合法诉讼权利。

（四）寻求规范化：立法层面解决路径探析

如前所述，现行立法层面尚存一定待完善之处，笔者建议，首先，就三倍欺诈惩罚性赔偿而言，为便于法官区分行政领域与民事领域涉欺诈行为的判断标准，可将《消费者权益保护法》第55条第1款更改为："经营者提供商品或者服务故意告知消费者虚假情况，或者故意隐瞒真实情况，诱使消费者作出错误意思表示的，应当按照消费者的要求增加赔偿其受到的损失，增加赔偿的金额为消费者购买商品的价款或接受服务的费用三倍。"以引导司法适用民事领域欺诈行为的认定标准，避免直接根据行政处罚裁判惩罚性赔偿。

其次，就十倍食品安全惩罚性赔偿而言，鉴于《食品安全法》第150条第2款对于"食品安全"已有明确定义，为统一裁判标准、避免实践混淆，建议将"不符合食品安全标准的食品"更改为"不安全的食品"，同时删除但书条款。法官在判定何为"生产不安全的食品或者经营明知是不安全的食品"时，再行结合《食品安全法》第150条第2款"食品安全"的定义、个案事实及认知经验，通过两步审理法，做实质性验证或排除。

最后，针对请求权竞合之问题，从保障当事人诉权、减少诉累的角度出发，建议在已立项的食品安全法司法解释中明确，法官应当行使释明权，告知当事人在其主张事由不成立的情况下，是否考虑以欺诈事由主张赔偿，而不得在未释明的情况下，径行对未主张事由直接进行裁判。

五、结语

2018年7月2日，最高人民法院将《关于审理食品安全民事纠纷案件适用法律若干问题的解释》纳入《2018年度司法解释立项计划》中，以期统一裁判尺度。司法裁判的分歧一定程度上影响了法律适用的稳定性及可预测性，解决食品标签惩罚性赔偿纠纷难题刻不容缓。

法律适用的正当性不在过去，而在现在和未来。每一个法律效果由构成要件引出，每一个要件蕴含着法律概念，每一个法律概念须经由定义予以具体化。① 立法者制定法律时的目的无疑指明了司法实践的方向，但当“政策性立法”或“灭火型条文”并未达到预期效果时，法官需要遵循一定的法律适用方法，通过清晰明确的概念解释、结构严谨的逻辑体系，达成稳定的、可预期的、符合当前的社会需要及正义观念的裁判结果。“司法者在个案的法律适用过程中，不仅要关注具体纠纷的处理与解决，还要向立法机关那样，顾全大局，前瞻性地考虑自身决策所可能产生的后果，考虑其做出的决策选择是否会对未来人们的行为动因产生良好的影响。”②这无疑对司法者提出了更高要求，也确是司法实践应该努力的方向。判

（本文仅代表作者个人观点）

---

① 王泽鉴：《民法思维：请求权基础理论体系》，北京大学出版社2009年版，第163页。

② 劳东燕：《能动司法与功能主义的刑法解释论》，载《法学家》2016年第6期。

从“两方利益平衡”到“三方利益平衡”

——我国竞业限制制度的反思和改进[*]

林　欧[**]

竞业限制又被称为“竞业禁止”或“竞业限止”，其作为一种法律义务，在大陆法国家最早萌芽于民法中的代理人制度，旨在用法律防止代理人对被代理人利益的侵害，[①] 之后扩展到商事交易和合伙关系中。在我国现阶段，竞业限制包含传统意义上的法定竞业限制和约定竞业限制。本文所涉竞业限制的反思和改进，均指约定竞业限制。

一、我国竞业限制中“两方利益平衡”的偏离

我国竞业限制制度的基础性法律规则规定在《劳动合同法》第23条、第24条中。其立法目的，是在对竞

* 本文受教育部人文社科青年基金项目“众包用工的实证调查及其法律应对”资助，编号17YJCZH105。

** 上海政法学院经济法学院讲师。

① 参见单海玲：《离职雇员的商业秘密管制：竞业禁止与保密义务》，载《知识产权》2007年第4期。

业限制给予一定限制的基础上，采取交由双方自主约定的赋权式设计，以期对以商业秘密为代表的用人单位财产权和劳动者择业自由权之间的冲突加以平衡。为达成用人单位和劳动者之间的“利益平衡”的初始目的，竞业限制制度的运行需要基础性法律规则与相衔接的法律、法规、司法解释［如能够与《劳动合同法》的规定相衔接的《最高人民法院关于当前形势下做好劳动争议纠纷案件审判工作的指导意见》（法发〔2009〕41号）第10条[①]］等的协调一致。然而，与竞业限制的基础性法律规则相衔接的诸多法律规则已经偏离“两方利益平衡”的目的，在相关司法实践中也存在偏向于用人单位权益的趋向。

（一）两方利益失衡的具体表现

在与竞业限制的基础性法律规则相衔接的法律、法规中，对竞业限制范围、地域和期限的规定，体现出用人单位和劳动者之间的权益平衡。不过，这些限制之外，在竞业限制制度的主体、对象等方面的规定，却体现出一种有助于保护用人单位权益的特征。

1. 竞业限制主体双向扩大中的不对等

竞业限制协议的主体包括用人单位和劳动者。根据《公司法》第148条、第217条，《个人独资企业法》第20条和《中外合资经营企业法实施条例》第37条等法律、法规的规定，法定竞业限制的用人单位限于有限责任公司、股份有限公司、个人独资企业和中外合资企业等主体，劳动者则是范围有限的高级管理人员。[②] 与法定竞业限制相比，约定竞业限制主体呈现出用人单位和劳动者双向扩大的特点。在范围的扩大过程中，却呈现出一种不对等地扩大用人单位的实质性权益的趋向。

一方面，《劳动合同法》第2条认定中华人民共和国境内的企业、个体经济组织、民办非企业单位等组织均为用人单位；《劳动合同法实施条例》第3条的规定中，进一步将依法成立的会计师事务所、律师事务所等合伙组织和基金会均规定为用人单位；另一方面，《劳动合同法》第24条

---

① 第10条规定：在审理竞业限制纠纷案件时，既要防止因不适当扩大竞业限制的范围而妨碍劳动者的择业自由，又要保护用人单位的商业秘密等合法权益。

② 具体包括董事、公司的经理、副经理、财务负责人，上市公司董事会秘书和公司章程规定的其他高级管理人员。

将约定竞业限制的劳动者扩大为用人单位的高级管理人员、高级技术人员和其他负有保密义务的人员。

对于“其他负有保密义务的人员”的兜底式规定，不论是《劳动合同法》本身，还是与之相衔接的法律、法规，都未对具体的适用范围或标准进行明示或解释，“其他负有保密义务的人员”成为一种含糊不清的规定。实践中，含义不确定的“其他负有保密义务的人员”将无异于给用人单位赋权，是其实质性权益的扩大，使其享有解释“其他负有保密义务的人员”的自主权，能够自主设定“其他负有保密义务的人员”，在劳动者入职时即要求签订竞业限制协议。而对于部分根本接触不到商业秘密的劳动者来说，“其他负有保密义务的人员”的规定，已经成为一种不合理的竞业限制，不仅会使其无辜遭受违约金的约束，还会给其再就业选择权的行使带来消极影响。如 2013 年招商银行一名普通工作人员跳槽，却被招商银行索取天价的竞业限制违约金，即是用人单位对“其他负有保密义务的人员”的规定的滥用。①

在竞业限制制度的当前运行过程中，一方面是越来越多用人单位享有要求劳动者签订竞业限制协议的权利，另一方面则是部分“无密可守”的劳动者被迫在有意无意之间接受竞业限制约束。竞业限制制度已经偏离“两方利益平衡”的目的。此外，劳动者对比用人单位的天然弱势地位，将会更利于用人单位利用竞业限制的规定设立不平等条款，过度扩张用人单位的权利，损害劳动者应有的合法权益。

2. 竞业限制协议存在前提的扩大

竞业限制协议是否以“商业秘密”存在为前提，或竞业限制协议的可保护利益是否仅限于商业秘密，一直是理论和实务中探讨的重要问题。在

---

① 参见《招行向跳槽员工索取违约金劳动合同藏霸王条款》，载中国财经网 http://finance.china.com.cn/money/bank/yhyw/20130117/1242729.shtml，访问时间：2018 年 12 月 1 日。

《劳动合同法》颁布之前，我国相关法律、法规基本持“肯定论”的态度。① 即使是《劳动合同法》的立法草案也持有此观点，其第16条规定：“用人单位可以与知悉其商业秘密的劳动者在劳动合同中约定……”②

然而，根据正式颁布的《劳动合同法》第23条“用人单位与劳动者可以约定的保密义务对象包括商业秘密和与知识产权相关的保密事项”的规定，商业秘密和其他知识产权权益均能成为竞业限制有效存在的前提条件，在构成要件上扩大了竞业限制的可保护利益的范围。在竞业限制协议的约定过程中，“与知识产权相关的保密事项”的内涵未能有相关法律、法规进行规定，这无异于赋予用人单位一种判断何为“与知识产权相关的保密事项”的权能。法律适用中，“与知识产权相关的保密事项”的含义不明确，则会造成裁判标准的模糊不清，使得不同法院能够采行不同的裁判标准。如部分地方法院在实践中仍然坚持“竞业限制的目的是为了保护权利人的商业秘密”，但在法律适用的制度根据上，并不能将其他知识产权权益彻底排除在竞业限制条款的保护之外③。不少地方法院则采用商业秘密和其他知识产权权益的双重标准的观点，拓展了竞业限制协议存在的范围。

3. 竞业限制经济补偿标准的不完善

《劳动合同法》第23条确定，用人单位可以在竞业限制期限内按月给予劳动者经济补偿。这一非强制性的立法表达，产生了经济补偿内容审查标准的多元化、竞业限制协议效力裁判标准的多元化、用人单位单方解除

---

① 如《劳动法》第22条规定：“劳动合同当事人可以在劳动合同中约定保守用人单位商业秘密的有关事项。”此外，《关于企业职工流动若干问题的通知》（劳部发〔1996〕355号）规定：“用人单位也可规定掌握商业秘密的职工在终止或解除劳动合同后的一定期限内（不超过三年），不得到生产同类产品或经营同类业务且有竞争关系的其他用人单位任职，也不得自己生产与原单位有竞争关系的同类产品或经营同类业务……”《上海市劳动合同条例》（2001年发布）第16条也规定：“对负有保守用人单位商业秘密义务的劳动者，劳动合同当事人可以在劳动合同或者保密协议中约定竞业限制条款……”

② 《中华人民共和国劳动合同法》（草案），载中国人大网 http://www.npc.gov.cn/npc/xinwen/lfgz/flca/2006-03/20/content_347910.htm，访问时间：2018年12月1日。

③ 参见顾韬：《论侵犯商业秘密纠纷中有关竞业限制的若干法律问题》，载《法律适用》2013年第5期。

离职后竞业限制协议裁判标准的多元化等实务问题。① 就经济补偿标准而言，《劳动合同法》（草案）曾规定，离职竞业限制经济补偿金不得少于劳动者在该用人单位的年工资收入，但正式出台时将此问题交由当事人自主协商。然而，实践中大量的有关竞业限制经济补偿数额纠纷的出现，表明在该问题上自主协调的不周。为了弥补这一缺陷，各地出台了标准不一的有关竞业限制经济补偿的各种规定。② 2013 年出台的《最高人民法院关于审理劳动争议案件适用法律若干问题的解释（四）》对竞业限制补偿标准所作出的底线约束，则是对原有立法的一种修补。

基于竞业限制协议当事人之间约定的限制范围、地域和期限等因素的不同，以及各地物价水平、生活条件等情况的差异，司法解释要求的兜底规定③有相当的合理性，也为劳动者提供了一定的补偿保障。然而，在劳资双方谈判地位实质不平衡，甚至如下文所述的更为不平衡的背景下，仅有底线标准似乎难以有效推进劳动者的权益实现。

二、当前制度环境中的两方利益失衡加剧

在竞业限制立法本身呈现的利益权衡和取舍之外，把视角转向竞业限制制度所根植的制度环境，可以发现用人单位财产权和劳动者择业自由权的失衡现象也在不断加重。一方面，法律制度对用人单位的商业秘密等财产权的保护越来越完善，用人单位能够对竞业限制协议施加影响力的适用范围越发宽广；另一方面，随着第四次工业革命的到来，智能机器对中低端劳动力的取代加速，劳动者的人力资本价值呈现相对下滑态势，劳动者能够对竞业限制协议施加影响力的权能越发降低。

---

① 参见侯玲玲：《离职后竞业限制经济补偿争议之裁判标准》，载《法学》2012 年第 9 期。

② 如《江苏省劳动合同条例》《深圳经济特区企业技术秘密保护条例》《浙江省技术秘密保护办法》等。

③ 即《最高人民法院关于审理劳动争议案件适用法律若干问题的解释（四）》第 6 条第 1 款规定，用人单位按照劳动者在劳动合同解除或者终止前 12 个月平均工资的 30% 按月支付经济补偿。

（一）以商业秘密为代表的知识产权利益保护不断扩张

1. 商业秘密保护的扩张

我国暂无保护商业秘密的专门立法，但制定商业秘密保护专门立法一直为众多学者和业界人士所推崇。① 目前，有关商业秘密的保护规定虽散见于《反不正当竞争法》《合同法》《刑法》等多部法律法规中，却已经具备相当的规模。商业秘密的保护范围在我国经历了由专有技术、技术秘密、工商业秘密发展至商业秘密的过程，应当说，商业秘密这一概念包括了以往法律规定中的专用技术、技术秘密及工商业秘密等内容。② 至1993年颁布的《反不正当竞争法》明确规定了商业秘密的构成要件和三种侵权方式，形成我国商业秘密保护的基础。国家工商行政管理局1995年发布，并于1998年修订的《关于禁止侵犯商业秘密行为的若干规定》③，扩大了商业秘密的侵权范围。国务院国有资产监督管理委员会在2010年发布的《中央企业商业秘密保护暂行规定》，再次增加了商业秘密的保护范围。④ 全国人民代表大会常务委员会于2017年11月新修订的《反不正当竞争法》，更是将商业秘密保护的"防火墙"再次升级，减少了商业秘密认定的"实用性"要求，增加规定商业秘密权利人的员工、前员工及其他单位侵犯商业秘密的情形，还提高了侵犯商业秘密的法定赔偿额和行政处罚的罚款数额。

2. 其他知识产权利益保护的扩张

上个世纪90年代初，我国相继颁布实施了《专利法》《商标法》《著作权法》等知识产权法律法规，建立了知识产权保护的基本体系。特别是

---

① 参见郑友德、钱向阳：《论我国商业秘密保护专门法的制定》，载《电子知识产权》2018年第10期。

② 参见罗玉中、张晓津：《Trips与我国商业秘密的保护》，载《中外法学》1999年第3期。

③ 该规定明确技术信息和经营信息的内容，包括设计、程序、产品配方、制作工艺、制作方法、管理诀窍、客户名单、货源情报、产销策略、招投标中的标底及标书内容等资讯。

④ 具体包括战略规划、管理方法、商业模式、改制上市、并购重组、产权交易、财务信息、投融资决策、产购销策略、资源储备、客户信息、招投标事项等经营信息，以及设计、程序、产品配方、制作工艺、制作方法、技术诀窍等技术信息。

加入世贸组织以来，我国的知识产权保护水平得到了历史性提升，无论是法律法规建设、执法机构建设和依法保护实践等各个方面都取得了重大进展①：著作权的扩张表现在受保护的客体不断增加、著作权保护范围不断扩大、使用方式不断增多、著作权保护期限不断延长等方面；②专利权领域的扩张体现为应用科学研究向基础科学研究延伸、方法专利向商业方法领域延伸、专利从非标准领域向标准领域扩张等。③ 2017 年 4 月 1 日起新施行的《专利审查指南》放开了商业方法专利申请获得授权的可能性。商标权的扩张体现在将立体商标、颜色商标、集体商标、证明商标以及地理标志纳入了商标法所保护的客体中，驰名商标的反淡化保护，网络环境下的商标保护等方面。④ 此外，《植物新品种保护条例》《集成电路布图设计保护条例》《人类遗传资源管理条例》等法规也将新类型的知识产权纳入保护范围。

随着知识产权保护范围在过去30 年的不断扩展，创立在公共领域和私有产权保护之间的平衡原则也几乎被我们抛弃了。⑤ 我国知识产权保护紧随着全球知识产权保护的扩张趋势，原属于知识产权之外的公共领域逐步减少，“其他相关知识产权权益”名单上的项目正一项一项为立法所接纳。

（二）新技术时代劳动者议价能力的不断降低

近年来，随着各类技术的发展，以集体谈判和劳动关系长期稳定等为特征的传统的“标准雇佣关系”受到较大冲击。一是以数字化、网络化为基础的平台/零工经济（gig economy）在全球迅速发展，使劳动力市场蜕变为应急、应招、临时、兼职、计件和“小时合同”性质的零工市场，不稳定的工作和收入成为常态，劳动不再被视为具有难以替代的专业技能的

---

① 参见马维野、陈明媛：《中国知识产权保护的制度与实践》，载《中国法律》2005 年第 4 期。

② 参见冯晓青：《著作权扩张及其缘由透视》，载《政法论坛》2006 年第 6 期。

③ 参见冯晓青：《专利权的扩张及其缘由探析》，载《湖南大学学报（社会科学版）》2006 年第 5 期。

④ 参见卢正新、陈敏：《商标权的扩张与限制——以商标法颁布三十周年为视角》，载《中华商标》2012 年第 10 期。

⑤ 参见 James Boyle：《关于世界知识产权组织和知识产权保护未来的一个宣言》，载 https：//law. duke. edu/cspd/chinese/manifesto/，访问时间：2018 年 12 月 1 日。

工作，而是随机的、附属性的工作配置。这一场景中的劳动者成为边缘化的群体且人数越来越多。① 二是智能制造和人工智能等技术的发展在劳动力市场的影响，将会直接导致就业机会的减少。世界经济论坛2016年在瑞士公布的研究报告《The Future of Jobs》中指出，“第四次工业革命”带来的自动化所造成的人力精简，将导致全球已开发国家失去710万个工作机会，但在科技、专业服务及媒体等领域，将创造210万个新工作机会，两相抵销之下，在未来5年内，将会有500万个工作机会就此消失。其中，受到最大冲击的以行政工作与白领阶级为主。② 此外，我国还面临着发达国家“再工业化”战略导致的制造业回流。面对新一轮工业革命的冲击，发达国家纷纷实施“再工业化”战略，力求将转到国外的制造业企业引回国内。智能制造的生产模式则进一步强化机器对劳动力的替代作用，劳动力成本在企业生产成本中的比重大幅下降。③

在此多重因素的影响下，大规模的稳定雇佣将成为未来工作中的稀缺性资源，劳动者之间的替代性会显著递增。劳动力市场的竞争加剧，不仅使得过去劳动者之间自发结盟寻求公共利益的可能性减少，也会使得劳动者自发主张个人权利的可能性降低。劳动者在竞业限制协议中自我表达与争取权益的可能性空间正日趋减少。

三、公共利益在竞业限制中的重要性

劳动法的研究文献中，其以社会公共利益为本位已成为基本共识。不过，旨在劳动者择业自由权与用人单位财产权保护的平衡的竞业限制领域，公共利益的期许尚未实质性地进入到制度设计中。无论是在立法还是执法中，竞业限制中的重点皆是在前两者之上，公共利益问题几乎都没能

---

① 根据国家信息中心分享经济研究中心、中国互联网协会分享经济工作委员会在京联合发布的《中国共享经济发展年度报告（2018）》的最新数据显示，目前我国共享经济的服务提供者人数约为7000万人，到2020年，这一人数预计将超1亿人。

② 参见Ivana Kottasova, Technology could kill 5 million jobs by 2020，载http：//money. cnn. com/2016/01/18/news/economy/job - losses - technology - five - million/，访问时间：2018年12月1日。

③ 参见杜传中、杜新建：《第四次工业革命背景下全球价值链重构对我国的影响及对策》，载《经济纵横》2017年第4期。

提及。学术研究上，有部分学者指出，竞业限制是在保护公共利益、保护劳动者自由权和公平竞争原则之间寻求平衡的结果；[①] 离职后竞业禁止协议应谋求雇主、雇员、社会三者之间的利益平衡；[②] 竞业禁止保护的利益是劳动者的平等就业权、公共利益和雇主的商业秘密权；[③] 竞业禁止制度产生的内在原因是劳动权、商业秘密权与社会公共利益的冲突和碰撞，协调化解三方权益冲突、形成利益平衡机制是竞业禁止制度的根本职能。[④] 然而，何为竞业限制制度涉及的公共利益这一问题，学界并未有深入的探讨。[⑤]

在用人单位和劳动者之间的“利益平衡”已然难以达成的当前情境中，为避免劳动者的“向下竞争”趋势，成为用人单位的物化工具，公共利益的有效贯彻将会是一个重要议题。对于劳动者与用人单位之间的内在约定难以保持权利平衡的趋势，公共利益的实现不仅会成为一种外部的判断标准，以分析劳动者与用人单位之间的权利构造的正当性，也需要成为一种内嵌在竞业限制制度中的要素，实质性地推动劳动者权益的保障。竞业限制制度所关涉的公共利益，主要体现为社会的科技创新和进步。

（一）域外竞业限制制度中的公共利益

公共利益的保护是现代法治社会的一项重要原则。在域外的竞业限制制度中，公共利益是考虑竞业限制协议是否具有合理性的根据之一。如在英国 1831 年 Horner v. Graves 案中，从事牙医业务的原告起诉作为其助手

---

① 参见郑爱青：《从英法劳动法判例看劳动法上的忠实义务与竞业限制条款——对我国〈劳动合同法〉规范竞业限制行为的思考和建议》，载《法学家》2006 年第 2 期。

② 参见单海玲：《雇员离职后的竞业禁止》，载《法学》2007 年第 3 期。

③ 参见崔业虎：《竞业禁止的法益冲突及其衡平原则研究》，载《河南大学学报（社会科学版）》2013 年第 5 期。

④ 参见徐阳：《劳动权保障视域下的竞业禁止法律制度研究》，吉林大学 2010 年博士学位论文。

⑤ 笔者搜集到的有限资料中，仅前文提及的两位学者对此问题进行了进一步探讨。翟业虎教授指出竞业禁止制度的公共利益至少包括“社会的科技创新与进步”和“竞争自由和市场秩序”，徐阳博士指出竞业禁止的公共利益首先是“全世界劳动者权利的整体维护和实现”，此外还包括“社会的科技创新和进步”和“市场经济的竞争自由和秩序”。

的被告，诉称被告违背了两者签订的竞业限制协议，即被告5年内不得在原告执业地半径100英里内执业的协议。裁判中，法官认为，在原告和被告订立的竞业限制协议中，原告是为了保护个人利益，才试图抑制被告在半径100英里内提供如此重要的服务。然而，公共利益重于个人利益。法官认为对竞业限制的考虑，不仅要考虑其是否能够保护雇主的利益，也需要考虑公共利益，原告的主张不能得到支持。① 在美国许多法院的判决分析中，有关离职后约定竞业限制合理性判断的最后一步通常是雇主的利益是否超过对公共利益的损害。②

在司法实践中，公共利益是一个在操作上具有某种模糊性的概念，具有很强的适应性，其内涵会随着时空背景的不同而有所不同，法院需要就具体案件的特定性来阐述其当涵括的内涵。③ 公共利益的具体所指，时常是相关判例或法院裁判中没有详细说明的。如美国法上的竞业限制制度是州法层面的制度构建，其所涉及的公共利益的法律适用问题，差异较大。但《美国雇佣法重述》亦指出："在受限制的地理域内，对前雇员的特殊技能和服务具有非常强大的公共需求时，公共利益将超过雇主享有的任何合法利益。"④ 实践中，阐释的角度虽有差异，但阿肯色州、肯塔基州、马里兰州、纽约州等许多州法院都在判决中申明了公共利益的重要性。纽约上诉法院即指出，对竞业限制的合理性审查应该将"不会伤害公共利益"包括进去。北达科他州法院则指出，竞业限制协议中，"虽然法律似乎可以保护雇主一方，但是基于公共政策的考虑，对限制贸易的协议，法律能够认定为无效，而不一定要考虑到对其寻求救济的一方。"⑤

---

① 参见 The Economic Effects of Non-compete Agreements，载 https：//www. treasury. gov/connect/blog/Pages/The - Economic - Effects - of - Non - compete - Agreements - . aspx，访问时间：2019年2月1日。

② 参见 Cathy Packer & Johanna Cleary，"Rediscovering the Public Interest：An Analysis of The Common Law Governing Post - Employment Non-Compete Contracts for Media Employees"，24 Cardozo Arts & Entertainment Law Journal（2007），p. 1073.

③ 参见梁上上：《公共利益与利益衡量》，载《政法论坛》2016年第6期。

④ See Restatement（Third）of Employment Law，§ 8. 06（d）.

⑤ See Griffin Pivateau，"Enforcement of Noncompete Agreements：Protecting the Public Interest Through an Entrepreneurial Approach"，（46）St. Mary's Law Journal（2015），p. 483.

(二) 我国竞业限制制度引入公共利益的必要性

传统经济学的分析中通常会假定，没有竞业限制协议对雇员的约束，雇主将不会在研发或是雇员培训上进行投资，因为雇员极有可能离开而为竞争者工作。20 世纪 80 年代中期以来，以罗默（Paul Romer）和卢卡斯（Robert Lucas）为代表的“新增长理论”解释了这一论证的不足。新增长理论强调，专业化知识、技术和人力资本是经济增长的持久和永恒的原动力。经济增长并非单纯依赖于竞争性的非赢即输的生产，而是源于在产业和区域内保有动态流动性的知识所产生的正面溢出。同一产业内部的知识溢出和不同产业之间的知识溢出，均是推动地区创新和经济增长的主要源泉。① 知识溢出的主要方式即是人才的自由流动。长期来看，人才流动产生的知识溢出与信息流动将会促进社会的科技创新和进步。一个经济体要提高创新绩效，必须首先具备一定的知识基础或跨越“知识门槛”，才能参与到创新竞争中。特别是在一些技术进步速度较快的行业中，越早跨越这个“知识门槛”，就越能在创新竞争中占据有利地位。②

过去 20 年来，已有许多研究表明，竞业限制导致劳动者流动的限制对国家创新生态系统产生了负面影响。③ 1999 年，美国斯坦福大学法学教授 Ronald J. Gilson 在对美国东岸“硅谷”和西岸“128 号公路”的产业发展的比较研究中，认为前者发展大大优于后者的原因即是因为两州关于竞业限制的法律政策存在巨大差异，加州长期以来对竞业限制采取的严格禁止态度，使得加州领土内的人才得以自由地流动于各企业之间。离职后竞业限制条款的严格或过度执行将构成区域内人才流动的限制，间接造成产业

---

① 参见彭向、蒋传海：《产业集聚、知识溢出与地区创新——基于中国工业行业的实证检验》，载《经济学（季刊）》2011 年第 3 期。

② 参见黄先海、刘毅群：《知识外部性与创新竞争理论前沿研究述评》，载《社会科学战线》2014 年第 12 期。

③ See Grant R. Garber, “Noncompete Clauses: Employee Mobility, Innovation Ecosystems, and Multinational R&D Offshoring”, 28 Berkeley Technology Law Journal (2013), p. 1081.

内的外溢效果,[①] 最终会阻碍或延缓整体社会人才流动，对技术的创新或进步产生负面效果。人才流动的过度限制，从个人层面来看，会加大劳动者更换工作或是自行创业的自由，阻碍劳动者专业技能的进步，最终对其职业生涯发展造成不良影响；从国家层面来看，则会减缓劳动力市场活力和科技创新的动力。

创新是社会进步的动力和时代发展的关键，我国《十三五规划纲要》提出以科技创新为核心，以人才发展为支撑，十九大报告更是强调我国处于转向高质量发展阶段。高质量发展阶段表现在产业结构上，就是由资源密集型、劳动密集型产业为主转向技术密集型、知识密集型产业为主。合理的劳动者择业自由权则构成技术密集型、知识密集型产业的前提之一。对于劳动者的择业自由权具有不合理阻抑功能的竞业限制协议，就要运用公共利益的判断标准进行审查。近年来，我国竞业限制协议的签订范围不断扩大。部分用人单位不区分劳动者岗位是否接触商业秘密，一律签订竞业限制协议,[②] 一些企业甚至要求劳动者签订“全覆盖型”的竞业限制协议。[③] 对于由此引起的竞业限制纠纷案件，司法实践中的裁判者，不仅要在用人单位财产权的过度保护与劳动者的择业自由权之间作出判断，也需要在用人单位财产权与公共利益的保护之间作出合理的取舍。

四、“三方利益平衡”视角下的竞业限制制度

（一）有碍“三方利益平衡”制度的修订

1. 明确竞业限制的可保护利益仅为商业秘密。《劳动合同法》第23条

---

① See Ronald J. Gilson, “The Legal Infrastructure of High Technology Industrial Districts: Silicon Valley, Route 128, and Covenants Not to Compete”, 74 New York University Law Review (1999), pp. 603 ~ 609.

② 《上海一中院发布上海法院首份竞业限制纠纷案件审判白皮书》，载澎湃新闻网 https://www.thepaper.cn/newsDetail_forward_2237544；《北京一中院8年审结两万余件劳动纠纷案》，载法制网 http://www.legaldaily.com.cn/index/content/2018-03/28/content_7508921.htm?node=20908，访问时间：2018年12月1日。

③ 《腾讯现最流氓竞业禁止协议对手覆盖全行业》，载凤凰网 http://games.ifeng.com/yejiehangqing/detail_2013_12/02/31733895_0.shtml，访问时间：2018年12月1日。

将商业秘密与“与知识产权相关的保密事项”并行列出，然而何为“与知识产权相关的保密事项”，立法机关尚未作出相应的解释或规定。① 有学者认为，所谓“与知识产权相关的保密事项”，是指那些尚未纳入知识产权法保护范围，又不构成商业秘密，但对用人单位仍具有一定保密价值的事项（或信息）。② 然而，何为“一定”的保密价值具有较强的主观性，难以满足法律规范的内容需具有操作性的要求。一方面，基于《劳动合同法》对竞业限制义务主体的泛化规定的当前背景，在竞业限制协议的签订中，用人单位对何为“与知识产权相关的保密事项”存在着实质性主导权，极易利用其本身的优势地位滥用竞业限制条款，甚或使得竞业限制条款或协议成为标准条款或标准合同，导致对竞业限制条款的滥用，过度扩张其财产权。另一方面，基于前文所述知识产权版图在当前全面扩张的趋势，没有纳入知识产权保护范围且需要保护的事项已经极少，“与知识产权相关的保密事项”的规定难免冗文之嫌。司法实践中，暂未发现有适用“与知识产权相关的保密事项”进行裁判的类似案例，涉及这一议题研究的文献亦甚少。③ 可以预期，适用此一规定的各级法院将会存在分歧。在此背景下，不如限缩竞业限制的法益，回归原有的单一法益。

2. 严格限定竞业限制的义务主体。在用人单位与劳动者的实质地位不平等有所恶化的趋势下，《劳动合同法》第24条“其他负有保密义务的人员”的兜底性规定的范围，不仅在司法实践中难以把握，导致审查流于形式，更便于用人单位随意“扩大”或“泛化”竞业限制的义务主体，合法而不合理地损害劳动者的择业自由权。为避免对“其他负有保密义务的人员”的滥用，偏离《劳动合同法》的立法目的，建议将“其他负有保密义务的人员”删除，或者将其明确限缩为“接触或者掌握了用人单位的商业秘密的人员”。“保密义务”关涉到的权利主体，或需要签订竞业限制协议的用人单位，应当是掌握商业秘密的权利主体。“负有保密义务的人员”

---

① 参见信春鹰主编：《中华人民共和国劳动合同法释义》，法律出版社2007年版，第80页。

② 参见王全兴：《〈劳动合同法〉条文精解》，中国法制出版社2007年版，第83页。

③ 参见顾韬：《论侵犯商业秘密纠纷中有关竞业限制的若干法律问题》，载《法律适用》2013年第5期。

应当是能够实质性接触或知悉、掌握着“秘密”的人员，而不能是所有有可能宽泛地接触或知悉的劳动者。即“保密义务”针对的应当是对直接接触商业秘密、掌握商业秘密有合理可能性的劳动者，间接性的接触则不应包含在内。

（二）“三方利益平衡”的制度构建框架

1. 确立包含公共利益要件的竞业限制合理性判断标准。约定竞业限制虽然是由法定竞业限制进一步发展而来，但其法理基础为契约自由原则。针对竞业限制范围的争议，法院理应分析双方约定是否合理。然而，法院实践中时常有过于重视契约自由原则的倾向，认为只要不违反合同无效规定或是公序良俗即可，而忽略协议所约定内容是否具有实质合理性。[①] 在我国法院审判的竞业限制案件中，竞业限制的有效性时常取决于雇主是否支付给雇员经济补偿。[②] 此外，涉及竞业限制协议本身有效的争议并不多。这在一定程度上说明，对于竞业限制协议的合理性，我国法院以及双方当事人似乎都缺少关注。而这恰恰是竞业限制协议成立与否的前提。与之相关，美国、英国等都非常重视。我国台湾地区审判主管机构对于涉讼之离职后竞业禁止约款的效力判断，早期也普遍不对约款之效力予以否定，且亦很少质疑劳方对于离职后竞业禁止约款于缔约过程中是否确实行使同意，或对劳方同意的真挚性予以调查。在数年之后，我国台湾地区审判主管机构的见解有所转变，要求离职后竞业禁止约款必须具备“合理性”始非无效。[③] 2015 年台湾地区“劳动基准法”更是增订其第 9 条第 1 款，明定雇主得与为劳工离职后竞业禁止约定的 4 项要件。我国大陆可以借鉴台

① 如在华兴泛亚投资顾问（北京）有限公司与李悦劳动争议上诉案中，北京市第三中级人民法院表明：“法律在衡量用人单位的商业利益与劳动者劳动自由权这两种权利冲突的情况下，做出了赋权性规定……法律仅对适用竞业限制的人员以及竞业限制的最长期限作出规范。由此可知，劳动者离职后是否需要遵守竞业限制义务，完全依当事人之间的约定。”参见（2015）三中民终字第 09035 号案例。

② See Hui Shang - guan, “Comparative Study of Non - Compete Agreements for Trade Secret Protection in The United States”, 11 Washington Journal of Law, Technology & Arts (2015 - 2016), p. 405.

③ 黄宇良：《离职后竞业禁止约款之适法性研究——以人才流动自由化为政策取向》，我国台湾地区“中央大学”2015 年硕士论文。

湾地区的经验，在立法中确定竞业限制合理性的判断标准。因此，在合理性标准的具体列举上，可以将公共利益一项列入，以此为入口将公共利益与其他两方利益同时纳入立法之中，从而达到在法律理念和制度上实现三方利益均衡，以有助于法院依据具体个案案情作出适当的判决。

2. 构建完善的竞业限制的经济补偿标准。在法院审查的竞业限制案件中，经济补偿为主要争议项目之一。[①] 这在一定程度上表明，在目前竞业限制实行经济补偿底线的约束之下，双方当事人自由协调并未真正实现双方合意的预期。因此，在考察经济补偿标准时，可以从劳动者丧失的机会成本和用人单位受到的损失两方面入手。一方面，《劳动合同法》第24条有关竞业限制范围内的规定，使得竞业限制期限内的劳动者可能的工作机会锐减，人为减少了劳动者通过工作平台获得培训和提升自身人力资本的机会，在技术加速发展的时代会极大地降低劳动者的竞争力。最低经济补偿标准的设计，则在确保劳动者的基本生活之外，还需要弥补因竞业限制给劳动力的持续发展可能造成的损失。另一方面，用人单位通过竞业限制制度所保护的商业秘密的重要性决定了用人单位所受到的损失，因此，经济价值不同的商业秘密，用人单位支付给劳动者的经济补偿标准也会有所不同。此两方面的成本在个案上会有所差异，但立法机构应当为司法实践建立一种可具弹性操作的指引性框架。

3. 引入临时禁令制度。用人单位需要竞业限制制度的核心在于保护其商业秘密。一旦商业秘密由离职劳动者泄露，尤其是向竞争者披露，商业秘密的秘密性就将遭到破坏，相应的竞争优势也会丧失，从而给用人单位造成重大损失。如果能采取措施保障商业秘密的完整，减少用人单位的忧虑，用人单位滥用竞业限制协议的几率则将减少。现有的竞业限制制度缺少对商业秘密事前救济的措施，只有当离职雇员违反竞业限制协议或条款后，用人单位才能事后申请救济。事后救济耗时耗力，极有可能当等到企业胜诉后，侵犯行为已久，商业秘密价值消减。临时禁令在我国专利法、商标法、著作权等法律规范中先后确立，并出台了相应的司法解释、实施

---

① 参见蔡笑、陈哲：《海淀法院通报七年间“竞业限制”纠纷审判情况》，载北京法院网 http://bjgy.chinacourt.org/article/detail/2017/04/id/2825330.shtml，访问时间：2018年12月1日。

办法和程序细则供司法适用。[①] 然而，《反不正当竞争法》在商业秘密的保护上，并没有关于临时禁令的相关规定，新修订的《反不正当竞争法》也没有作出规定。在此背景下，在竞业限制制度中引入类似临时禁令制度，提高用人单位事前保护商业秘密的机会，减少竞业限制协议的过度使用，有助于达到三方利益的平衡。判

（本文仅代表作者个人观点）

① 我国法律上没有使用“临时措施”“临时禁令”“禁令”等名称，而是采用了“诉前停止侵权”“停止侵权行为”“停止侵害”的表述形式。参见房德权、朱红英：《诉前临时临时禁令的适用条件》，载《中国知识产权报》2003年7月10日。

论产品责任中的设计缺陷

谢远扬*

一、问题的提出

在最近公布的《民法典侵权责任编（草案第二次审议稿)》（以下简称《侵权责任编草案二稿》）中有关产品责任的部分，基本继承了《侵权责任法》中的内容，对产品瑕疵方面并没有明确的区分。然而在实践中，不同的具体瑕疵类型，其在外在表现、认定方式、责任承担等方面都存在不同的特征。在几种缺陷类型中，设计缺陷的认定尤其重要，因为其极易与其他类型缺陷相混淆，但又是最为根本产品缺陷类型，如果说制造缺陷、警示缺陷都是由外部条件所造成的，设计缺陷则是产品本身所固有的。因此，了解产品缺陷，首先就要充分地认知设计缺陷。

二、设计缺陷的认定

设计缺陷是产品缺陷的一个重要类型，通常认为设

---

* 中国社会科学院法学研究所博士后研究人员。

计缺陷是广义上制造缺陷的一种,[①] 被认定是产品责任的核心内容之一。[②] 新近的《草案二稿》完全承接《侵权责任法》的内容，在产品责任部分仍然没有明确设计缺陷的内涵，而是在第978条用一个笼统的产品缺陷概念，将所有产品缺陷类型，如制造缺陷、设计缺陷、警示缺陷等，统统包含在内。这种规范模式在很大程度上也是《产品质量法》规范路径的延续。该法第26条规定了生产者的产品质量义务，笼统地要求产品不存在不合理的危险，符合国家标准，应当具备相应的使用性能。可见，我国法律规范中至少并没有明确区分产品的制造缺陷和设计缺陷。在比较法上，各国对是否明确区分设计缺陷和制造缺陷也有不同的路径。《欧盟产品质量指令85/374/EWG》和《德国产品责任法》（ProdHaftG）都没有明确区分制造缺陷和设计缺陷，而仅仅是指出如果产品的安全不能达到预期，就可以被认为是产品缺陷。[③] 相比之下，《美国法学会侵权法重述（第三次）产品责任》（1998）部分则明确将设计缺陷（design defect）和制造缺陷（manufacture defect）分开，其第2款（b）款认为如果产品可以预见的损害风险，能够通过变更适当的设计减少或者避免，并且这一变更设计的遗漏致使产品不具有合理的安全性，那么就可以认为存在设计风险。

然而，法律规范路径的不同并不一定导致理论上的背道而驰，在全球化背景下，商品交易模式的趋同，意味着在法律条文背后的法律规范和理论解释也日趋一致。即便是在欧盟语境下的法学理论中，也不存在一个统一的缺陷概念，在学理和司法实践中也同样将缺陷的类型具体化，分为设计缺陷、制造缺陷和说明缺陷（Konstruktions -, Fabrikations - und Instruktionsfehlern）。[④] 这里的设计缺陷是指：在产品进入流通时，存在一种替代的产品设计，足以避免法益受到损害。[⑤]

---

① MüKoBGB/Wagner ProdHaftG Einl., Rn. 18, McSorley, Construction Defects, ABA Publishing, 2012, Ch. 1, II; Owen, Products Liability in a Nutshell, West Academic Publishing, 2015, p. 241.

② Owen, Product Liability Law, West Academic Publishing, 2015, p. 477.

③ 参见《欧盟产品质量指令85/374/EWG》第6条第1款、《德国产品质量法》第3条第1款。

④ Vgl. MüKoBGB/Wagner ProdHaftG § 3, Rn. 36.

⑤ BGHZ 181, 253 Rn. 16 = NJW 2009, 2952 = VersR 2009, 1125 - Airbags.

对比美国和欧洲的相应法律规范和司法判决不难发现，在定义设计缺陷时，区别于制造缺陷，立法者和司法都强调其造成法益损害的原因是产品本身的设计存在问题，这种设计问题并不能通过更换生产商或者采用更先进的制造工艺等方式直接加以排除。但是如何确定损害是由于产品设计而不是其他原因所造成的，立法者和司法者都不约而同地采用了对比的方式，即在产品进入流通领域时，确实存在一种合理的替代设计（alternative design），可以降低或者避免可能的损害风险。这种以合理替代设计作为判断设计瑕疵标准的方法，为欧美各国广泛接受，代替之前所采用的消费者期待和成本—收益标准，成为比较法上的通例。但问题在于，如何判断产品这种替代设计是“合理的”，并且相应的产品设计者为何“有义务”采用这种替代设计，而非现有设计呢？

首先，虽然绝对的安全是无法实现的，但作为产品的设计者，和产品的生产者一样，负有向消费者提供与消费者所支付成本相应的安全产品的义务，即需要满足消费者所支付成本相应的安全期待。① 在这个意义上，如果替代设计能够在和原设计相同或者相似的成本范围内，为消费者提供更为完善的安全措施，那么就可以认为这个替代设计，相对于原设计更为合理。② 区别于单纯的成本—收益标准，替代设计标准并非是产品自身内部成本—收益之间的比较，当然如果个别产品设计对消费者来说本身成本就大于收益，自然很难认为这一设计具有合理性。替代设计标准所强调的是原设计和替代设计之间的比较，相对于原设计来说，替代设计能够提供一个更优的成本—收益比，由此相对于原设计来说更具有合理性。也是在这个意义上，替代设计标准是一个相对的标准。

但替代设计的合理性并不意味着产品的设计者有义务采用这种替代设计。如果这种替代设计依据通常的观点并不为原设计者所知悉，或者由于专利等原因，原设计虽然知晓替代设计，但是并无法合法使用，那么原设计者都没有采用这种替代设计的义务。相对应的，如果原设计者知悉或者应当知悉这种替代设计，在可以使用的前提下，却没有使用，而是采用了这种安全性较低的不合理设计，则不仅仅可以证明原设计者在主观上具有

① MüKoBGB/Wagner ProdHaftG § 3, Rn. 7.

② See Products Liability Restatement § 2 (b) and cmt. f.

疏忽，也可以表明原设计相对于替代设计来说是存在不足和瑕疵的。①

这种合理替代设计的实质，也是一种微观式的“风险—效用”标准的具体应用，其是从产品设计的边际改进来认定设计的缺陷存在与否，即如果改进产品设计的收益大于成本时，产品的设计便可以认为存在缺陷。而这种收益大于成本，是通过是否存在合理的可替代设计来体现的。这种合理的替代设计所要求的危害降低和合适成本就是边际效益超过边际成本的体现。相比宏观的“风险—效用”标准，这种微观式的“风险—效用”标准更为具体，使用起来更为明确，也能够充分考虑到当产品投入使用时具体的社会和科技状况，如果当时的科技或者工艺水平不足以出现替代设计，即便出现宏观上的风险大于效用，也不构成设计缺陷。

这种合理替代设计的判断标准也为我国学界所普遍接受。在学理上，我国学者普遍将设计缺陷与制造缺陷相区分，认为设计缺陷是由于产品设计本身不合理，而非在产品生产过程中由于质量管理、原材料缺陷或者工艺水平落后所产生的缺陷，因此，设计缺陷会导致同批次的产品都产生问题。② 然而对于如何判断设计缺陷，却存在不同的看法。有观点认为，设计缺陷的认定应当以“业内技术发展水平”作为判断标准，即考察产品的设计是否反映了业内已经采用的最安全、最先进的技术，或者依据现有的技术发展，不可能提出更高的设计标准或要求。③ 也有观点认为，应当考察产品的生产者能否合理预见产品造成人身损害、财产损害的危险，并是否有能力改变设计消除这种危险，即产品是否具有不合理的风险。④ 还有观点认为，应当借鉴比较法的经验，采用“合理的替代设计”作为判断标准，这样在具体适用中更具有可操作性。⑤ 这些不同观点，实际上都是对“风险—效用”标准的发展和具体化。“业内技术发展水平”实际上是产品

---

① Owen, Product Liability Law, West Academic Publishing, 2015, p. 510 f.

② 参见王利明：《侵权责任法研究（下卷）》，中国人民大学出版社 2011 年版，第 248 页以下。

③ 参见许传玺主编：《侵权法重述第三版：产品责任》，肖永平等译，法律出版社 2006 年版，第 22 页。

④ 参见程啸：《侵权责任法》，中国人民大学出版社 2011 年版，第 390 页。

⑤ 参见冉克平：《产品责任理论与判例研究》，北京大学出版社 2014 年版，第 149 页以下。

进入流通时“风险—效用”标准的最优化体现，未能达到这一标准，就意味着产品设计者未能实现“风险—效用”的最优化设置。而“不合理风险”的标准实际上就是前文所述欧盟和德国产品责任法中所强调的产品设计不能达到消费者的合理预期。虽然消费者的合理预期也是基于“风险—效用”所产生的，但这种合理预期的标准过于抽象，需要在个案中结合具体的成本—效用关系才能判断。[①] 相比之下“合理的替代设计标准”同样是基于“风险—效用”关系，但是更加的具体化，同样也更加能够体现产品设计者在主观上的过错，以及产品本身的瑕疵，相比较而言更具有合理性。

然而这种“合理的替代设计标准”并未在司法实践中获得广泛的承认。首先，在很多的判决中，法院并没有区分设计缺陷和制造缺陷，而是以“设计制造缺陷”的表述一以概之。可见，司法系统在相当程度上并没有明确产品缺陷的类型区分，至少在设计和制造两部分存在明显的混同。[②] 而在设计制造缺陷的认定上，法院普遍采用两种方法，在存在国家或行业标准时，以是否符合国家标准作为判断依据，而在不存在国家或者行业标准时，则普遍以是否满足合同明确规定的产品质量和规格要求作为判断依据。[③] 如果说国家或者行业标准尚且可以视为“风险—效用”最优化的一种体现，将合同约定作为判断是否存在设计制造缺陷则混淆了合同责任和产品责任。首先，合同约定的质量和设计规格并不一定是最为合理的设计方案，而只是双方当事人的约定，其既非“风险—效用”的最优体现，也并不意味着不存在“合理的替代设计”。它当然是双方当事人意思自治的结果，但产品符合合同要求，并不意味着产品一定没有缺陷。除了行业标准和合同约定之外，在个别的案件中法院还采用了消费者的使用预期作为判断设计设计缺陷的标准，然而如何认定这种使用预期，不同的判决采用

---

① MüKoBGB/Wagner ProdHaftG § 3，Rn. 6 f.

② 参见四川省高级人民法院（2015）川民终字第 1055 号、山东省高级人民法院（2016）鲁民终 1326 号、广东省广州市中级人民法院（2018）粤 01 民终 4598 号、黑龙江省双鸭山市中级人民法院（2017）黑 05 民终 737 号等。

③ 参见四川省高级人民法院（2017）川民终 166 号、四川省高级人民法院（2015）川民终字第 1055 号、山东省高级人民法院（2016）鲁民终 1326 号、黑龙江省双鸭山市中级人民法院（2017）黑 05 民终 737 号等。

了不同的参考依据。有判决径直以国家标准和合同约定作为判断使用预期的依据。① 有判决以产品能否正常使用作为能否达到使用预期的依据。②有判决认为，虽然产品符合国家或者行业标准，但如果存在不合理风险，仍然可以构成设计缺陷。③ 另外，还有个别的判决开始运用“风险—效用”的规则作为判断缺陷与否的依据，认为如果仅仅通过简单地改变产品个别的设计就能避免风险，则产品设计存在瑕疵。④

通过对以上判决的简单梳理，不难发现，由于我国《侵权责任法》和《产品质量法》的相关规定过于简单抽象，在我国司法实践中并没有清晰地界定出一个完全独立的设计缺陷概念，而且就算在承认设计缺陷的部分判决中，对于如何认定设计缺陷所适用的标准也并不一致。从简单的消费者使用预期，到不合理的风险，到“风险—效用”的初步适用不一而足。但问题在于，这些标准在学理上都有其不足之处，他们都会在不同程度上导致法律适用的不一致。在某种意义上，国家或者行业标准的适用可以视为一种特定的“合理的替代设计”，然而国家或行业标准的适用范围相对有限，首先，并非任何一种产品都存在明确的国家或者行业标准；其次，就算是国家或者行业标准也未必代表了产品进入流通领域时“风险—效用”的最优解；最后，即便是国家或者行业标准，也不能兼顾到产品的方方面面的特征，譬如产品设计时的不当凸起，虽然与国家、行业标准无涉，但因为可能会对使用者造成风险，也可以归入设计缺陷之中。

综上所述，鉴于我国司法领域的特点，从明确产品缺陷类型的角度出发，应当在《产品质量法》的修改中，明确区分产品的制造缺陷和设计缺陷。而在设计缺陷的判断方面，除了可以将国家或者行业标准视为判断依据之外，还应当将是否存在“合理的替代设计”同样视为重要的判断依据，这样才能保证对设计缺陷的判断明确、合理、一致，并且具有相当的可操作性。

---

① 参见广东省广州市中级人民法院（2018）粤01民终4598号。

② 参见内蒙古自治区包头市中级人民法院（2017）内02民终2257号。

③ 参见广东省广州市中级人民法院（2004）粤01民终110号。

④ 参见河南省安阳市殷都区人民法学（2010）殷初469号、浙江省绍兴市中级人民法院（2001）绍中民终510号。

三、设计缺陷的归责原则

从《侵权责任编草案二稿》的条文来看，产品的生产者对由于产品缺陷造成他人的损害承担严格责任，因为依据《侵权责任编草案二稿》第799条的规定生产者承担由于产品缺陷造成损害的责任并不以生产者主观上有过错为前提。而设计缺陷作为典型的产品缺陷，依据我国主流观点，产品的设计者对此也应当承担严格责任。① 当然也有观点认为，至少在设计缺陷的情况下，应当适用过失责任而非严格责任，以平衡生产者和消费者之间的利益关系。②

从比较法上，适用严格责任也是非常普遍的做法。首先，美国第三次侵权法重述中对设计缺陷的认定采用的是“合理的替代设计”标准，那么，只要存在合理的替代设计，就可以认定既有的产品设计存在缺陷，在由于产品缺陷造成使用者损害时，设计者就需要承担相应的责任。显然，在美国法的语境下，由于设计缺陷所导致的产品责任同样属于严格责任的范畴。③ 而《欧盟产品质量指令》和《德国产品质量法》更是严格采纳了严格责任的归责原则，规定只要产品由于缺陷造成了损害，产品的制造者就需要承担相应的责任。④ 当然了，如前文所述，欧盟和德国的法律并没有直接规定设计缺陷，而对于产品缺陷的认定，在文本上是采用了消费者的合理预期的标准。⑤

在理论上，所谓产品制造者的严格责任，主要是相对于一般侵权责任

---

① 参见全国人大常委会法制工作委员会民法室编：《中华人民共和国侵权责任法条文说明、立法理由及相关规定》，北京大学出版社2010年版，第173页。王利明：《侵权责任法研究（下卷）》，中国人民大学出版社2011年版，第242页以下。

② 参见冉克平：《产品责任理论与判例研究》，北京大学出版社2014年版，第92页以下。

③ See Owen, Product Liability Law, West Academic Publishing, 2015, p. 479.

④ 参见《欧盟产品质量指令85/374/EWG》第1条第1款、《德国产品质量法》第1条第1款。

⑤ 参见《欧盟产品质量指令85/374/EWG》第6条第1款、德国《产品质量法》第3条第1款。

的承担来说，产品的生产者责任的承担并不以生产者存在主观过错为要件。① 即区别于一般侵权的四要件，在产品责任的场合，消费者无需证明生产者具有主观过错，只要证明产品存在缺陷、损害结果以及损害结果和产品缺陷之间的因果关系即可。这种适用严格责任的观点同样在相关的司法实践中得到贯彻，在有关产品责任的案件中，基本上不再特别讨论生产者主观是否存在过错的问题，只要产品存在瑕疵，就需要承担责任。当然，消费者和产品使用者的过错还是法院需要考察的，在一些案例中，法院认可消费者和使用者的主观过错，可以构成瑕疵产品生产者减轻责任的理由。②

需要特别指出的是，赞成采用过错责任的观点也有其合理之处，设计者的设计能力确实也应当纳入责任承担的考察之中。在判断设计缺陷的过程中，尤其是采用“合理替代设计”标准的情况下，实际上也暗示了设计者在主观上具有过错。如前文所述，所谓“合理替代设计”一方面是指替代设计不显著增加成本，另一方面是指替代设计可以使用，并且作为专业的产品设计者知道或者应当知道这种替代设计的存在。因此，在存在“合理替代设计”但设计者却拒绝采用的情况下，可以说，设计者在主观上具有一定的可归责性。在比较法上也有观点认为，产品责任中的严格责任，包括生产制造缺陷中的严格责任，以及“风险—效用”视野下的设计和警示责任，都是过错责任的延续。③ 然而，这并不能改变在具体的责任构成上，产品责任，包括设计责任的成立都无需直接证明设计者生产者过错，而仅仅需要证明产品具有瑕疵这一客观事实而已，并不需要满足过错责任

---

① 参见王利明：《侵权责任法研究（下卷）》，中国人民大学出版社2011年版，第238页。

② 参见山东省高级人民法院（2016）鲁民终1326号、四川省高级人民法院（2015）川民终字第1055号。

③ See Geistfeld, Principles of Products Liability, Thomson Reuters/Foundation, 2011, p. 79.

一般要件。① 此外，由于设计缺陷同样能够反映设计者在主观上具有可归责性，过错责任支持者所提及的对设计者责任过重等担忧，也就不复存在了。

四、设计缺陷的抗辩事由

（一）一般抗辩事由

产品责任虽然较一般侵权责任更加严格，但这并不是说产品的生产者、销售者在法律上完全无法对抗。在某些特定情况下，产品的生产者和销售者可以提出抗辩，减轻甚至免除自己的责任，这些特定的情况就是产品责任的抗辩事由，在出现由于设计缺陷导致的损害时也是如此。当然，作为一种严格责任，产品责任的免责事由是由法律明确规定的，当事人不得预先约定限制或免除。我国《产品质量法》第 41 条明确规定了三项免责事由：尚未流通、流通时缺陷不存在以及发展风险，而《侵权责任法》以及《侵权责任编草案二稿》对此则没有过多着墨。

从比较法的视角来看，我国有关抗辩事由的规定就过于简单了。《欧盟产品质量指令 85/374/EWG》第 7 条规定了 6 项产品责任的排除规则，除了我国《产品质量法》提到的三项之外，还规定了产品并非为了销售或其他经济目的而制造、产品根据国家强制性规范而制造以及产品零件制造者的免责这三种类型。而在美国法中常见的抗辩事由一般包括消费者和使用者的与有过失（contributory negligence）和自担风险（assumption of risk）。在 20 世纪六七十年代，随着社会的发展，司法判决又将产品使用者的不当使用（misuse）作为视为一种新的抗辩事由。② 这里所谓的不当使用主要是指使用者采用不恰当的方式，或者为了不适当的目的而使用相

① 这也为司法判决所广泛认可，其均要求原告证明除了被告存在主观过错之外的其他侵权责任要件。参见：河南省平舆县人民法院（2017）豫 1723 民初 3386 号、内蒙古自治区兴安盟中级人民法院（2017）内 22 民终 308 号、山东省济南市中级人民法院（2018）鲁 01 民终 269 号、湖北省钟祥市人民法院（2017）鄂 0881 民初 2066 号、新疆维吾尔自治区高级人民法院（2016）新民终 687 号等。

② See Owen, Product Liability Law, West Academic Publishing, 2015, p. 779.

关的产品。[①] 和与有过失相比，所谓不当使用主要强调了使用者对产品的使用方法或者使用目的是产品的设计者和生产者所完全不能预见的（unforeseeable），在这种意义上就超过了作为产品的设计者和生产者所应当尽到的注意义务范围。因此，设计者和生产者可以减轻或者免除责任。[②] 美国产品责任中的抗辩事由，除了和产品使用者行为有关的这几项一般抗辩事由之外，还有其他的非可归责于产品设计者生产者的特别事由，主要包括合同的特别要求（Contract Specification Defense）、强制性规定的要求（Regulatory Compliance Defense and Federal Preemption）等。在这些情况下，产品的设计者或者生产者由于非基于自身的原因，生产出了具有缺陷的产品，并导致了损害的发生。设计者和生产者对于生产具有瑕疵或者风险的产品并没有选择的权利，故失去了主观上的可归责性，也便因此可以减轻或者免除责任。[③]

（二）发展风险抗辩

在众多的抗辩事由中，需要着重强调发展风险抗辩（Development Risk Defense，或称开发风险），因为相比其他抗辩事由，发展风险抗辩是产品责任所独有的抗辩类型，并且其成立和认定也反映了产品责任的一个重要的目标：在保护消费者权益的同时，也要鼓励新的科学技术成果在生产领域的合理运用，从而促进科技、社会的发展以及民众生活水平的提高。[④] 在设计缺陷的情况，发展风险抗辩常常是唯一可能的抗辩事由。

所谓发展风险抗辩是指产品投入流通时依据当时的科技水平仍然不能发现并避免的缺陷，在此情况下，生产者不承担责任。[⑤] 在诉讼的过程中发展风险抗辩通常有三个作用：（1）证明要制造和设计更为安全的产品，在当时的技术条件下是不可能的；（2）将产品投入市场的当时，产品缺陷

---

① See Calnan, A Consumer – Use Approach to Products Liability, 33 U. Mem. L. Rev. 755 (2003).

② See Products Liability Restatement § 2, Reporters' Note to cmt. p. 当然具体是可以减轻或者免除责任，美国各个州的判决各有所不同。

③ See Owen, Product Liability Law, West Academic Publishing, 2015, p. 860 f.

④ Vgl. MüKoBGB/Wagner ProdHaftG § 1, Rn. 49.

⑤ 参见王利明：《侵权责任法研究（下卷）》，中国人民大学出版社 2011 年版，第 263 页。

是不可能被发现的；（3）证明某些产品不可避免地带有一些危险因素。[①] 由此希望证明，产品的生产者在生产产品并且将产品投入流通领域的时候，在主观上并没有可归责性。

我国《侵权责任法》和《侵权责任编草案二稿》中都没有明确规定发展风险抗辩，但是在《产品质量法》第41条第2款第（3）项则采纳了发展风险作为一般的抗辩理由。依据新法优于旧法的原则，《产品质量法》有别于《侵权责任法》规则应当无效，产品责任是严格责任，其免责事由应当由法律规定，《产品质量法》中的发展风险等抗辩事由并没有直接规定在《侵权责任法》中，也未被《侵权责任法》所认可，因此，其规范效力值得商榷。但《侵权责任法》第46条和《草案二稿》第981条规定如果缺陷是在投入流通之后发现的，生产者和销售者只要及时采取补救措施的，可以免责。这在某种程度上也缓和了完全拒绝发展风险抗辩的态度，只是依据第46条，但其适用受到严格的限制。

然而，司法实践层面并没有完全遵循学理上的认识。法院普遍将《产品质量法》作为《侵权责任法》产品严格责任的补充，将第41条的内容直接视为《侵权责任法》所规定产品责任的免责事由。[②] 虽然在实践中法院认可发展风险是一项合理的抗辩理由，[③] 但很少有案例直接适用，在大多数可能涉及发展风险的问题上，法院可能更倾向于适用第41条第2款第（2）项的抗辩，因为相比发展风险，后者更易于证明也较少争议。[④] 只有在部分案件中法院会涉及发展风险抗辩的内容，其中大部分抗辩的诉请都被法院驳回，驳回的理由包括且不限于：不符合行业标准、[⑤] 不符合国家

---

① 参见冉克平：《产品责任理论与判例研究》，北京大学出版社2014年版，第287页。

② 参见辽宁省营口市中级人民法院（2018）辽08民终893、894、895号、北京市第一中级人民法院（2018）京01民终2364号、北京市第三中级人民法院（2018）京03民终711号、江苏省镇江市中级人民法院（2017）苏11民终2723号、四川省高级人民法院（2015）川民终字第1035号等。

③ 参见北京市第三中级人民法院（2015）三中民终字第14295号等。

④ 参见湖南省邵阳市中级人民法院（2017）湘05民终234号、广东省高级人民法院（2015）粤高法民四终字第142号。

⑤ 参见上海市高级人民法院（2013）沪高民四（海）终字第98号、湖北省孝感市中级人民法院（2016）鄂09民终583号。

强制性规定、[①] 经过质检机构检测发现有质量瑕疵[②]等。只有在非常个别的案例中，比如产品的瑕疵是在国家标准的允许范围之内，[③] 或者现有的技术手段完全无法避免瑕疵或者损害结果的发生[④]的情况下，才有条件地认可发展风险抗辩。

比较法上普遍承认发展风险是产品生产者的一项基本抗辩事由。《欧盟产品质量指令 85/374/EWG》第 7 条 e 项就明确规定了发展风险抗辩，《德国产品质量法》延续欧盟指令的规定，在第 1 条第 2 款第 5 项规定了发展风险抗辩。美国法将产品投入流通时的工艺水平（State of Art）同样视为一项限制瑕疵认定的理由，认为如果瑕疵超过了当时可供合理使用的最高技术水平，则产品的生产者可以无需承担责任。[⑤]

应当说，对于是否将发展风险认定为抗辩事由在学界是存在争议的。赞成者认为，承认发展风险抗辩，可以保护企业对生产工艺的基础研究以及对新工艺技术的改革创新动力，并且防止将生产者的严格责任进一步上升为绝对责任；反对发展风险抗辩或者要求严格限制发展风险抗辩适用的观点则认为，发展风险抗辩是过失责任的延续，与严格责任的基本理念并不一致，而且让生产者承担发展风险不仅可以提高生产者的注意义务，也能够体现对消费者弱势群体的保护。正反两方面的理由均有其合理之处，完全肯定或者完全否定发展风险抗辩均不可取，关键在于如何平衡。究竟应该在何种条件下才能适用发展风险抗辩，一方面，保护生产者投入研发新技术、采用新技术的积极性；另一方面，在事后发现瑕疵时，生产者也要合理分担相应的风险，因为采用新技术虽然在客观上有利于社会的发展，但是对生产者来说，采用新技术的直接动力是通过降低成本提高工艺的方式，增强产品在市场上的竞争力，从而获得更多的利润。为了正确地

---

① 参见广东省高级人民法院（2008）粤高法民二终字第 171 号。

② 参见河南省驻马店市中级人民法院（2017）豫 17 民终 484 号、湖南省长沙市中级人民法院（2017）湘 01 民终 1823 号。

③ 参见山东省济南市中级人民法院（2018）鲁 01 民终 1494 号。

④ 参见山西省太原市中级人民法院（2016）晋 01 民终 1995 号、浙江省温州市中级人民法院（2016）浙 03 民终 1474 号、河南省罗山县人民法院（2004）罗民初字第 324 号。

⑤ See Neb. Rev. Stat. § 25 - 21, 182.

理解和适用发展风险抗辩，实现生产者和消费者之间的利益平衡，需要明确如下几个问题：

第一，发展风险和产品缺陷之间的关系。首先，相关的产品在进入流通时并不能视为缺陷产品；[①] 其次，相关产品的瑕疵或者风险不满足使用者在产品投入流通时的安全期待，只是这些瑕疵因为当时的科学技术限制而未能被发现；[②] 最后，鉴于产品本身的风险，依据当前的认识应当将其视为缺陷产品。[③] 简单来说，发展风险是基于人类认识的局限性。[④]

第二，发展风险所涉及的缺陷类型。通常认为和发展风险有关的是生产瑕疵和设计瑕疵。[⑤] 两者的区别在于，对于生产瑕疵生产者无从认知，而对于设计瑕疵，生产者有可能已经认识到存在风险，但是无法通过替代设计来避免。[⑥] 而所谓的警示瑕疵，由于生产者在产品流通时基于当时的科学技术局限根本无从得知风险的存在，再单独讨论是没有意义的。[⑦] 但是美国的一些判决认为，基于严格责任，即便是这些未知的或者没有预见的风险，生产者也有义务进行警示。[⑧]

第三，认定标准。对发展风险的认定，要求是在当时的科技水平之下无法认知的缺陷。[⑨] 首先，要确认所谓“当时的科学水平”应当如何界定，德国联邦法院认为其是基于（当时）最新科技认知，相关的环境所应当采取必要的损害预防手段，仍然无法认知的缺陷。[⑩] 而《欧盟产品质量指令》

---

① Taschner NJW 1986，611（615）；Schmidt - Salzer/Hollmann RL Art. 7 Rn. 107 ff.

② BGH VersR 2013，469 Rn. 9 - Untertischgerät = NJW 2013，1302.

③ Vgl. MüKoBGB/Wagner ProdHaftG § 1，Rn. 50.

④ Vgl. Schmidt - Salzer/Hollmann Bd. 1 RL Art. 7 Rn. 198.

⑤ Vgl. BGHZ 129，353（358 ff.）= NJW 1995，2162（2163 f.）；BGH NJW 2009，1669 Rn. 8 ff. = VersR 2009，649 - Kirschtaler.

⑥ See Owen，Product Liability Law，West Academic Publishing，2015，p. 657 f.

⑦ Vgl. BGHZ 181，253 Rn. 27 = NJW 2009，2952 - Airbags；BGHZ 129，353（359）= NJW 1992，2162（2263）.

⑧ See Sternhagen v. Dow Co.，935 P. 2d 1139（Mont. 1997）；Vassallo v. Baxter Health-care Corp. 696 N. E. 2d 909（Mass. 1998）. 但这种观点并未被产品责任法重述所接受。See Products Liability Restatement § 2 cmt. a.

⑨ Vgl. BGHZ 181，253 Rn. 27 f. = NJW 2009，2952.

⑩ Vgl. BVerfG NJW 1979，359（362）- Kalkar.

将其描述为对一种专门知识的概述，它既包括科学领域，也包括技术领域，并且在通常情况下可以为人所知，并且为人所用。[①] 美国各州对工艺水平的认定也并不尽相同，但都强调超出了当时科技所能够合理预见的范围。[②] 这种判断是区别于使用者一方对产品品质的认知和期待的。[③] 对风险可认知性的考察通常可以分为两个步骤：首先要明确，缺陷是否已经在当时的科学技术环境下是可知的，这种可知性只要求科学界存在相关的声音，即便不是主流也可以认为是可知的。其次是要明确，这些关于风险和瑕疵的知识，能否在产品投入流通之前，能够为尽到注意义务的产品生产者所获知。[④] 简言之，对发展风险的判断，要依据生产者自身具体的情况，即便缺陷或者风险已经为科学界所认识，但这种认知如果无法为尽到注意义务的生产者所知悉，同样也能够满足发展风险的条件。

第四，产品的跟踪观察和召回制度。即便在产品投入流通时，产品的生产者基于当时的技术条件，无从得知风险或者缺陷，但也并不意味着生产者可以高枕无忧了。作为专业人员，其仍然有义务在产品的使用期间内继续追踪科技发展的最新趋势和成果，并且追踪产品的使用状况。[⑤] 如果之后发现了相关的瑕疵和风险，生产者有义务向社会公众进行说明，并对缺陷产品进行召回。如果生产者未尽到及时的通知并且召回的义务，则需要对在这之后发生的损害承担责任。

通过对以上问题的简单梳理，不难发现，在比较法上，适用发展风险抗辩是有较为严苛的条件的。一方面，其要求虽然产品本身具有风险和瑕疵，并且这种风险和瑕疵是无法满足产品流通时使用者对产品安全的期待，但是由于当时客观条件的限制，生产者尽到合理的注意义务也无法知悉或者预见这些风险或者瑕疵的存在，或者无法通过替代设计回避相关的风险和瑕疵。这样就排除了生产者在主观上的可归责性；另一方面，其要

---

① Vgl. Begr. RegE, BT-Drs. 11/2447 S. 15.

② See Owen, Product Liability Law, West Academic Publishing, 2015, p. 660 f.

③ See, e. g., Bauerline v. Equity Residential Props. Mgmt. Corp., 2006 WL 3834285, at ∗8 (D. Ariz. 2006); Falada v. Trinity Indus., 642 N. W. 2d 247, 250 (Iowa 2002); etc.

④ Vgl. MüKoBGB/Wagner ProdHaftG § 1, Rn. 56.

⑤ Vgl. MüKoBGB/Wagner ProdHaftG § 1, Rn. 59.

求生产者承担事后的追踪以及召回义务，这样在发现风险和瑕疵时，需要及时采取措施，降低损害发生几率。但需要注意的是，这种基于实现特定社会政策而建立的制度也会因具体的社会状况而出现例外。例如，在著名的“DES”系列案件中，由于对受害人的损害特别巨大，即便生产者符合发展风险抗辩的条件，法院最终也要求生产者按照当时的市场份额承担损害赔偿责任。①

五、结论

通过上文对设计缺陷相关理论和我国司法实践的梳理，不难发现，由于没有法律的明文规定，法院对设计缺陷的相关认定、适用以及相关抗辩事由存在明显不同的见解，这也就导致了法律适用的不统一和法效果的不稳定。为了尽量降低这一不利影响，在未来对《侵权责任编草案二稿》的修改中可以适当借鉴《产品质量法》的相关内容，区分产品缺陷的类型，明确各种抗辩事由，为司法机关正确适用法律提供全面且明确的指导。判

（本文仅代表作者个人观点）

---

① See Sindell v. Abbott Laboratories，26 Cal. 3d 588（1980）. 当然，持相反观点的判决也大量存在。See Brown v. Superior Court，751 P. 2d 470 （Cal. 1988）；Anderson v. Owens－Corning Fiberglas Corp.，810 P. 2d 549（Cal. 1991）；etc.

论用益物权征收在《民法典(物权篇)》中的完善

——以商品林赎买为分析视角*

高海宁**

一、问题之缘起——以福建林区为例

(一)福建商品林赎买的政策规定及其实施概况

2017年1月,福建省政府办公厅印发《福建省人民政府办公厅关于印发福建省重点生态区位商品林赎买等改革试点方案的通知》(闽政办〔2017〕9号),规定通过赎买、租赁、置换、改造提升等方式收储商品林为生态林。其中,值得一提的是赎买。所谓赎买,即在对重点生态区位内非国有的商品林进行调查评估的前提下,与林权所有者通过公开竞价或充分协商一致后进行赎买,赎买按双方约定的价格一次性将林木所有权、经营权和林地使用权收归国有,林地所有权仍归村集体所有。该通知虽在2017年发布,但福建商品林赎买的改革

* 本文系国家社科基金一般项目“绿色发展理念下自然资源利用权体系研究”(项目编号18BFX183)的阶段性成果。

** 福建师范大学博士研究生、福建省高级人民法院法官助理。

早在 2015 年已经展开。

2015 年，福建省确定武夷山市、永安市、沙县、武平县、东山县、永泰县、柘荣县 7 个县（市）开展重点生态区位商品林赎买等改革试点，省级财政共安排补助资金 7397 万元。2016 年，福建省又安排 3481 万元补助资金，继续推进重点区位商品林赎买试点工作，确定了建阳区、顺昌县、新罗区、诏安县、永春县、闽清县、福安市 7 个县（市、区）进行试点改革。2017 年，试点又在南平市全域和武夷山国家公园进行复制推广。截至 2017 年年底，福建省级财政累计补助资金 14378 万元，有 23.6 万亩重点区位商品林得到了有效保护。①

关于赎买的区域即重点生态区位如何确定的问题。从福建省各地的实施情况看，存在差异，但也相对集中，主要是铁路、公路、江河沿线一重山的森林，统称“三线林”② 以及自然保护区内的非国有林。③ 关于赎买

---

① 谢乐婵、黄海：《福建：商品林赎买“富”“美”双收》，载新浪网 http://news.sina.com.cn/o/2018-03-26/doc-ifysrehh7860035.shtml，访问时间：2018 年 7 月 14 日。

② 在顺昌县，赎买工作的重点是饮用水源保护区、城关周边、316 国道、高速公路和铁路两侧一重山，金溪及富屯溪两岸一重山。参见福建省顺昌县林业局：《顺昌县重点生态区位商品林赎买工作介绍》（2016 年 11 月 7 日）。顺昌县赎买的主要是铁路、公路、江河沿线一重山的森林，统称“三线林”，三线林具有水土保持、水源涵养、景观绿化等功能效益。三线林的林权结构为国有单位占 10%，集体占 12%，个私占 78%。数据来源：孙香玲：《“三线林”更新模式探讨》，载《防护林科技》2011 年第 4 期。

③ 福安市赎买的对象是凡属自然保护区内的非国有林（含商品林、生态林）均列入赎买对象。参见福建省福安市林业局：《福安市瓜溪杪椤省级自然保护区非国有林赎买工作方案》（2016 年 11 月 8 日）。永泰县赎买的对象是永泰藤山省级自然保护区、省级水源保护区、城关周边、三线林（高速公路、高铁）、大樟溪两岸等重点生态区位商品林，且赎买范围随着省政府对永泰县重点生态区位调整而调整。参见福建省永泰县林业局：《永泰县重点生态区位商品林赎买试点工作汇报》（2016 年 11 月 8 日）。

的补偿问题。从各地实施情况看，补偿的对象包括林木和林地。[①] 关于赎买协议的签订主体，依商品林的性质分为两种情况：一种是赎买村集体的商品林，直接与村集体签订赎买协议。须经本集体组织三分之二以上村民代表签字（盖章）同意并经村两委集体研究决定后，报经乡（镇）人民政府批准。[②] 一种是赎买林农的商品林，与林农签订赎买协议。在永安，由林农和生态文明建设志愿者协会签订赎买协议。[③]

从各地赎买的经验总结看，实践中，赎买主要存在如下问题：首先，赎买补偿标准偏低，与业主的期待有差距。在永泰，重点生态区位大多是交通便利、地理位置相对好的地段，相对容易被征用，一旦被征用，补偿金远高于赎买价。[④] 在永安，由于部分山权单位对重点生态区位林的林地使用费标准期望值过高，导致赎买难度大。[⑤] 在顺昌，部分有赎买意向的杉木人工林业主对赎买价格的要求较高。[⑥] 其次，赎买费用相对较高，导致资金需求缺口大。资金来源渠道狭窄，仅靠地方政府的财力无法满足赎

---

① 以永安市为例，对林木，委托森林资产评估机构进行赎买价格评估，对林地，采取参照生态公益林补助标准每年17元/亩，扣除公共管理工资和管护人员工资，按每年13.4元/亩支付林地使用费。数据来源：福建省永安市林业局：《永安市开展重点生态区位商品林赎买探索与实践汇报》（2016年11月8日）。在南平市建阳区，对林木，在科学询价求算的基础上，经区林业局专题会议讨论研究决定，确定最高限价。对林地使用租金，参照生态公益林补偿费标准支付。参见福建省南平市建阳区林业局：《南平市建阳区重点生态区位人工商品林赎买情况汇报》（2016年11月7日）。

② 参见福建省顺昌县林业局：《顺昌县重点生态区位商品林赎买情况汇报》，载福建省南平市人民政府网 http://www.np.gov.cn/cms/html/npszf/2017-02-28/50523332.html，访问时间：2018年7月14日。

③ 参见张英、赵荣：《生态赎买、置换——来自福建的创新性做法》，载中国林业新闻网 http://www.greentimes.com/green/swdyx/2018-06/27/content_384891.htm，访问时间：2018年7月14日。

④ 参见福建省永泰县林业局：《永泰县重点生态区位商品林赎买试点工作汇报》（2016年11月8日）。

⑤ 参见福建省永安市林业局：《永安市开展重点生态区位商品林赎买探索与实践汇报》（2016年11月8日）。

⑥ 参见福建省顺昌县林业局：《顺昌县重点生态区位商品林赎买工作介绍》（2016年11月7日）。

买资金要求，很大程度上制约了赎买的进程。最后，赎买缺乏法律依据和参照标准。商品林赎买只是试点政策，现行法上找不到法律依据。商品林赎买的补偿也没有明确的参照标准，是评估定价还是政府定价，是参照市场价格还是协商定价，各地做法不一，没有明确统一的标准。①

（二）商品林赎买面临的法律问题

商品林赎买出自改革试点方案，通过地方政府发布“通知”的形式赋予其法律效力。通知是行政主体为实施法律和执行政策，在法定权限内制定的决定、命令等普遍性行为规则的行政规范性文件的一种，而非行政立法。② 而在我国并没有现行法律规定商品林赎买，那么，闽政办〔2017〕9号通知就是地方政府发布的执行商品林赎买政策的行政规范性文件。商品赎买是地方政府制定的政策中规定的行为，为政策性行为。商品林赎买导致民事权利变动，这相当于是通过行政规范性文件执行剥夺私人财产权利的政策。因此，商品林赎买将面临以下几个方面的法律问题：

1. 商品林赎买不是法律概念。我国现行法律并未规定赎买，更未规定商品林赎买。商品林赎买是政策性行为，产生私人财产权丧失的结果。但我国法律并没有规定可以通过政策性行为剥夺私人财产权，否则极易造成公权对私权的践踏。商品林赎买是否属于法律行为，属于何种性质的法律行为，亟待法理上的证成和立法上的规范，否则不依法律就能剥夺私人财产权，将置财产保障于危险境地，使国家对民事主体财产权的平等保障流于形式。

2. 商品林赎买导致权利变动缺乏法律依据。不管是作为根本法的我国《宪法》，还是作为行政法律的《国有土地上房屋征收与补偿条例》《土地管理法》及民事法律的《民法总则》和《物权法》，我国法律均明确规定，国家对私人财产的剥夺或限制必须通过征收和征用来实施。而商品林赎买导致的权利变动表现出国家对私人财产权的剥夺和限制，却至今没有

① 参见谢乐婢、黄海：《福建：商品林赎买“富”“美”双收》，载新浪网 http://news.sina.com.cn/o/2018-03-26/doc-ifysrehh7860035.shtml，访问时间：2018年7月14日。

② 参见姜明安主编：《行政法与行政诉讼法》（第六版），北京大学出版社、高等教育出版社2015年版，第174页。

任何法律对其予以规制，处于立法的真空地带。

3. 商品林赎买导致权利变动缺乏权利救济。政策性行为是针对某一具体社会问题而出台的解决措施。商品林赎买是针对现实中生态保护与林农利益之间的矛盾而出台的试验性的解决方案，力求在现实中取得双赢的良好成效。政策性行为具有灵活性和临时性的特点，也正因如此，其往往缺乏统筹考虑。商品林赎买中相对人的权利能否救济、是否可诉，均不得而知。因此，只有在对商品林赎买进行法律定性后，再进行相关法律规制才可以解决该问题。

4. 商品林赎买的补偿标准不明确。对林农来说，商品林赎买最重要的是经济补偿。经济补偿依据如何、是否到位，关系林农的切身利益。首先，征地补偿有明确的法律依据，而商品林赎买的补偿却找不到法律依据，导致实务中各地补偿标准不一，补偿不均现象严重。其次，商品林赎买的补偿标准偏低，没有完全市场化。商品林赎买的补偿标准要市场化，但如何市场化，需要法律予以明确规定，否则会导致补偿过于随意，侵害林农的经济利益，最终阻碍商品林赎买政策的施行。

二、商品林赎买及其权利变动关系分析

(一) 商品林赎买的内涵

商品林赎买，又称重点生态区位商品林赎买，在实践中有不同表述，例如：有人认为是指以政府为主导，采取股份合作及一次性补偿的方式，对持有生态公益林、天然阔叶林及重点生态区位内商品林的林农或村集体进行出资收购的行为。① 有人认为是指以生态区位、生态状况、生物多样性、生态安全及社会经济可持续为衡量标准，对符合国家级、省级重点生态公益林区位条件的林地进行赎买。② 有人认为是指在将天然阔叶林、灌木林及人工林设为主要赎买对象，并以重点生态区位及生态环境脆弱区商品林列为优先考虑的情况下，政府通过资金筹集、赎买基金的设立及活动

---

① 参见林方：《政府出钱 赎买生态：福建省顺昌县探索生态保护新模式》，载《国土绿化》2015 年第 1 期。

② 参见涂年旺：《永安市重点生态区位林赎买和管理的实践与探索》，载《华东森林经理》2015 年第 3 期。

宣传，鼓励林农了解并参与赎买的行为。[①] 也有人认为是指对重点生态区位内商品林的林地及林木价值进行森林资源评估，并由国家出面赎买，政府组织管理，采取一次性补偿方式的赎买行为。[②]

以上关于商品林赎买的认识，主要在补偿方式、赎买对象上存在不同，但总体上都认为赎买的主体是政府与林农、村集体，赎买的客体是重点生态区位的非国有的商品林，且赎买需要对价。此外，对重点生态区位商品林赎买的动因是基于生态利益的考虑，但赎买又体现了对林农利益的兼顾。综上，本文所称商品林赎买是指国家实施的，以生态保护为目的，以集体或林农的商品林林木所有权、经营权及林地使用权为客体，并给予集体或林农经济补偿的政策性行为。

（二）商品林赎买中的权利变动关系分析

1. 商品林赎买中的权利变动关系各要素

法律关系的要素包括主体、客体和内容。商品林赎买的权利变动关系也涉及主体、客体和内容三要素，其主体包括商品林的赎买方和出卖方。赎买方是提出赎买商品林的主体，即国家，赎买后的商品林归国家所有。出卖方是出让商品林给国家的主体，包括村集体和林农。商品林赎买的内容，则体现为赎买双方围绕林木所有权、经营权和林地使用权而产生的权利义务关系。

值得一提的是商品林赎买的客体。关于客体，法学教科书普遍认为民事法律关系的客体包括物、行为、智力成果和人身利益四类，分别为物权、债权、知识产权和人身权的客体。[③] 权利似乎无法作为客体存在，否则权利就会作为权利客体，让人无法理解。但细究起来，未必如此。德国法根据支配权和处分权的不同将权利客体分为第一顺位权利客体和第二顺位权利客体。第一顺位权利客体是支配权或利用权的标的，是狭义的权利

---

① 参见张桂荣：《重点生态区位商品林政府赎买试点探讨》，载《福建林业》2015 年第 3 期。

② 参见詹国明、周财荣、李日鸿等：《生态公益林可持续经营理念的创新探》，载《安徽林业科技》2013 年第 1 期。

③ 参见阳雪雅主编：《民法学》，清华大学出版社、北京交通大学出版社 2012 年版，第 35～39 页。

客体。第二顺位权利客体是权利和法律关系（权利关系）。属于某人所有的物就是第一顺位的权利客体，而存在于这个物之上的所有权，作为处分的标的（可以处分的对象）则是第二顺位的权利客体。① 在我国台湾地区，物权亦有以财产权为客体的情况，如地上权、永佃权及典权得为抵押权标的物（权利抵押权，我国台湾地区“民法”第882条）、可让与之债权及其他权利得为质权的标的物（权利质权，我国台湾地区“民法”第900条）。②

商品林赎买的客体，也可以在两种意义上把握。第一，从占有使用的事实状况看，其客体是林木及其林地。这里的林木是划入重点生态区位的非国有商品林。所谓重点生态区位，是国家基于饮水源保护、水土保持等生态保护的目的，把部分商品林划入重点生态红线范围内，如福建商品林赎买的主要是铁路、公路、江河沿线一重山等重点生态区位“三线林”以及自然保护区、水源保护区的林木。商品林赎买的是活立木，基于林、地不可分，故林木、林地一并赎买。商品林赎买的是有林地，如果为无林地，则其价值仅仅表现为地租，而不能产生森林资源的巨大经济价值和生态价值。③ 因此，虽称谓上为商品林赎买，但实际赎买的是林木和林地。第二，商品林赎买，因引起权利变动，带有处分性质，其客体是第二顺位的权利客体。表现为林木所有权、林木经营权及林地使用权。这也反映在商品林赎买的补偿金构成上，赎买的补偿金分为林木权利的补偿金和林地使用权的补偿金两部分。值得一提的是，商品林赎买的仅是林地使用权，并不赎买林地所有权。集体土地所有权收归国有，法律规定必须进行征收。那么集体林地使用权收归国有，虽冠名赎买，但实质上构成征收，对此下文将进行论述。由上可见，商品林赎买的客体是复合客体，从占有使用角度，包括林木和林地；从权利变动角度，包括林木的所有权、经营权和林地的使用权。

---

① [德] 卡尔·拉伦茨：《德国民法通论》（上册），王晓晔、邵建东、程建英、徐国建、谢怀栻译，法律出版社2013年版，第378页。

② 参见王泽鉴：《民法物权》（第二版），北京大学出版社2010年版，第41页。

③ 参见崔建远主编：《自然资源物权法律制度研究》，法律出版社2012年版，第153页。

2. 商品林赎买中的林木所有权、林木经营权和林地使用权关系

首先是林木权利与林地权利的关系。从物质形态上看，林木生长于林地，林木依附于林地而存在，一旦林木脱离林地，就丧失了作为森林资源的形态，转化为单纯的经济产品——木材。[①] 因此，商品林赎买的并非脱离林地的木材，是活立木，且林地权利随林木权利的变动而变动。

其次是林木所有权与林木经营权的关系。二者权利客体相同，都是林木。但也存在差别，一方面，二者权利位阶不同。林木经营权是公民、法人或其他组织对国家、集体或其他主体所有的林木进行经营管理并取得收益的权利。[②] 因此，林木经营权是对他人林木的用益物权，属于用益物权位阶。而林木所有权属于所有权位阶，二者分属不同权利位阶。另一方面，二者权利内容不同。林木经营权的内容包括林木的采伐、管护、出租、抵押或折价入股等以及对林木孳息的取得，如采果、采脂、种子培育等。[③]而林木所有权是完全权能，权利内容包括对林木的占有、使用、收益和处分等，并可依法排除他人对权利的侵害。林木经营权是对他人林木加以利用并获取收益所形成的法律关系。从这个意义上说，林木经营权的存在是以林木所有权为前提，所有权人将林木的使用收益权甚至是一定的处分权能从所有权中分离，转让给自然人、法人和其他组织等林业生产经营主体来行使。[④] 林木所有权是完全的权利形态，林木经营权是不完全的权利形态，二者存在差异。

实践中，林木经营权与林木所有权的关系呈现如下特点：

第一，林木经营权与林木所有权经常相分离。林木所有权的主体可以是国家、集体以及其他单位或者个人，而实务中作为林木所有人的国家和集体并不对林木进行直接经营，集体林木经常由集体成员或其他人进行承包经营。当集体林木经营权从集体林木所有权分离出去后，林木所有权与林木经营权即分属于不同主体。

---

① 参见崔建远主编：《自然资源物权法律制度研究》，法律出版社2012年版，第153页。

②③ 参见林旭霞等：《民法视野下的集体林权改革问题研究》，法律出版社2014年版，第130页。

④ 林旭霞等：《民法视野下的集体林权改革问题研究》，法律出版社2014年版，第130~131页。

第二，赎买林木经营权时并无必要同时赎买林木所有权。这是由赎买的目的决定的。商品林赎买的目的是限制林木的砍伐，以保持林木存续状态下所带来的生态环境效益。林木经营权的权能包含对林木的砍伐，只要赎买林木经营权即可实现限制砍伐，而无需对林木所有权进行赎买，限制砍伐的权利基础是经营权而非所有权。而在林木所有权场合，则直接赎买所有权，限制采伐的权利基础是所有权而非经营权。

第三，林木经营权被赎买后，林木所有权还有存续的必要。这是由林木经营权与林木所有权的内涵所决定的。林木经营权是针对林木本身而产生的使用、收益及处分。而林木作为整体则构成森林，而以森林为主体的森林资源不仅包括林木，还包括其上的动植物资源、森林景观资源等，这些资源相互依托，构成一个完整的生态系统。除去林木经营权，林木所有权人还享有林下、林中、林上资源的采集权、森林景观利用权等，这些权利的存在与林木所有权的存在不可分离。

由上，商品林赎买引起的权利变动，为明确起见，与其表述为“林木所有权、经营权和林地使用权收归国有”，不如表述为“林木所有权及林地使用权和林木经营权及林地使用权收归国有”。

三、商品林赎买的征收属性

商品林赎买具有征收的行为特征，在公权对私权的剥夺属性上与征收尤为契合。从商品林赎买的行为过程看，它不仅表现为所有权征收，还体现出用益物权征收的特征。欲对商品林赎买进行征收定性，尚需处理一些边界性问题。商品林赎买过程中，地方政府与村集体或林农之间签订赎买协议，这是否就是行政合同？同时，商品林赎买体现强制性，这与强制缔约又有些类似。但商品林赎买既不是强制缔约，也不是行政合同。

（一）商品林赎买体现征收的行为特征

一是商品林赎买是国家实施的强制性行为。商品林赎买的赎买方是国家，相对方是集体经济组织或林农。国家依据生态利益原则划定重点生态区位，将一定区域内的商品林划入生态红线内。被划入生态红线的商品林所有者必须将其林木卖给国家。林农或集体经济组织拥有与政府协商议定价格的权利，但在商品林是否收归国有的问题上，其没有拒绝的权利。从过程看，双方依据市场调查，平等协商议定赎买价格。但从商品林赎买的启动和结果上，则体现为国家施行的强制性行为。

二是商品林赎买是依据公共利益而启动。商品林赎买源于一定区位内的商品林被划入重点生态区位。而重点生态区位的划定是依据生态保护的公共利益而作出。党的十九大报告提出，必须树立和践行绿水青山就是金山银山的理念。2017 年 10 月 1 日施行的《中华人民共和国民法总则》第 9 条规定："民事主体从事民事活动，应当有利于节约资源、保护生态环境。"生态保护被提高到国家层面和法律原则的高度，生态利益不仅是一种重要的公共利益，也是重要的国家利益。

三是商品林赎买是同时转移复合权利的处分行为。根据《福建省重点生态区位商品林赎买等改革试点方案》，商品林赎买，是一次性将林木所有权、经营权和林地使用权归国有，林地所有权仍归村集体所有的行为。从占有使用的自然形态上看，商品林赎买的是林木和林地。从权利处分的理论形态上看，商品林赎买的是林木所有权及其林地使用权，林木经营权及其林地使用权。且自然形态的占有使用决定着理论形态的权利变动，商品林赎买是同时转移复合权利的处分行为。

（二）商品林赎买体现了公权对私权的剥夺

关于征收的概念，不同学者有不同的理解。有人从公共利益、从征收补偿、从程序角度研究征收，其意图是限制征收权，而这恰反向揭示了征收的强制本质——征收系国家通过行使公权力对私人财产所有权的限制或剥夺。所谓征收，就是国家对单个公民的所有权所实施的终极性干预，其目的在于剥夺私人所有权地位，或加负担于私人所有权。①。征收本质上是对私人财产权地位的剥夺，不管采取何种补偿原则（等价交换或其他），其展现的是强权与私利之间的利益角逐。② 征收体现的是私权与公权之间的对抗，并且以公权对私权的限制和剥夺告终。商品林的赎买，从其一开始，就体现为国家将一定区域的经济林纳入生态公益林，国家通过发布政策性文件，并通过林业行政部门与林农协商机制，通过赎买的方式将商品

---

① 参见［德］鲍尔/施蒂尔纳：《德国物权法》（上册），张双根译，法律出版社 2004 年版，第 254 页。

② 参见程洁：《土地征收征用中的程序失范与重构》，载《法学研究》2006 年第 1 期。

林强制性地收归国有。商品林赎买符合征收的强制要件，是一种征收。在商品林的赎买中，林农和集体的私权体现为林木所有权、林木经营权、林地使用权，而国家的公权体现为赎买权，其本质是行政权、征收权。在私权与公权的角逐中，私权没有拒绝的对等权利，结局是私权对国家赎买权的服从。

（三）商品林赎买体现用益物权征收的特征

1. 征收的客体包括用益物权

从我国现有关于征收的法律规定看，征收主要是对不动产所有权的征收。而根据物尽其用原则，所有权经常发生权能的分离，其收益、处分权能分离出去，成立担保物权，其占有、使用权能分离出去，成立用益物权。土地承包经营权就是在集体土地上设定的用益物权，征收集体土地，其效力必然及于其上的承包经营权，导致土地使用权的灭失，从而涉及补偿问题。那么，从所有权分离出去的用益物权是否也能成为征收的客体呢？

有观点认为可以，征收集体土地的结果是导致其上的土地承包经营权一并随土地所有权而转移，为土地征收的目的，国家必须将土地承包经营权作为独立的征收客体，从而使集体土地所有权回复到圆满状态。① 也有人认为，地上用益物权不应成为征收的客体，其理由是征收系原始取得，其取得的应是完全没有负担的所有权。如果认为国家在取得土地所有权后仍需要再通过征收消灭地上权利负担的话，实际上是把征收作为继受取得对待。②

本文认为，征收的客体应包括用益物权。第一，从价值补偿角度看，用益物权应成为独立的征收客体。现代财产权的发展逐渐摆脱了物的束

---

① 参见申建平：《对农村集体土地征收补偿范围的反思》，载《比较法学》2013年第5期。

② 参见田韶华：《论用益物权在土地征收补偿中的地位——兼谈〈物权法〉第121条之完善》，载《中国法学会民法学研究会第二次会员代表大会暨2017年年会论文集》，第725页。

缚，被英美法学家称之为“财产权的解体”。[①] 所以，征收的客体也已突破物的束缚转为财产权。这是从财产权的形态角度考察。而从财产权的内核看，之所以征收的客体是财产权，是因为征收虽然表面体现为具体物的剥夺，其实质是对物的价值剥夺，即对财产权的剥夺。既然征收的客体是财产权，那么理应包括所有权和用益物权。在传统民法理论中，不动产征收只能是土地所有权的物权变动，其客体只能是财产的所有权，对于他物权、债权等财产权不能视为征收的客体。[②] 而征收的目的是对物的价值的利用，且征收必定要补偿，其补偿必须也只能是对价值损失之补偿，所以，所有具有独立价值的东西都应成为征收的客体，包括所有权和他物权。因此，征收的客体包括用益物权。

第二，认为用益物权不能作为征收客体的观点不能成立。根据《物权法》第 121 条“因不动产或者动产被征收、征用致使用益物权消灭或者影响用益物权行驶的，用益物权人有权依照本法第四十二条、第四十四条的规定获得相应补偿”及第 132 条“承包地被征收的，土地承包经营权人有权依照本法第四十二条第二款的规定获得相应补偿”之规定，有人认为，他物权其实是随着被征收不动产的所有权消灭而消灭，并非直接作为征收的对象。[③] 也有人认为，征收系原始取得，而为达成征收目的，被征收土地上所有权以外的其他权利负担因具有限制所有权的作用，均应因征收一并消灭，国家取得的应是完全且没有负担的所有权。[④] 上述两种观点的分歧在于他物权是回归到所有权而被所有权吸收后因所有权被征收而消灭，还是他物权本身被征收而消灭。对此，一方面，从权利的产生看，他物权派生于所有权，以所有权的存在为前提。现实中，集体土地使用权派生时是基于合同等民事主体意志而产生，但其被征收时，并未遵循权利产生的

① 参见李伟：《论准征收的构成要件》，载《哈尔滨工业大学学报》（社会科学版）2007 年第 6 期。

② 参见张先贵：《不动产征收客体之反思——以不动产债权征收为分析对象》，载《海南大学学报》（人文社会科学版）2012 年第 4 期。

③ 参见崔建远：《征收制度的调整及体系效应》，载《法学研究》2014 年第 4 期。

④ 参见田韶华：《论用益物权在土地征收补偿中的地位——兼谈〈物权法〉第 121 条之完善》，载《中国法学会民法学研究会第二次会员代表大会暨 2017 年年会论文集》，第 725 页。

逆逻辑，即集体土地使用权回归到集体土地所有权而随集体土地所有权被征收而消灭，而是直接因征收而消灭。因此，既然征收是他物权消灭的原因，那么他物权就可以成为征收的客体。另一方面，从补偿角度看，《物权法》第121条、第132条均规定了征收用益物权、承包经营权应予补偿，那么补偿的依据在哪里？因权利的消灭而补偿，还是因权利的征收而补偿？权利的消灭不应成为补偿的依据，因为权利的自然消灭可能不存在补偿的问题，只有权利消灭的原因——征收才是补偿的依据。既然他物权因征收而获得单独的补偿，那么足以证明其可以单独成为征收的客体。只是他物权虽然可以成为独立的物权，有独立的权利人，但从权利属性看，其具有从属性，从属于所有权。所以，他物权虽可独立成为征收客体，但不对其进行单独征收，而是征收所有权时，他物权当然一并予以征收，而并非理解为征收所有权，他物权自然消灭。一并征收，既保证了他物权作为独立的权利种类获得征收权，其权利人获得补偿权，也保证了征收的原始取得，即保证取得的是没有负担的所有权。

第三，我国现有立法并不否认用益物权成为征收客体。我国《宪法》第12条第3款规定："国家为了公共利益的需要，可以依照法律规定对公民的私有财产实行征收或者征用并给予补偿。"《民法总则》第117条规定："为了公共利益的需要，依照法律规定的权限和程序征收、征用不动产或者动产的，应当给公平、合理的补偿。"既然《宪法》规定了征收的客体是私有财产，而《民法总则》也规定了不动产和动产是征收的客体。那么用益物权，一般指不动产用益物权，理应成为征收的客体。因此，用益物权作为征收客体，有法律依据。

2. 用益物权征收的情形

用益物权成为征收客体存在两种情形：一是国家对所有权征收时附带对用益物权征收。二是国家仅对用益物权提出征收，而不对所有权提出征收。

针对第一种情形国家征收所有权，目的是取得所有权，为保证所有权的原始取得，必须对用益物权一并征收。此时用益物权征收是依附于所有权征收的附属性征收，而不做单独征收。针对第二种情形对用益物权的单独征收，必须满足主客观两个要件：首先，主观方面，国家只需要对用益物权进行征收，不需要对所有权的征收。其次，客观方面，同时存在的数个用益物权不能存在冲突，能够并行不悖。这主要有两种情形，最典型的就是复合客体的场合，商品林赎买就是例证。此外，还有物的复合利用。比如，在土地的利用中，随着人们利用能力的提高，土地被分为空中、地上和地下立体分层利用。对地上建筑及其土地使用权的征收并不影响地下空间权的行使。

3. 商品林赎买是林木所有权与林地用益物权的双重征收

商品林赎买的客体是复合客体，包括林木所有权、林木经营权和林地使用权。从权利位次看，林木所有权是母权，林木经营权是派生权利，林地所有权是母权，林地使用权是派生权利。常态下的征收是征收林地所有权和林木所有权，但商品林赎买却一反常态，只征收林木所有权、林木经营权和林地使用权，林地所有权仍归集体所有。从权利属性看，对林木所有权的征收是所有权征收，对林木经营权和林地使用权的征收是用益物权征收。因此，商品林赎买是林木所有权和林地用益物权的双重征收。

值得一提的是，商品林赎买后留给村集体的林地所有权并不会成为空壳的权利，其仍有独立价值，至少包括：(1) 林地本身的价值；(2) 林下养殖禽类等养殖性的林地使用权价值；(3) 林下种植农作物等不与种植林木相排斥的其他种植性的林地使用权价值；(4) 林地上的其他动植物资源。商品林赎买的应是种植内容的林地使用权，其他内容的使用权不受影响。对林地所有者而言，其丧失的仅是商品林的林地使用权，而其他内容的使用权依然存在，当然还有林地本身及其上除商品林外的其他动植物资源。

(四) 商品林赎买与强制买卖、行政合同的区分

首先，关于强制缔约，通常认为，是指依据法律规定，民事主体负有与他人缔结契约的法定义务，非有正当理由，不得拒绝缔结契约。① 强制缔约一般适用于公共产品的供给、反垄断、人格平等和消费者保护以及宪法基本权利之于合同法的效力等场合。② 不管是资源的集中、经济优势地位，还是政治历史因素，抑或特殊职业原因，强制缔约场合总存在缔约双方力量的不平等，存在强弱之差，而影响缔约自由的实现。强制缔约正是对合同自由的修复，以保护弱势方的利益。而在商品林赎买中，不衡量赎

---

① 参见冉克平：《论强制缔约制度》，载《政治与法律》2009 年第 11 期。

② 参见朱岩：《强制缔约制度研究》，载《清华法学》2011 年第 1 期。

买双方地位的强弱，因为其不是出于赎买单方利益的考量，而是以生态环境这一公共福祉的保护为目的。商品林赎买也不是对合同自由的修复。因此，商品林赎买与强制缔约存在明显区别。

其次，关于行政合同，是以实施行政管理为目的，① 行政机关享有超越合同相对人的单方面强制性的权利——行政优益权，如指挥权、单方变更协议标的权、单方解除权、制裁权等。② 行政合同与民事合同的主要区别在于行政合同的行政管理性及行政优益性。商品林赎买虽名为赎买，但其是包括生态红线的划定、赎买主体的选定、赎买资金的筹集、补偿标准的确定，甚至包括赎买动员、解决权属边界问题、村集体表决等系列活动，签订具体的赎买协议只是赎买的一个环节。因此，不能把商品林赎买简化成一个协议，而类比于行政合同。即便就赎买协议而言，其主要条款是对赎买价款的确定。一旦价款确定，行政主体就要依约履行支付价款的义务，而不享有单方变更、解除合同的行政优益权。因此，商品林赎买也不同于行政合同。

四、对《民法典（物权篇）》中征收规定的完善

从商品林赎买的实务及理论看，其是用益物权征收，征收的客体包括用益物权。这与《物权法》中关于征收的规定及篇章结构的设置产生了冲突，需要加以调整完善。

（一）现有《物权法》关于征收规定的立法逻辑分析

征收的客体是物还是权利，如果是权利，是所有权还是用益物权。对此，《物权法》第42条第1款规定："为了公共利益的需要，依照法律规定的权限和程序可以征收集体所有的土地和单位、个人的房屋及其他不动产。"从词义看，该条规定的征收客体是不动产。但从该条规定放置在《物权法》中所有权篇章中可以看出，对不动产的征收就是对其所有权的征收。而且立法只认可对所有权的征收，不认可对用益物权的征收，这在

---

① 参见姜明安主编：《行政法与行政诉讼法》（第六版），北京大学出版社、高等教育出版社2015年版，第310页。

② 参见崔建远：《行政合同族的边界及其确定根据》，载《环球法律评论》2017年第4期。

《物权法》第121条规定中得以体现。该条规定："因不动产或者动产被征收、征用致使用益物权消灭或者影响用益物权行使的，用益物权人有权依照本法第四十二条、第四十四条的规定获得相应补偿。"根据该法条，用益物权只在不动产所有权被征收时获得补偿。综上，《物权法》只规定不动产所有权的征收，而不承认不动产用益物权的征收。

（二）《物权法》中征收规定存在的问题

1.《物权法》关于征收客体的规定不明确。根据立法的明确性要求，法条的表述要清晰准确，避免歧义，而《物权法》关于征收客体的规定就不够明确。首先，从《物权法》第42条的规定看，无法得知征收的客体是物还是权利。尽管可以通过整体解释追寻立法意图，但这是次等选择，恰说明了该条规定的模糊。其次，经过上文分析，征收的客体应当包括不动产所有权和用益物权，那么《物权法》第42条关于征收客体的规定不仅是模糊的，而且是不准确的，因为该条只规定了不动产所有权的征收，无法涵盖不动产用益物权征收。

2.《物权法》对其他不动产的征收程序及补偿标准没有作指引性规定。征收是对非国有的不动产物权的征收，《物权法》第42条只列举了土地、房屋两类常见客体，对其他的不动产征收采用概括规定。因土地、房屋的征收有《土地管理法》《国有土地上房屋征收与补偿条例》等配套法律法规对征收程序、补偿标准等予以规定，保障了被征收人的合法权益。而其他不动产征收则没有相关配套法律规定，被征收人的权益保障的依据仅是《物权法》第42条第3款中"征收单位、个人的房屋及其他不动产，应当依法给予征迁补偿"的规定，实务中其他不动产征迁程序、补偿标准均找不到法律依据。因此，该项规定过于模糊，不具有可操作性。

3.《物权法》在所有权篇章中规定征收存在逻辑上的风险。我国《物权法》第42条是对征收的规定，位列在第二篇所有权篇一般规定中，而《物权法》的篇章设计是总则、所有权、用益物权、担保物权和占有。根据《物权法》的篇章设计，所有权与用益物权是并列关系，所有权篇章规定所有权的权利内容、变动等，用益物权篇章规定用益物权内容、变动、种类等，二者不产生交叉。如果征收仅是所有权征收，那么该规定放在所有权篇章中没有问题。一旦征收的客体突破了所有权，再将征收的规定放在所有权篇章下则存在逻辑上的漏洞。

(三)《民法典(物权篇)》关于征收规定的立法建议

1. 对《物权法》篇章结构的完善

有两条完善路径：一是提取公因式。因所有权及用益物权都可以成为征收的客体，所以，可提取其共同部分放到总则部分规定。二是分别规定。即在所有权部分规定对所有权的征收，在用益物权部分规定对用益物权的征收。因用益物权之后还有一个并行的担保物权，如果仅对所有权和用益物权提取公因式，反而造成结构混乱，所以，第一条路径对现有法条冲击较大，较不可取。而第二条路径仅是对现有法条的微调，既保证逻辑上成立，又照顾了法条的稳定性，应为较佳的选择。

2. 对《物权法》第 42 条规定的完善

既然商品林的赎买是一种征收，那么可将《物权法》第 42 条第 1 款明确为："为了公共利益的需要，依照法律规定的权限和程序可以征收集体所有的土地和单位、个人的房屋、林木及其他不动产。"

同时，因林木及其他不动产的征收程序和补偿标准缺乏配套法律规定，出于对被征收人征收权益保障的考虑，可将第 3 款明确为："征收单位、个人的房屋、林木及其他不动产，应当依法给予征迁补偿，对林木及其他不动产的征收程序和补偿标准可参照房屋征收的相关规定执行，以维护被征收人的合法权益；征收个人住宅的，还应当保障被征收人的居住条件。"

3. 对《物权法》第 121 条规定的完善

《物权法》第 121 条中的用益物权包括不动产用益物权和动产用益物权。既然不动产用益物权是征收的客体，那么就应在用益物权篇章中予以规定。因此，可在《物权法》第 121 条的基础上增加一款，即因不动产用益物权被征收的，用益物权人有权依照本法第 42 条、第 44 条的规定获得相应补偿。原先的条款则调整为："因动产被征收、征用致使用益物权消灭或者影响用益物权行使的，用益物权人有权依照本法第四十二条、第四十四条的规定获得相应补偿。"需要说明的是，这里的补偿，不限于经济补偿，也包括安置等补偿措施，视具体情况而定。

(本文仅代表作者个人观点)

网店买卖后原始注册人盗取的涉互联网商事合同纠纷处置

林 鸿*

案情概要

原告张胜源诉称：2018 年 1 月 16 日其通过第三人与被告叶通签订《淘宝网店转让居间合同》，约定购买账号为“聚美风”的网络店铺（店铺网址：https：//shop101035497. taobao. com），转让费为 12000 元。签约后，张胜源依约于 2018 年 1 月 8 日转账 13200 元给淘铺公司，淘铺公司于 2018 年 1 月 22 日在扣除中介费 1200 元后，转账 12000 元给叶通，张胜源依法取得上述店铺的所有权并经营店铺。但在 2018 年 3 月 26 日，叶通私自修改淘宝店铺登录密码并转移账号内资金，其行为严重损害了张胜源的合法权益。经多次催讨，叶通拒不履行合同义务。故，请求法院判令：（1）解除张胜源与叶通之间的买卖合同；（2）叶通向张胜源支付违约金 24000 元；（3）叶通承担本案的诉讼费。

被告叶通未作答辩。在庭前调解阶段，调解员注明“2018 年 4 月 25 日联系被告，被告不在厦门，无法协

* 福建省厦门市思明区人民法院莲前人民法庭副庭长、员额法官。

调，转正式立案”；立案后法院工作人员联系叶通手机号码，接听人表示非叶通本人但会转告本案诉讼信息。

第三人淘铺公司提交书面答辩状辩称：2018年1月22日，张胜源通过淘铺公司就网络店铺转让事宜与叶通签订了《淘宝网店转让居间合同》，约定张胜源以12000元的价格受让叶通在淘宝网开设的“聚美风”商铺，合同签订后，张胜源依约履行了付款义务，叶通也将店铺相关账号和密码交付给张胜源。2018年3月，张胜源与淘铺公司业务员联系，陈述其受让的商铺被叶通找回，并转走店铺中的资金，后淘铺公司业务员多次致电叶通，要求其遵循诚信原则，将商铺和资金退回给张胜源，但叶通均不接听来电。故该公司请求法院判令叶通向张胜源赔偿损失并承担违约金。

法院经审理查明：淘铺王是淘铺公司运营的网店专门交易平台。2018年1月，张胜源通过淘铺公司的淘铺王网站，与叶通签订《淘宝网店转让居间合同》，约定叶通将账号为“聚美风”的网络店铺（店铺网址：https：//shop101035497. taobao. com）于2018年1月3日转让给张胜源，转让费为12000元。合同第三条第（一）款第3项约定，委托人甲方（叶通）网店转让后，在委托人乙方（张胜源）正常使用经营情况下，除乙方同意或者在乙方提出要求的情形外，不得以任何方式向网铺所在网络平台找回密码或者修改会员账号及密码，也不得有转移账号内资金的行为……合同第四条约定，甲方与乙方应分别向丙方（淘铺公司）支付佣金，标准为转让费用的10%即1200元。丙方作为居间方对后期的履约情况不承担担保责任；合同第五条约定，甲方有违反本合同第三条第（一）款任意一项约定的，乙方有权解除合同，本合同变更、解除或终止的，均不影响甲乙双方向乙方支付居间费用；合同第六条第（四）款约定，如发生违反本合同第三条约定情形的，……必须向乙方双倍退还已收的转让费用；合同第十一条约定，交易成功后卖家提现事项为叶通名下尾号为8493的建行卡。合同还约定各方以邮寄方式签约，由淘铺公司拟定合同一式三份邮寄给买卖双方签字按手印后再邮寄给淘铺公司盖章。上述合同落款处叶通的签名时间为2018年1月14日并备注手机号180××××351，张胜源的签名时间为2018年1月16日备注手机号182××××010，淘铺公司的盖章时间为2018年1月22日。张胜源于2018年1月8日通过其控制的案外人蔡亚伟的支付宝账户转账13200元给淘铺公司，淘铺公司扣除双方应付的10%居间费各1200元后，于2018年1月22日转账10800元给叶通。2018年3月26日19时33分，张胜源的电子邮箱收到发件人为“支付宝提醒 < service@ mail. alipay. com >”的邮件，内容为“您正在支付宝App上重置支付密码请填写下方4位验证码1425”；19时50分，张胜源向备注名为“聚美风注册人”的微信好友“倾心”连续发送三条微信，内容为“你好，聚美风的店铺和支付宝被别人盗了，麻烦你立刻打电话给支付宝挂失”“95188”和“非常紧急”，其中“非常紧急”未发送成功且系统提示“对方开启了朋友验证……验证通过后，才能聊天……”19时54分及20时01分，张胜源连续收到发件人为“支付宝 < service@ mail. alipay. com >”的邮件，内容分别为“亲爱的会员：您申请了修改已绑定”及“亲爱的会员：叶通您好！您已经成功修改了支付密码……”20时08分，张胜源手机号182××××010收到阿里巴巴（106575251111166）发送的通知短信，内容为：“［阿里巴巴集团］您的淘宝账户159××××1604@163. com已修改手机号为180××××351。如有疑问，请致电客服。”21时02分，案涉“聚美风”店铺发生一笔提现交易，店铺账户内4000. 47元被转入叶通名下尾号8493的建行卡账户（店铺账号内原有5000. 47元保证金，剩余1000元为最低保证金，不可转出）。21时13分，张胜源向叶通手机号码180××××351发送2条短信，内容分别为“你把保证金提现到自己银行卡，手机修改成你这个号码，修改了所有密码，我已经做了证据保留，这两天等着我起诉你……”和“明天会有淘铺王公司的法律部门的人先联系你，我劝你最好把钱和店铺还回来……”另查明，淘宝网的修改联系方式有两种办法：一种是由原注册号码通过手机验证，另一种方式为最早的申请人通过个人身份识别及绑定的银行卡进行实名认证修改。当账户安全信息改动时，原绑定的邮箱和手机号会接收到阿里巴巴和支付宝发来的邮件和短信，只有在变更绑定的手机号后，才能利用新手机号收到的验证码修改绑定邮箱。

裁判要旨

本案法院生效裁判认为：民事主体从事民事活动，应当遵循诚信原则，秉持诚实，恪守承诺。[①] 违反合同约定应承担违约责任。叶通、张胜源与淘铺公司共同签订《淘宝网店转让居间合同》系三方真实意思表示，内容合法有效，法院予以确认，合同内容双方应共同遵守。

依据该合同，叶通、张胜源通过淘铺公司居间介绍，以12000元的价格交易"聚美风"网络店铺。合同已经成立并发生法律效力。合同签订后，张胜源已依约履行合同义务向淘铺公司支付了合同价款，淘铺公司亦已依约履行居间义务将合同价款支付给叶通。现张胜源主张叶通违反合同约定擅自收回合同转让标的物（即"聚美风"网络店铺，店铺网址：https：//shop101035497. taobao. com）且转移账号内资金，构成违约。虽然没有单一的在案证据足以直接证明店铺账户的各项修改及资金转移等行为确系叶通本人所为，但鉴于淘宝网店的注册人系叶通，绑定的银行卡系叶通的银行卡。张胜源提供的各项证据已构成了完整的证据链，足以证明叶通本人通过淘宝网"找回密码"的操作，修改店铺账户绑定的手机号、登录方式，未经张胜源许可擅自转移店铺账户内资金4000. 47元，且在事发后拒绝归还，并拉黑张胜源微信的事实。叶通的上述行为，不仅违背了诚实信用原则，应予谴责；且直接违反了合同第三条第一款的约定，导致张胜源失去对《淘宝网店转让居间合同》标的物——淘宝网店的控制并蒙受保证金等经济损失。根据合同第五条和第六条的约定，张胜源有权解除合同并要求叶通双倍退还已收的转让费用。现张胜源诉请解除合同并要求叶通支付违约金24000元，具有事实与法律依据，法院予以支持。

评析

本案是一起典型的网店买卖合同纠纷，经与本案讼争网店平台运营商阿里巴巴集团[②]确认，这是全国首例淘宝网店转让后又被原始注册人盗回的司法判例，具有一定的前瞻性意义。本案的法律争点主要是：标的合法性，以及在被告缺席时如何认定优势证据及依据高度盖然性原则认定案件

---

① 《民法总则》第7条规定："民事主体从事民事活动，应当遵循诚信原则，秉持诚实，恪守承诺。"

② 据互联网数据资讯中心eMarketer2018年数据显示，阿里巴巴集团在中国网购市场占据58%的市场份额，占据首位，其次是京东，其销售额占中国全部电商销售的16. 3%。两家电商巨头共占据了四分之三的市场份额。

事实，确定违约责任等问题。现逐一评析如下：

一、网店能否成为买卖合同的标的

买卖合同是出卖人转移标的物的所有权于买受人，买受人支付价款的合同。根据合同法的相关规定，买卖合同的标的物，应当属于出卖人所有或者出卖人有权处分。一般而言，标的物为实物，但随着社会经济的快速发展，无体物甚至虚拟物也成为买卖标的。[①] 从立法条文和立法原意上看，法律对此一般并不禁止，但《合同法》第132条的但书也明确规定："法律、行政法规禁止或者限制转让的标的物，依照其规定。"

本案的买卖标的是淘宝网店，亦即在阿里巴巴集团子公司浙江淘宝网络有限公司运营的电商平台——淘宝网上架设的虚拟店铺，属于典型的虚拟财产。根据淘宝网的相关规定：首先，网店系通过用户在阿里巴巴集团旗下的支付宝（中国）网络技术有限公司注册的支付宝账户控制，使用支付宝账号认证登录；其次，《淘宝平台服务协议》通过对支付宝账号绑定数量的限制，事实上限制一个公民只能开一家网店；再次，《淘宝平台服务协议》系注册淘宝网的用户在注册时必须点击接受的电子协议，其内容由浙江淘宝网络有限公司单方制作并定期更新；最后，上述协议在原则上禁止网店买卖和转让，并且保留追究转让双方违约责任的权利。有限的例外情形，仅限于法律明文规定、司法裁定以及经淘宝公司同意三种情形。

根据上述规定，本案讼争的网店买卖属于浙江淘宝网络有限公司通过格式合同明确禁止的交易情形，淘宝店铺的实名认证信息在未经淘宝公司许可的情况下不得变更。事实上，本案原告从事电商职业，并非首次购买网店，除了本案讼争的网店外，原告至少还实际控制案外人蔡亚伟的网店和支付宝账户，并通过该支付宝账户支付了本案货款，这一做法也明显违背了淘宝公司的有关限制。在上海、杭州法院的两个生效判决中，其他淘宝店主依据网店转让合同要求淘宝公司配合办理变更注册人信息及后台实名认证信息的诉讼请求并未得到支持。

---

① 详见寿步、徐彦冰、王秀梅：《网络游戏虚拟物的财产权定位》，载《电子知识产权》2005年第5期；吕炳斌：《虚拟物和虚拟物交易的法律属性研究——以"第二次生命"游戏为例》，载《科技与法律》2007年第1期。

网店能否成为买卖合同的标的，涉及合同效力的认定问题。网店作为电子商务的经营载体，系卖家展示商品及实施交易的平台，并非法律、行政法规禁止或者限制转让的标的物，其上附着的商誉等综合信息能够影响商品的销售，[①] 具有显著的价值。虽然本案买卖交易双方均系淘宝网用户，曾经接受《淘宝平台服务协议》，但浙江淘宝网络有限公司及其关联公司并非本案的当事人，服务协议的约定也并非本案讼争交易的依据，遵循合同相对性原则，服务协议对网店交易的禁止，并不影响本案讼争交易。叶通、张胜源与淘铺公司共同签订《淘宝网店转让居间合同》系三方经过平等自由协商后共同签订的合同，代表三方真实意思表示，且不存在违反法律、行政法规强制性规定、损害社会公共利益等情形，内容合法有效，法院应予确认，合同内容三方均应共同遵守，违约条款对各方均有约束力。

二、被告缺席的情况下高度盖然性原则的运用

高度盖然性，是大陆法系的一个法律术语，是人们在对实务的认识达不到逻辑必然性条件时不得不采用的一种认识手段，是根据实务发展的概率进行判断的一种认识方法。[②] 具体而言，就是在诉讼中，当证据无法达到确实充分的情况下，如果一方当事人提出的证据已经证明事实的发生具有高度盖然性，足以帮助法官形成内心确认，法官即可依法予以确认。

法院在被告缺席的情况下，综合在案证据，依据高度盖然性原则认定案件事实：被告在通过专业网店交易平台出售网店一段时间后，通过淘宝网的生物识别安全机制“找回密码”，修改店铺账户绑定的手机号、登录方式，擅自收回买卖合同的转让标的物——网店，转移账号内资金，且在事发后拉黑原告微信。被告的上述行为，不仅违背了民法总则的诚实信用原则，应予谴责；且直接违反了《淘宝网店转让居间合同》约定，应承担违约责任。原告有权依约解除合同并要求被告双倍退还已收的转让费用。

《最高人民法院关于民事诉讼证据的若干规定》第73条对高度盖然性

---

① 参见杜兴强、杜颖洁、周泽将：《商誉的内涵及其确认问题探讨》，载《会计研究》2011年第1期。

② 参见陈响荣、杨央平、蒋南成、李刚：《诉讼效益与证明要求——论在民事诉讼中应确立高度盖然性原则》，载《法学研究》2011年第1期。

原则作出了明确的规定，《最高人民法院关于适用〈中华人民共和国民事诉讼法〉的解释》第108条进一步对从本证和反证的相互比较的角度出发对高度盖然性规则进行了明确和完善。《最高人民法院关于民事诉讼证据的若干规定》第2条、第5条则从举证责任分配和不利后果承担等方面为高度盖然性规则提供了制度保障。

在诉讼证明过程中，原告一般是对待证事实负有举证责任的当事人，其所进行的证明活动为本证，本证证明活动的目的在于使法官对待证事实的存在与否形成内心确信，这种内心确信应当满足证明评价的最低要求即法定的证明标准。① 不负有举证责任的当事人提供证据对本证进行反驳的证明活动为反证。反证的证明活动，其目的在于动摇法官对于本证所形成的内心确信，使其达不到证明评价的最低要求。在正常庭审中，本证与反证无疑是最主要的一对矛盾，司法改革强调以审判为中心和法官亲历性原则，正是基于法官心证与证明活动之间密不可分的关系。然而，随着人口流动的加大，司法实践中，因无法送达被告而缺席审理的情形已日益多见。在这种情况下，由于失去了诉讼的对抗，反证自不存在，法官只能依赖于本证进行事实认定和责任判断。按照西方观点，被告经法院合法传唤，无正当理由拒不到庭参加诉讼，视为其自动放弃诉讼权利。在没有相反证据的情形下，原告只要满足证明评价的最低要求，法院就可以径行对原告的事实主张予以认定。然而，我国的文化和司法传统对于事实有着高度的追求，纠问式诉讼是历史上我国司法的主流。② 在这一传统之下，法官被迫承担了依职权调查的义务，不但增加了法官的负担，也混淆了民事诉讼高度盖然性和刑事诉讼排除合理怀疑的界限。司法政策对此也有反复。在被告缺席，失去对抗的情况下，如何平衡二者，是摆在法官面前的难题。

本案中，原告围绕诉讼请求依法提交了淘铺王订单列表网页截图、

---

① 参见陶猛：《穿行于事实与法律之间和谐社会语境下法官内心确信规则之治》，载《法律适用》2007年第1期。

② 参见罗旭南：《纠问式诉讼概念探微》，载《海南大学学报（人文社会科学版）》2005年第2期。徐益初：《话说纠问式：兼评我国现行刑事诉讼形式》，载《人民检察》1994年第2期。

《淘宝网店转让居间合同》、支付宝转账电子回单、网店“聚美风”的基本信息与身份验证网页截图、转移账户内资金凭证网页截图、被告的身份信息及淘铺公司的商事登记基本信息作为证据，第三人也提供了支持其诉求的书面意见，显然已经初步满足了证明评价的最低要求，即买卖合同违约的法定证明标准。鉴于被告缺席，本案原告作为新型涉互联网案件的受害人，法律知识欠缺等情况，为进一步核实案情，法院适当运用职权，依法指导当事人及时固定相关证据并补充举证：（1）补充提供原告与案外人蔡亚伟的《店铺转让合同》及相应合同款的支付宝转账记录，以证明其合法获取了蔡亚伟的支付宝账号182××××672@163.com的使用权，并通过该账号完成了讼争买卖货款的交付。（2）补充提交电子邮箱159××××604@163.com的网页截图与中国移动厦门分公司的业务受理单，当庭出示手机演示登录该邮箱的过程及相关邮件界面，以证明合同上的手机号182××××010系其实名登记的手机号码、案涉“聚美风”店铺当时绑定的账户邮箱为其名下电子邮箱159××××604@163.com，绑定的手机号码为182××××010。（3）当庭演示账户安全信息改动操作，以证明网店原先绑定的其名下邮箱和手机号收到阿里巴巴和支付宝发来的邮件和短信的真实性，被告必须先变更绑定的手机号，才能利用变更后的手机号收到的验证码修改店铺所绑定的邮箱，故原告得以在被告修改绑定邮箱之前，通过邮箱登录店铺账户，获取被告已将绑定的手机号修改为180××××351的基础信息截图及提现4000.47元的截图。（4）提供被告名下邮政储蓄银行卡、补充说明以及支付宝账户交易流水，以证明其因个人疏忽并未依买卖合同获取被告名下尾号为8493的建行卡，在签约时只收取被告邮寄的邮储卡；其运营讼争网店期间未通过银行卡提现，而是用支付宝转账代替。通过补充举证，形成了证据优势，达到“优势证明标准”①，巩固了法官内心确信。

三、生物特征识别认证身份机制在网店交易中存在安全隐患

信息社会，人的存在和影响体现在多个维度，不仅涉及如性别、指

---

① 参见黄琳：《优势证据在行政诉讼中的构成及适用——以廖宗荣案为分析对象》，载《证据科学》2014年第6期。

纹、面容等生物体征方面的信息，也涉及如职业、收入水平、消费习惯等人作为社会成员的基本社会文化信息。概言之，个人信息就是以信息形式固定下来的人类生物特征及经济社会活动记录，身份识别是其重要功能。

根据《网络安全法》第 76 条第 5 款的规定，自然人的个人信息，是指以电子或者其他方式记录的能够单独或者与其他信息结合起来识别自然人个人身份的各种信息，包括但不限于自然人的姓名、出生日期、身份证件号码、个人生物识别信息、住址、电话号码等。个人信息的主体是自然人，以电子方式，或者如文字、图表、图像记录等方式，能够单独或者与其他信息结合识别自然人个人身份。从域外立法经验来看，欧盟国家将个人信息界定为“个人数据”，日本、俄罗斯、韩国与我国相同，采用“个人信息”措辞，而我国台湾地区则“个人数据”“个人资料”两个概念并用。虽然名称不同，但三个措辞的实质含义基本类似，都侧重于信息的“可识别性”。如《欧盟有关个人数据自动化处理的保护协定》将其界定为“已识别或可识别的个人相关的任何信息”。《日本个人信息保护法》第 2 条规定，个人信息指活着的自然人的相关信息，根据该信息所包含的姓名、出生年月及其他内容，能够识别出该特定的自然人。我国台湾地区“电脑处理个人资料保护法”第 3 条第 1 款亦规定，个人资料，指自然人之姓名、出生年月日、身份证号、特征、指纹、婚姻、家庭、教育、职业、健康、病例、财务情况、社会活动及其他足以识别该个人之资料。①

生物特征的身份识别功能，也广泛运用于金融业和互联网时代诸如手机 App 等诸多应用的个人识别与身份认证模块，支付宝就是其中的先行者和佼佼者。人脸、虹膜、指纹、声纹等实践中最为常见的一些人体生物特征，支付宝已经启用了刷脸、指纹、声音锁三大功能。通过与公安部人口信息数据库的对接，支付宝的身份认证功能受到了社会各界的广泛认可。不仅已经应用于阿里巴巴集团的各大业务，也被广泛应用于政府和其他企业的互联网业务，乃至线下的各行各业。需要注意的是，生物特征识别不仅仅是一个技术问题。经过多年发展，安全性问题在技术上虽然可能已经初步得到了解决，但在规则和制度配套上，仍有大量问题。

---

① 参见李建新：《两岸四地的个人信息保护与行政信息公开》，载《法学》2013 年第 7 期。

本案之所以会发生，直接的原因是淘宝公司基于生物特征识别功能在淘宝平台上推出的“找回密码”功能。这一功能通过绑定网店的初始注册人的身份信息，继而关联了其包括“人脸”在内的生物信息以及银行卡在内的金融信息，从而在事实上赋予了网店的初始注册人随时取回网店控制权的能力。由于阿里巴巴公司禁止网店交易，网店原始注册人的信息无法更改，本案被告即以生物特征识别（人脸识别）认证身份后，取回密码，重新占有了其本已出售的网店，并取出资金。这暴露出系统重大安全隐患。

四、延伸思考

作为新时代最重要的新经济业态，以阿里巴巴集团公司运营的“淘宝”为代表的电子商务已经被誉为中国的新四大发明之一。作为电子商务领域的行业龙头，阿里巴巴集团在国内电商市场占有最高的份额，高级别(如本案的“皇冠”）淘宝网店具有巨大的市场声誉、流量价值和经济利益。许多新入行卖家不愿意从头开始累积网店信用等级，市场上大量存在购买高信用等级网店，快速获取市场优势以开展电子商务活动的需求。巨大的市场需求，孕育出类似于本案第三人浙江淘铺网络科技有限公司运营的“淘铺王”等众多专业网店转让交易平台。据统计，“淘铺王”网站已运营6年多，注册会员近15万人，销售金额近10亿元。有的网店转让平台甚至在地方股权交易市场挂牌上市。然而，阿里巴巴集团禁止网店交易的政策，导致庞大、活跃的网店买卖市场成为事实上的“黑市”交易、游离于平台监管、行政部门监测及普查、调研的视野之外的灰色地带。众所周知，“大禹治水，堵不如疏”，在淘宝网某种意义上已经成为社会公共产品的今天，简单的禁止和限制并不能够解决问题，在限制社会财富合理、有序流转、增值的同时，客观存在的市场需求反而会让有不良动机的行为人有机可乘，滋生类似本案的法律纠纷，扰乱淘宝平台服务的经营秩序，不利于电子商务营商环境的优化。同时，工商行政管理部门早已放开个人设立企业的数量限制，在国家实施商事登记改革，进一步放开企业注册审批的今天,[①] 如果仍墨守一个身份证只能绑定一个淘宝网店的规定，则不但不利于鼓励和便利网店经营者拓展业务、扩大经营，也不符合国家鼓励交易的方针。

本案通过庭审固定充分证据后，在判决书中强化释法说理，条分缕析，准确判定双方的责任和过错程度，并引用民法总则的诚实信用原则条款对被告的行为作出否定性评价，判决后双方当事人均服判息诉。判决生效后，主审法官并没有就案办案，而是针对审判中发现的电商企业禁止网店私下交易、限定公民开设网店数量、网店转让的交易平台缺乏监管、电商平台网店控制的安全机制存在漏洞、纠纷频发等问题，深入开展调研，向上级党委政府报送问题建议信息，促使行业主管部门深入一线开展调研，联合行业协会开展电商业者培训。同时，法院向阿里巴巴集团发出司法建议，建议其放开网店转让及个人开设网店数量限制，重新设计和规范网店注册合同、堵塞找回密码等技术漏洞，让存在较大风险隐患的“地下交易”转为在平台指导下的合法、有序、安全交易，促进电子商务这一新业态健康发展。司法建议受到阿里巴巴集团的积极回应，该公司组织专人进行调研，最终由董事会决定改变既有的网店注册及交易主体变更模式，重新规划设计电商平台规则，以更好地保障各方利益，优化电子商务和民营企业营商环境，取得了良好效果。本案不仅对于对于其他法院审理同类型案件具有指导意义，对于规范企业经营行为、护航民营经济发展也有一定积极意义。判

（本文仅代表作者个人观点）

① 参见福建省工商系统联合课题组（执笔人：叶木凯、王应涛）:《海峡两岸市场准入和行为规范比较研究》，载《中国工商管理研究》2015 年第 4 期。

互联网第三方交易平台对网络店铺的入驻审核义务研究

——评田明诉封兵、浙江淘宝网络有限公司网络买卖合同纠纷案

刘宇晗*

案情概要

2016年1月5日，原告田明通过被告淘宝网订购好又宜贸易推销网店（注册会员名称为satieee）在淘宝网发布出售的按摩椅（型号GYS-01），活动促销价为688元，田明通过网络成功下单并支付全额货款688元。到了约定的发货时间，好又宜贸易推销网店提交了发货信息，但没有发货记录，亦未将货物发给田明。随后田明与好又宜贸易推销网店沟通再无消息。田明与淘宝公司沟通说明好又宜贸易推销网店虚假发货的违规行为，淘宝公司客服告知因好又宜贸易推销网店已经发货，需要田明等待，因淘宝公司没有执行的权利，出现这种情况可以直接申请去法院起诉。田明向淘宝公司申请披露好又宜贸易推销网店的身份信息，淘宝公司披露了好又宜贸易推销网店的经营者信息，经营者为被告封兵。田明

* 中国社会科学院法学研究所博士后研究人员。

通过封兵住所地工商局即铜川市工商局调查，没有发现封兵经营网店，封兵本人也予以否认。田明与淘宝公司沟通未果，淘宝公司建议田明申请退货款并对案涉商品做下架处理。2016 年 1 月 31 日，田明收到退款 688 元。田明为本案诉讼花费复印及刻光盘费用 142 元。另查明，好又宜贸易推销网店于 2008 年 11 月 27 日以封兵的身份信息在淘宝公司注册，审理中封兵否认开网店的事实，并称其身份证曾经丢失过。经核实，封兵分别于 2007 年 3 月 19 日、2009 年 10 月 10 日、2014 年 3 月 27 日到其住所地的公安机关补办过身份证。

原告田明以封兵、浙江淘宝网络有限公司为共同被告，向黑龙江省哈尔滨市南岗区人民法院提起诉讼。原告在一审中提出如下诉讼请求：（1）由被告封兵按照被告淘宝网搜索引擎同型号按摩椅最低价格 2280 元的 3 倍赔偿原告，即 6840 元；（2）如被告封兵不能赔偿原告，要求被告淘宝网先行赔付原告该价款；（3）由二被告承担本案的诉讼费用及复印费 142 元。

针对原告的诉讼请求，淘宝公司答辩称：（1）本案为买卖合同纠纷案件，合同主体应是原告与被告买卖双方，而被告淘宝公司非本案买卖合同的主体，且服务协议规定，作为网络交易平台只是用户获取物品或服务信息、物色交易对象、就物品和/或服务的交易进行协商及开展交易的场所。（2）淘宝网与支付宝公司为两个不同法人单位，消费者请求配合行政、司法机关冻结卖家支付宝账户资金的对象和方式错误，消费者应通过向法院申请财产保全的方式，在法院依法作出准予财产保全的裁定后，要求支付宝公司配合冻结卖家支付宝账户资金。（3）淘宝网是网络交易平台提供者，能够提供销售者的真实名称、地址和有效联系方式，且已经向消费者披露了销售者的真实信息。因此，消费者无权向淘宝网要求赔偿。（4）淘宝网是网络交易平台提供者，在得知本案情况后，已经将原告支付的货款退还给了原告，并已经将涉诉产品下架处理。因此，淘宝网不存在“明知或者应知销售者或者服务者利用其平台侵害消费者合法权益，未采取必要措施”的情形，故无需与销售者承担连带责任。

裁判要旨

一审法院黑龙江省哈尔滨市南岗区人民法院经审理认为：被告淘宝网作为网络交易平台的提供者，在会员注册登记时，应对经营者身份等基本情况进行必要核实及审查，以保障消费者通过网络交易平台购买商品或服务时的合法权益得以保护。本案中，淘宝网虽提供了好又宜推销网店注册时的经营者信息为被告封兵，但封兵否认其是该网店的经营者，而且铜川市工商局调查核实，没有发现被告封兵有经营该网店的行为。因此，被告淘宝网提供的注册信息不真实，与实际经营者不符。一审法院认为原告要求封兵赔偿，证据不足。而淘宝网在不能提供好又宜贸易推销网店真实名称、地址和有效联系方式的情形下，应对原告承担赔偿责任。原告主张按被告淘宝网搜索引擎同型号按摩椅最低价格2280元的3倍进行赔偿，法律依据不足，法院不予支持。依据相关规定，淘宝网按原告购买商品的价款的3倍赔付即可。另外，原告为本案诉讼花费的复印费、刻盘费应由淘宝网予以赔付。

2016年10月25日，一审法院依照《民事诉讼法》第144条、《消费者权益保护法》第44条、第55条之规定，作出判决：一、被告浙江淘宝网络有限公司赔偿原告田明损失2064元；二、被告浙江淘宝网络有限公司赔偿原告田明复印费、刻盘费共计142元；三、驳回原告田明其他诉讼请求。

一审判决后，淘宝公司和田明均不服一审判决，向黑龙江省哈尔滨市中级人民法院提起上诉。二审法院对一审查明的事实予以确认，并另查明，好又宜贸易推销网店对应支付宝账户银行卡的卡号为62××××97，户名为封兵。并就本案争议的焦点问题，即封兵是否是好又宜贸易推销网店的经营者，淘宝公司是否履行了对好又宜贸易推销网店经营者身份进行审核的义务，淘宝公司应否向田明承担赔偿责任作出了具体分析。对于封兵是否为好又宜贸易推销网店的经营者，淘宝公司是否履行了对好又宜贸易推销网店经营者身份的审核义务，二审法院认为，依据2010年7月1日实施的《网络商品交易及有关服务行为管理暂行办法》和2014年3月15日实施的《网络交易管理办法》的规定，好又宜贸易推销网店注册时，登记的经营者为封兵，并根据淘宝公司的要求向淘宝公司提供的网络交易平台提交了封兵的身份证信息，该身份证信息客观真实。同时，好又宜贸易推销网店关联的支付宝账户对应的银行卡户名亦是封兵，而开立银行账户必须开户人持本人身份证至银行营业窗口办理。故法院认定封兵为好又宜贸易推销网店的经营者，淘宝公司履行了对好又宜贸易推销网店经营者身份进行审核的义务。

对于关于淘宝公司应否向田明承担赔偿责任问题。封兵在经营好又宜贸易推销网店中，与田明建立买卖合同关系后，在未实际向田明发货的情况下向淘宝公司的交易平台提交发货信息。淘宝公司在接到田明投诉及了解情况后，建议田明依据《淘宝规则》申请退款并及时对案涉商品做下架处理。之后，淘宝公司在田明的要求下向田明提供了好又宜贸易推销网店经营者封兵的姓名、地址、身份证号码、有效联系方式等信息，田明依据上述信息能够找到经营者封兵，本案不符合《消费者权益保护法》第 44 条规定的情形。

2017 年 10 月 10 日，二审法院依照《民事诉讼法》第 170 条第 1 款第（2）项的规定，作出判决：一、撤销黑龙江省哈尔滨市南岗区人民法院（2016）黑 0103 民初 3488 号民事判决；二、驳回田明的诉讼请求；三、驳回田明的上诉请求。

评析

一、问题的提出

大数据时代的到来，使得信息产业飞速发展，随着网络交易新形式、新业态不断涌现，网络交易规模也日益膨胀，消费者（网络交易用户）与网店经营者、第三方平台三者之间由于新的法律关系的衍生而产生的纠纷也日益增多。田明诉封兵、淘宝案不仅仅是个案的网络购物合同纠纷问题，更深层次的问题是互联网第三方平台在网络店铺入驻过程中的审核义务以及如何承担法律责任的问题。互联网环境下发生的电子商务与传统模式下商家和消费者之间的权利义务并不相同，涉及的各方主体也更加复杂。对消费者、网络店铺经营者与第三方平台之间的权利义务关系，如果不进行重新分配与界定，在司法裁判中径行按照传统的法律关系进行判决，可能会提供不利的司法导向，而且有可能对消费者与网络店铺经营者产生错误的行为指引，导致阻碍第三方平台的发展等一系列问题。

本案中，淘宝公司作为第三方平台基于法理与相关法律的规范，通过合法途径捍卫了自己的权利：首先，依照《网络交易管理办法》第 7 条的规定，并非所有的自然人经营者都需要进行工商登记，因此，工商部门并不能掌握所有自然人网络店铺的情况。其次，说明在案涉网店注册时间，还没有法律法规对平台的入驻审查义务作出明确规定。即使是《网络交易管理办法》出台后，对审核义务也是采取了善良管理人的标准，一审法院的要求显然超出了合理标准。最后，根据《消费者权益保护法》的有关规定，淘宝网并非交易主体，也没有违法情形，自然不应当承担赔偿责任。

由此，田明诉封兵、淘宝公司网络购物合同纠纷案中有如下两个法律问题值得我们深入探讨：一是作为互联网第三方交易平台，对入驻网络店铺应负何种标准的审核义务，为什么？二是第三方交易平台应在何种情形下对其审核义务负责。下文对这两个问题分别进行评析。

二、互联网第三方交易平台对入驻网络店铺的审核标准

（一）互联网第三方交易平台的法律定位

根据《网络交易平台服务规范》的规定，① 电子商务一般包括 C2C、B2C、B2B 等形式，其中淘宝商城是典型的 C2C 模式。所谓 C2C（Customer to Customer）就是指消费者个人间的电子商务行为。此模式准入门槛低，注册卖家数量庞大，销售商品种类繁杂，琳琅满目，使得消费者选择的余地也颇为广阔。许多消费者戏称：“在淘宝无所不能，想要什么就有什么。”正是由于这种模式下网店经营者数量庞大，往往规模又较小，因此其监察、管理难度也高。

在电子商务（Electronic Commerce）模式下，为网络经营者和消费者提供交易平台的就是互联网第三方交易平台。所谓第三方交易平台，是指在网络商品交易活动中为交易双方或者多方提供虚拟经营场所、交易规则、交易撮合、信息发布等服务，供交易双方或者多方独立开展交易活动的法人或者非法人组织。② 对于第三方交易平台的法律定位，众说纷纭，较具代表性的有交易方合营业说、行纪人说、代理人说、居间人说、柜台

---

① 《网络交易平台服务规范》第 2 条第 1 款规定：“网络交易——指发生在信息网络中企业之间（Business to Business，简称 B2B）、企业和消费者之间（Business to Customer，简称 B2C）以及个人与个人之间（Customer to Customer，简称 C2C）通过网络通讯手段缔结交易。”

② 参见《电子商务法》第 9 条、《网络交易管理办法》第 22 条。

出租者说[①]等。其中，较为主流的观点是柜台出租者说，该说借助“功能等价法”,[②] 将网络第三方平台虚拟为一个大卖场，认为网络经营者的网络店铺其实就是租赁的卖场中的柜台。

这种类比确实比较形象，但是与现实还是存在一定的差距。第三方平台提供者为网店经营者和消费者搭建了一个虚拟的网络空间，不存在实物的租赁标的物，也没有关于租金的约定。以淘宝网为例，无论网店还是消费者，其在淘宝注册都是免费的，卖家可以免费使用虚拟的网络“柜台”。在传统的卖场中，柜台真实存在，且位置固定、数量有限，柜台出租者对柜台租赁者可以实时进行集中监控和管理，监理成本较低。但是在网络交易中，互联网空间具有无限性和虚拟性的特征，注册的网络店铺的数量是惊人的，互联网的发展使得传统民法需要调整规制的对象范围不断衍射,[③] 旧有的结构渐渐失去影响力，既存的法律规范系统已经不能完全适用于和有效地套用于网络社会系统之中。如果要求第三方平台提供者像管理现实柜台一样去监管网络店铺，需要付出巨大的人力和资金成本，这显然是不符合经济效率的。而且根据目前的科技水平，这种高精度的监管模式也是不符合技术规律的。如果不顾这些区别，要求互联网第三方平台与传统的卖场承担同样的入驻审核义务，会对电子商务的发展产生极大的负面影响,[④] 并可能导致第三方平台提供者将这些风险负担转移至网店经营者，甚至消费者身上，损害更多群体的合法利益。

（二）互联网第三方交易平台对入驻网络店铺的审核标准

在对网络交易第三方平台的法律地位及其特殊性进行明确之后，对于其在对网店经营者的入驻过程中，应当秉持何种标准的审查义务，殊值研究。由于在第三方交易平台上注册的经营者数量庞大且分散于各地，实际

---

① 参见宋寒亮：《网络平台提供商法律地位的重新界定》，载《北京航空航天大学学报》2015 年第 6 期。

② 参见吴桂仙：《网络交易平台的法律定位》，载《重庆邮电大学学报（社会科学版）》2008 年第 1 期。

③ 姚辉、焦清扬：《民法视角下网络店铺移转的现象反思》，载《法律适用》2017 年第 1 期。

④ 参见杨立新：《网络交易平台提供者为消费者损害承担赔偿责任的法理基础》，载《法学》2016 年第 1 期。

住所有可能在海外，而第三方平台也只是为经营者和消费者提供一个虚拟的平台，因此，应当审慎考察其所应承担的审查义务。

《网络交易管理办法》第7条第1款规定："从事网络交易的自然人，应当通过第三方交易平台开展经营活动，并向第三方交易平台提交其姓名、地址、有效身份证明、有效联系方式等真实身份信息。具备注册条件的，依法办理工商登记。"《电子商务法》第27条第1款规定："电子商务平台经营者应当要求申请进入平台销售商品或者提供服务的经营者提交其身份、地址、联系方式、行政许可等真实信息，进行核验、登记，建立登记档案，并定期核验更新。"从以上法律规定可以看出，立法对第三方平台的要求一般是审查经营者的真实身份、地址、有效联系方式与行政许可等信息。即第三方平台在对经营者的信息进行登记的基础上，还要负担一定程度的审核义务，但是对该审核义务应该达到怎样的标准并没有具体规定。尤其是像本案中出现的疑似借用别人证件或办假证入驻平台、登记地址与实际地址不符等众多网络经营乱象，使得明确网店入驻的审查标准变得必要起来。对此，我国理论界和实务界都倾向于第三方平台只负有"形式审查"的义务。因此，第三方平台只需要尽到以"形式审查"为标准的"善良管理人注意义务"① 即可。

善良管理人注意义务又被称为"受托人善良管理义务"。其要求受托人管理或处理事务的一切行为都必须是善意的，即都是站在公正的立场上，为了实现网络和谐购物的目的，为了实现经营者、消费者双方的最大利益保护而应负的责任，其核心特点就是善意、谨慎、合理。② 考虑到第三方平台往往要面对成千上万的网络店铺经营者，要求其履行实质审查义务过于苛刻，也是无法实现的，其在审核时只要尽到合理的注意义务即可，即根据日常经验可以辨别即可。本案中，好又宜贸易推销网店注册时，登记的经营者为封兵，并根据淘宝公司的要求向淘宝公司提供了封兵的身份证信息，该身份证信息客观真实，并且，好又宜贸易推销网店关联的支付宝账户对应的银行卡户名也是封兵，而开立银行账户必须开户人持

① "善良管理义务"系来源于信托法的一个概念，英美法系一般称为"谨慎商人标准"，大陆法系则统一适用"善良管理人注意义务"之称谓。

② 参见刘正峰：《美国商业信托法研究》，中国政法大学出版社2009年版，第239页。

本人身份证至银行营业窗口办理。因此，淘宝公司本着“善良管理人注意义务”的标准，显然已经履行了其对入驻网络商铺的审核义务。对此，《淘宝规则》第23条也有具体规定：“会员须符合以下条件，方可按照淘宝系统设置的流程创建店铺或变更店铺经营主体：（一）通过淘宝身份认证、提供本人（包括自然人、法人、非法人组织及其负责人等）真实有效的信息……（三）经淘宝排查认定，该账户实际控制人的其他阿里平台账户未被阿里平台处以特定严重违规行为处罚或发生过严重危及交易安全的情形……”

另外，《网络交易管理办法》第23条第1款规定：“第三方交易平台经营者对申请进入平台销售商品或者提供服务的法人、其他经济组织或者个体工商户的经营主体身份进行审查和登记，建立登记档案并定期核实更新，在其从事经营活动的主页面醒目位置公开营业执照登载的信息或者其营业执照的电子链接标识。”《电子商务法》第27条第1款也有类似规定。这实际上是规定了第三方平台对网店入驻的持续性审查标准。即要求第三方平台对经营者相关证照、联系方式、经营地址可能发生的变化进行登记与更新。对此，《淘宝规则》第31条也有相关规定，① 但是需要注意的是，此时第三方平台对网店变动的审核仍然应当是形式审查即可。

三、互联网第三方交易平台在网店入驻审核中的民事责任

民事责任是因当事人不履行民事义务所应承担的民法上的后果，② 民事责任一般分为违约责任和侵权责任。第三方交易平台在网店入驻审核中，应当承担什么样的民事责任，以及应否承担民事责任，需要进一步进行探讨。

---

① 《淘宝规则》第31条规定：“会员须按照淘宝认证要求，提供本人（包含企业）真实有效的信息……（二）为保障会员认证信息的持续真实有效，维护消费者权益，对已经通过淘宝认证的会员，淘宝将视情况通过定期或不定期复核的方式，验证认证信息的真实有效性……”

② 参见王利明：《民法总论》，中国人民大学出版社2015年版，第311页。

（一）互联网第三方交易平台在网店入驻审核中的违约责任

一般认为，《消费者权益保护法》第44条第1款[①]规定了第三方交易平台需要承担违约责任的情形，其承担责任的形式是附条件的不真正连带责任。[②] 在权益受到侵害后，消费者享有对销售者、服务者或者第三方平台提出赔偿的两个请求权，消费者可以择一行使。消费者选择一个请求权行使后，另一个即告消灭。但是，这种选择是附带条件的，即必须第三方网络交易平台不能提供商品销售者或者服务者的真实名称、地址和有效联系方式（法定）或者第三方平台对消费者作出了更有利的承诺（约定）。

之所以适用这种责任形态，是因为第三方平台和销售者、服务者不是基于同一个原因而致使消费者受到损害的。实际上，淘宝网作为第三方交易平台只是媒介后台的角色。其依靠计算机和网络技术提供虚拟平台，在整个网上交易过程中第三方平台提供者不会直接参与到实际的买卖活动中来，与网店经营者和消费者之间都没有直接的意思联络，此种服务的提供方式使得第三方交易平台提供者一直处于一种媒介后台的角色。在网店经营者和消费者注册平台账户时，第三方平台提供者都会与其签订服务协议，以明确双方的权利义务关系。从淘宝网的《淘宝规则》第23条和第31条的规定可以看出，第三方平台提供者的义务主要限于保障平台交易信息的有效传输以及保证系统得到及时安全的维护，只有在因网络技术层面的失误导致交易失败或争议纠纷时才承担违约责任，如果经营者在最初注册时提供了虚假的证件或信息，而淘宝网已经尽到了形式审查的义务，其并不会因此而承担违约责任。正如"善良管理人注意义务"的特征，其并不考虑行为产生的结果，而是以行为的过程作为评价对象。网络风险是始终存在的，这导致了结果具有不可预测性，在考察第三方平台是否尽到了

---

① 《消费者权益保护法》第44条第1款规定："消费者通过网络交易平台购买商品或者接受服务，其合法权益受到损害的，可以向销售者或者服务者要求赔偿。网络交易平台提供者不能提供销售者或者服务者的真实名称、地址和有效联系方式的，消费者也可以向网络交易平台提供者要求赔偿；网络交易平台提供者作出有利于消费者的承诺的，应当履行承诺。网络交易平台提供者赔偿后，有权向销售者或者服务者追偿。"

② 参见杨立新：《修订后的消保法规定的民事责任之解读》，载《法律适用》2013年第12期。

审核义务时，应当针对其审核的过程进行评价，若符合行业普遍应该达到的审慎的形式审查标准，即使后来出现了因不可控因素导致的损害，也应当认为第三方平台已经尽到了“善良的管理义务”。同样，平台也不会对具体交易磋商环节的问题承担违约责任。

《网络交易管理办法》第28条规定：“第三方交易平台经营者应当建立消费纠纷和消费维权自律制度。消费者在平台内购买商品或者接受服务，发生消费纠纷或者其合法权益受到损害时，消费者要求平台调解的，平台应当调解；消费者通过其他渠道维权的，平台应当向消费者提供经营者的真实的网站登记信息，积极协助消费者维护自身合法权益。”本条实际与《消费者权益保护法》第44条第1款一样，是规定互联网第三方交易平台的忠实告知义务，即在一定的时间内，为了维护消费者的合法权益，应当将网店经营者的有关信息及时告知消费者，以确保消费者能够在自身权益遭到损害后及时得到法律的救济，并尽可能节约其诉讼时间和精力。消费者能否得到网店经营者准确、有效的信息，进而找到侵害其合法权益的经营者，是整个维权过程中的关键因素。但是，对信息的“有效性”我们应当有明确的标准，如果第三方交易平台因为在网店入驻审核阶段没有尽到“善良管理人的注意义务”，遗漏了实名登记，从而无法提供入网经营者的信息，当然违反了忠实告知义务。但是如果第三方交易平台认真进行了实名登记，并进行了形式审查，由于入网经营者提供虚假的证件，或者在经营过程中擅自变更地址、联系方式等，并没有按照第三方平台的要求进行更新登记，从而造成了联系方式无法找到入网经营者，那么此时，我们仍然应当认为第三方平台履行了忠实告知义务，不应苛求其承担违约赔偿责任。本案中，淘宝公司已经向田明提供了好又宜推销网店经营者封兵的姓名、地址、身份证号码、有效联系方式等信息，田明依据上述信息已经找到了网店经营者封兵，因此，淘宝公司作为第三方平台已经履行了忠实告知义务。

（二）互联网第三方交易平台在网店入驻审核中的侵权责任

《消费者权益保护法》第44条第2款规定：“网络交易平台提供者明知或者应知销售者或者服务者利用其平台侵害消费者合法权益，未采取必要措施的，依法与该销售者或者服务者承担连带责任。”《电子商务法》第

38条第1款规定："电子商务平台经营者知道或者应当知道平台内经营者销售的商品或者提供的服务不符合保障人身、财产安全的要求，或者有其他侵害消费者合法权益行为，未采取必要措施的，依法与该平台内经营者承担连带责任。"这两条法律其实规定了第三方平台需要承担侵权责任的情形。

通过法律条文可知，要求第三方平台承担侵权连带责任的前提除了销售者或服务者利用第三方平台侵害了消费者的合法权益外，还需要第三方平台对该侵权行为没有尽到及时制止或者采取其他措施的义务。① 而且要求具备第三方平台对侵权行为明知或应知的主观要件。② 这是因为第三方平台在具体的交易中处于中立地位，并没有因直接参与而获得利益，对于其不知情而发生的侵权损害实际与其无关。只有存在主观上的"明知"或"应知"的过错，才具备让其承担侵权责任的归责基础。同样，要第三方平台承担侵权责任，还需要具备"未采取必要措施"的客观要件。本案中，第三方平台对网络店铺入驻审核的行为，已经尽到了审核义务，且对于侵权行为的发生并不知情，其本身并不构成帮助侵权。而且，淘宝公司本身已经建议田明依据《淘宝规则》申请退款且已经对案涉商品做了下架处理，属于法律规定中已经采取了必要措施的情形，因此，其要求淘宝公司承担连带赔偿责任于法无据。

四、结语：互联网第三方交易平台审核义务责任的限度

田明诉封兵、浙江淘宝网络有限公司网络买卖合同纠纷案是一起典型的对第三方平台上网络店铺入驻审核义务标准予以明确的案件。日前，随着田明再审的申请被黑龙江省高级人民法院裁定驳回，③ 该案的结果已经盖棺定论。虽然根据美国学者克拉克曼（Kraakman）提出的"守门员责任(gatekeeper liability)"，第三方平台在规避交易风险方面最具便利性。即当

---

① 参见何山主编：《中华人民共和国消费者权益保护法释义及实用指南》，中国民主与法制出版社2013年版，第146页。

② 对此，《侵权责任法》第36条第3款规定："网络服务提供者知道网络用户利用其网络服务侵害他人民事权益，未采取必要措施的，与该网络用户承担连带责任。"系采用了相同的立法规则。

③ 参见黑龙江省高级人民法院（2018）黑民申952号民事裁定书。

某一损害存在发生的可能时，各方当事人都有避免损害发生、防止损害结果出现的能力和条件时，哪一方当事人避免损害所付出的成本最小，就该由该方当事人承担避免损害发生、防止损害结果出现的义务。① 但是，要求第三方平台承担义务也要有一定的限度。当下社会中单纯强调加强平台责任的风潮需要我们进行反思，以新经济为名要求特殊的政策倾斜，显然是违背了法律上的平等对待原则的，互联网不应成为“法外之地”。②

第三方交易平台不具有公权力的属性，其既不能强有力地阻却违法行为，也不能作为执法者对每一个事件都作出准确公允的判断。它作为一种新型的网络交易媒介，仅仅是一个民事主体。第三方交易平台已经承担了许多超越其责任和能力的法定义务，如果将更加严格的商铺入驻审核义务强加于第三方平台，于消费者的个人权益、网络的经济发展甚至社会的公共福祉都会造成损害。有关监管部门亦应当在此过程中承担更多的责任，积极探索出新颖的、合理的符合大数据时代监管要求的与第三方平台的合作治理模式。

因此，在实践中我们应当坚持网络店铺的入驻审核采用形式审查为标准，遵循“善良管理人注意义务”的要求，具体规则交由第三方平台在有关法律的框架下自身发展探索有效的监察与治理模式。

（本文仅代表作者个人观点）

① 参见张新宝：《互联网上的侵权问题研究》，中国人民大学出版社2003年版，第46页。

② 参见赵鹏：《超越平台责任：网络食品交易规制模式之反思》，载《华东政法大学学报》2017年第1期。

《保险法》第 16 条如实告知义务规定之探讨*

夏庆锋**

案情概要

在“李守堂诉民生人寿保险股份有限公司新乡中心支公司人身保险合同纠纷案”中，投保人李守堂以其妻李秀琴为被保险人向民生保险公司投保人身保险，并在订立保险合同时告知被保险人做过脑部肿瘤切除手术且存活时间无法确定的事实。后被保险人在保险合同存续期间过世，李守堂向民生保险公司申请理赔，民生保险公司以投保人未履行如实告知义务并影响其作出承保决定为由，拒绝理赔，双方由此产生纠纷并诉至法院。①

裁判要旨

一审法院认为，当事人在保险活动中行使权利、履行义务应当遵循诚实信用原则，李守堂在投保时已经向保险合同经办人忠实履行告知义务，也无隐瞒合同重要事实的故意，因此，判决民生保险公司支付李守堂疾病

* 基金项目：本文系安徽法治与社会安全研究中心重点项目“网络交易中消费者权利保护研究”（fzsh2017zd5）阶段性成果。

** 国际关系学院法律系讲师、法学博士，主要从事合同法、保险法研究。

① 参见河南省新乡市中级人民法院（2014）新中民金终字第 366 号民事判决书。

身故保险金10万元。二审法院查明投保人在投保前已经向保险公司说明被保险人的身体状况，妥善履行相关义务，作出维持原判的判决。

评析

本案一审、二审法院皆作出判决支持投保人索赔保险金的主张，与我国现行保险法规定相符，当无疑义。但是，我国《保险法》第16条第1款仅规定如实告知义务的义务人为投保人，并未对保险合同中另一重要关系人——被保险人作出安排，且将如实告知义务的履行时间规定为“订立保险合同时”，此种表述较为模糊，易产生隐患。例如，在人身保险合同中，作为保险标的的被保险人的身体状况，不仅保险人，甚至投保人都难以知悉。若保险人无法获得被保险人的真实信息，则容易导致某些不符合投保条件或应制定较高保险费率的被保险人成为承保对象或未调整相关费率，进而造成保险费收入与保险金支出不相匹配。这不仅不利于保险行业的整体发展，而且由于保险费用与保险金赔偿不成比例及保险人所承担的不合理风险，保险理赔时必然产生保险金不足的问题，最终也不利于对每个被保险人的保护。保险合同所指向的标的具有广泛性和复杂性等特点，为了实现实质公平，我国法律应将被保险人纳入如实告知义务主体范围，这既有利于为保险人订立保险合同或调整保险费率提供充分准确的信息，也防止在保险事故发生时保险人以信息不足为由逃避保险责任，有利于投保方更好地行使求偿权。① 此外，基于现行《保险法》的规定，对如实告知义务履行期间、履行方式以及比例处罚原则的适用等问题进行探讨如下。

一、增加如实告知义务的义务主体

（一）域外法之规定

各国对如实告知义务主体的规定主要遵循以下三种原则：第一，同等承担原则，即承认被保险人为如实告知义务人，如英国、法国、美国多数

① 现实判例中有法院以“被保险人未履行告知义务为由，判决保险公司可以拒绝赔偿”，参见上海市第一中级人民法院（2010）沪一中民六（商）终字第160号民事判决书。

州等国家、地区的法律规定。第二，推定承担原则，《德国保险合同法》《意大利民法典》虽没有在法律条文中直接规定被保险人需承担如实告知义务，但通过法律解释或其他条文可推知被保险人承担该义务符合法律的默示规定。第三，区分承担原则，即区分不同保险合同类型对被保险人应否承担如实告知义务进行规定，具体可参见日本等国家的法律条文。

1. 直接规定被保险人为如实告知义务人

《英国1906年海上保险法》(Marine Insurance Act 1906) 第18条规定"被保险人的告知义务"，即被保险人作为如实告知义务人，需承担向保险人提供与订立合同有关事项的义务。① 有学者提出，该项法律安排主要针对投保人与被保险人重合，即同为一人时的规定，当不为一人时，则适用第19条"投保代理人的告知"的规定。② 笔者认为，立法者在制定一部法律时，其早已考虑到法条内容和选词的准确性，既然已经选用"被保险人"一词，当然包括被保险人与投保人重合及未重合的情形，即使在未重合的情形下，按照法律规定，被保险人也需履行如实告知义务。而且，英国立法机构非常注重保险合同各方的利益，选用"被保险人"一词也是为了平衡投保方与承保方的权利义务关系。如《英国1977年不公平合同条款法案》(Unfair Contract Terms Act 1977) 规定的一些使用标准和形式造成保险合同双方当事人间的不平等及保险人谈判能力的降低，英国立法机构与英国保险协会为此达成自愿行为准则以排除上述法案个别条款的适用。③

《法国保险合同法》第L113－2条第2款规定："投保人与被保险人应如实回答保险人提出的询问，尤其在签订保险合同时，必须如实回答保险人向其提交的损失报告询问表上规定的问题，以便保险人能够正确评估保险合同的承保风险。"④ 该法条将被保险人与投保人放在同等位置，即都需承担如实告知义务。美国对如实告知义务的规定最早产生于1823年

---

① See Howard N. Bennett, The Law of Marine Insurance, Claredon Press, Oxford, 1996, pp. 442～443.

② 参见汪华亮：《保险合同信息提供义务研究》，中国政法大学出版社2011年版，第216～217页。

③ See Hamilton J, The Duty of Disclosure in Insurance Law——The Effectiveness of Self-Regulation, Australian Business Law Review, 1995, p359.

④ 孙宏涛：《保险合同法精解》，法律出版社2014年版，第57～58页。

M'Lanahan v. Universal Insurance Co. 一案的判决中，法官杰斯弗·斯托里提出被保险人承担告知义务时只需秉从“适当的、合理的谨慎”（Due and Reasonable Diligence），而不要求最高的注意义务（Extreme Diligence）。[①] 美国多数州法律都要求被保险人需承担与投保人相同的告知义务，如《美国纽约州保险法》就明确规定被保险人应与投保人共同承担如实告知义务。[②]

2. 可推定被保险人为如实告知义务人

《德国保险合同法》第 19 条规定：“在订立保险合同之前，对于保险人以书面方式询问的对其决定订立保险合同有重要影响的事实，投保人应当向保险人如实告知。”该条文并未要求被保险人承担如实告知义务，但根据修订前《德国保险合同法》的相关规定，“若投保人的行为及知悉的事项具有重要意义的，当为他人利益投保时，被保险人的行为及知悉的事项也应为考量因素”。[③] 且该法第 161 条及第 179 条第 4 款均体现相同之精神，即《德国保险合同法》中有关投保人之用语，解释上应当包含投保人和被保险人。[④] 此外，2007 年修订后的《德国保险合同法》已经将投保人的知悉与被保险人的知悉等同起来，其中第 47 条第 1 款规定，在为第三人利益的保险合同中，除要考虑投保人的知悉和行为外，还需考虑被保险人的知悉和行为。立法者之所以将修订后的《德国保险合同法》第 19 条所规定的告知义务主体限定为投保人，应是出于对合同相对性原则的尊重，而根据其他条文的含义，对被保险人而言，其应承担如实告知之义务。《意大利民法典》第 1892 条、第 1893 条规定告知义务的主体为投保人，但该法第 1894 条又规定：“在以第三人名义或为第三人利益的保险中，第三人知道申明不正确或未告知风险的，适用有利于保险人的第 1892 条和第

---

① 参见［美］托马斯·史科恩鲍姆：《海上保险法之最大诚信原则——美国法与英国法之比较研究》，李章军，陈辉煌译，载《国际经济法论丛》（第 3 卷），法律出版社 2000 年版，第 327～328 页。

② 参见许崇苗：《保险法原理及疑难案例解析》，法律出版社 2011 年版，第 100 页。

③ 参见孙宏涛：《德国保险合同法》，中国法制出版社 2012 年版，第 66 页。

④ 参见江朝国：《保险法论文集（一）》，台湾地区瑞兴图书公司 1993 年版，第 153 页。

1893 条的规定。"① 即在投保人与被保险人不为一人的情况下，被保险人同样负有告知义务。

3. 区分规定被保险人应否为如实告知义务人

《日本商法典》区分人寿保险与财产保险，对于人寿保险而言，被保险人与投保人都负有如实告知义务，而对于财产保险而言，则只明确了投保人负有如实告知义务，未将被保险人纳入其中。②

（二）我国法的规定及修改意见

我国台湾地区"保险法"第 64 条、《澳门商法典》第 973 条均规定投保人为如实告知义务人，这与现行《保险法》第 16 条的规定基本相同。但应予注意的是，我国《海商法》第 222 条规定："合同订立前，被保险人应当将其知道或者在通常业务中应当知道的有关影响保险人据以确定保险费率或者确定是否同意承担的重要情况，如实告知保险人。"该法条与《保险法》的规定不同，将被保险人纳入至如实告知义务人范畴。有观点认为，两部法律对被保险人应否承担如实告知义务规定不同的原因在于，海上保险中被保险人最为了解影响保险标的危险细节，使被保险人负有如实告知义务，便于保险人精确、有效地掌握危险状态，而在其他保险中，投保人也可以掌握保险标的的各项情况。笔者认为，现代社会分工愈加细致，不同领域的差异很大，当投保人与被保险人不为同一人时，仅规定投保人承担告知义务很难保证保险人掌握保险标的的各项信息并作出符合实际的决定，而不应仅仅限于海上保险合同中。而且，被保险人作为理性当事人一方，其所处的地位应对其知道的事实履行披露义务。因此，将如实告知义务规定为被保险人的法定义务应普遍适用于所有类型的保险合同，最高人民法院在《关于适用〈中华人民共和国保险法〉若干问题的解释》

① 参见陈国柱：《意大利民法典》，中国人民大学出版社 2010 年版，第 326 ~ 327 页。

② 《日本商法典》第 644 条规定，损失保险的投保人负如实告知义务，而第 678 条规定人寿保险的投保人和被保险人均负如实告知义务。参见《日本商法典》，王书江、殷建平译，中国法制出版社 2000 年版，第 176 ~ 182 页。

的两份征求意见稿中也都涉及对被保险人如实告知义务的规定。[①]

使被保险人负有与投保人同等的如实告知义务，并不会造成保险人就相同保险事项获得不同信息而产生混淆的问题，相反，充分的信息更有利于保险人作出是否承保的决策。在某些情况下，例如投保人为未成年子女或者年迈力衰的父母投保人身保险时，往往比被保险人更清楚后者的病史和健康状况。[②] 但需要注意的是，未成年子女和年迈的父母往往为无民事行为能力人或限制民事行为能力人，其不仅对自身的身体状况不了解，对有关于自身利益的其他事项也不知悉，需适用民法上的监护和代理制度予以解决，而对于本文所探讨的问题并不具有借鉴价值。保险人分别从投保人和被保险人处获得有关保险标的的不同信息，并根据其鉴别能力作出合理决定，更多的有关保险标的的有效信息当然更有利于保险活动的开展以及维护各方当事人的利益。只要投保人与被保险人不存在故意歪曲事实或重大过失，即使保险人作出错误决定，也属于正常商业风险的范畴。

需要注意的是，被保险人为保险合同外的第三人，尤其当投保人未与被保险人角色重合时，要求被保险人承担如实告知义务确实与合同相对性原则相违背。[③] 合同相对性原则（Privity of Contract）起源于罗马法，当今大陆法系与英美法系国家都承认并遵守合同相对性，是合同订立、履行及

---

① 最高人民法院于2012年颁布的《关于适用〈中华人民共和国保险法〉若干问题的解释（二）》（征求意见稿）中第5条规定，投保人和被保险人不为同一人时，投保人的如实告知义务及于被保险人，对同一事实，其中一人已经如实告知的，视为投保人已经履行告知义务。在2014年公布的《关于适用〈中华人民共和国保险法〉若干问题的解释（三）》（征求意见稿）中，最高人民法院就被保险人的如实告知义务又再次说明，该《解释》第5条规定，投保人和被保险人为不同主体，保险人就被保险人的有关情况向被保险人提出询问的，被保险人应当如实告知。投保人或被保险人一方对保险人询问内容如实告知的，视为投保人已经履行如实告知义务。但于2015年12月1日起施行的《关于适用〈中华人民共和国保险法〉若干问题的解释（三）》中又将该条删除。在2018年9月1日施行的《关于适用〈中华人民共和国保险法〉若干问题的解释（四）》中未有对被保险人如实告知义务的提及。

② 汪华亮：《论作为行为规范的告知义务》，载《法学杂志》2011年第12期。

③ 参见仲伟珩：《投保人如实告知义务研究——以中德法律比较为出发点》，载《比较法研究》2010年第6期。

权利义务关系产生的基础，但是，由于第三人受益等理论的提出，一些例外情况也逐渐出现。[①] 被保险人对保险标的拥有最为完整丰富的信息资源，应负有如实告知义务，这既与其为合同最终利益享有人的地位相契合，即遵守权利义务相一致原则，也与如实告知义务之主旨相符。而且，保险合同作为诚信合同的典范，使被保险人履行如实告知义务更能体现诚实信用原则的精神，有利于良好保险市场环境的建设。[②] 因此，从对保险合同当事人利益的平等保护以及促进保险市场健康发展的角度考虑，未来在修订《保险法》时，应增加被保险人为如实告知义务主体的规定。

二、完善如实告知义务的履行内容

《英国1906年海上保险法》规定，被保险人应告知其知道或应该知道的事实，以适当地承担如实告知义务。新加坡、澳大利亚、新西兰法律都采此观点。[③] 法律在规范义务主体的如实告知义务时，除了对应告知事实进行认定，还应明确履行期间、履行方式等事项。

（一）如实告知义务履行期间的界定

虽然我国《保险法》与《海商法》对义务人履行期间的界定存在措辞上的差异，如《保险法》规定应在订立合同时，《海商法》规定在“合同订立前”，但都限定在订立时。所谓订立合同时，应为一个时间段，与合同成立时为一个时间点存在概念和适用上的不同。[④]《保险法》第13条规定：“投保人提出保险要求，经保险人同意承保，保险合同成立。保险人

① See Boodman, Martin, Third-party Beneficiaries in Quebec Civil Law, The Canadian Business Law Journal, 2001 (7), pp. 216 ~ 225.

② See Banque Financiere de la cite S. A. v. Skandia (UK) Insurance Co Ltd [1988] 2 Lloyd' s Rep 513; R. Davis, "The Origin of Duty of Disclosure under Insurance Law", 1991, 4 I. L. J. 71.

③ See The Marine Insurance Act 1906 (UK), s. 18 (1); Marine Insurance Act, Cap 387, Singapore Statutes, Rev Ed, 1994, s. 18 (1); Marine Insurance Act 1909 (Australia), s. 24 (1); Marine Insurance Act 1908 (NZ), s. 18 (1).

④ See Monti, Alberto, The Law of Insurance Contracts in the People's Republic of China. A Comparative Analysis of Policyholders' Rights. Global Jurist Topics, Berkeley, 2001, III.

应当及时向投保人签发保险单或者其他保险凭证。”保险合同成立的前提是投保人发出要约与保险人作出承诺，且承诺通知需已到达投保人。合同成立之前的阶段都为合同订立阶段，只要保险人未作出承诺，按照现行《保险法》规定，义务人仍需履行如实告知义务。

《英国1906年海上保险法》第18条第1款规定，只要保险合同还未确定，如实告知义务仍需继续履行。根据该条款的规定，告知义务人承担如实告知义务的期间须持续至保险合同成立时。修订前的《德国保险合同法》第16条第1款也规定了与英国海上保险法相类似的“嗣后登记义务”，即投保人及被保险人在发出要约后至收到承诺通知前，对保险合同成立或对投保费率的确定有重大影响的新情况要及时告知。① 有学者提出，就保险法理而言，如实告知义务的履行在于对诚信原则和对价平衡原则的遵守，只要保险人同意承保之意思表示尚未确定，义务人就仍需对相关事项承担告知义务，该事项可为投保前产生，也可为投保后、合同成立前出现的新事实。②

笔者认为，将投保人及被保险人承担如实告知义务的期间延长至合同成立时，明显加重投保方的责任，我国《保险法》未来应对第16条第1款规定的义务履行时间为订立合同时进行修订，明确如实告知义务的履行应止于投保人提交投保单时。投保人提交投保单后，其与被保险人已就所知的与保险标的相关的所有事项告知保险人，即履行完毕如实告知义务，有关保险合同成立与否的其他事项（如对投保单及被保险人信息的审核）应由保险人完成。若使义务人在投保单提交之后仍进行如实告知，将使保险人的承保意见处于不断变换的状态，迟迟不得作出决定，不利于保险合同的成立。

有观点认为，延长投保方的如实告知义务时间有利于保险人获得与保险合同订立与否及确定保险费率相关的重要信息，从而防止逆选择现象的发生。在保险实践中，规定告知义务止于提交投保单之时已经足够，延长如实告知义务时间不仅无益于避免逆选择现象的发生，还会使合同双方的

---

① 参见仲伟珩：《投保人如实告知义务研究——以中德法律比较为出发点》，载《比较法研究》2010年第6期。

② 参见江朝国：《保险法论文集（一）》，台湾地区瑞兴图书公司1993年版，第157页。

磋商过程复杂化及导致保险人的内部决策不稳定，增加交易成本。如修订后的《德国保险合同法》即摒弃“嗣后登记义务”的规定，赞成在投保人发出要约后，义务人不负有继续履行如实告知的义务，但对于重要事项，且保险人提出询问的，义务人才需告知。

（二）如实告知义务履行方式的选择

就如实告知义务的履行方式而言，一般适用自动申告原则及询问回答原则。① 在立法实践中，如实告知义务的履行除遵循上述原则外，还出现过法律直接规定义务内容的方式，即法律规定原则。

1. 法律规定原则

该原则是指以法律明文规定的形式将义务人需告知的事项进行列举，要求其在保险合同订立过程中如实告知相关信息，若有违反则需承担法律责任。在实际操作中，保险活动所涉及的告知事实纷繁冗杂，保险种类也各不相同，难以实现也不可苛求法律条文将所有应承担的告知事项都列出，即便列出各项告知内容也会发生挂一漏万的现象。因此，除少数国家短期适用该原则外，各法系主流国家并未在立法实践上予以考虑。

2. 自动申告原则

自动申告原则要求义务人的告知范围不限于保险人提出的事项，对未询问的信息仍负有如实告知义务。该原则在保险行业发展之初较为盛行，囿于当时通讯、交通、检测技术等收集信息手段的落后状况，多数国家以该原则为基础对如实告知义务进行规定，如修订前《德国保险合同法》的制度安排。随着保险经济及各种技术的发展，保险人对保险信息和事实的掌握程度不断提高，使得很多大陆法系国家放弃对自动申告原则的适用。但在英美法系国家中，如 Permanent Trustee Australia Ltd v. FAI General Insurance Co Ltd（1998）一案，英国法院判决告知义务人有纠正错误信息及自动申告最新事实的义务。② 又如，《澳大利亚1984年保险合同法案》

① 参见马宁：《保险法如实告知义务的制度重构》，载《政治与法律》2014年第1期。

② See Anthony A. Tarr，Julie－Anne Tarr，The Insured's Non－Disclosure in the Formation of Insurance Contracts：A Comparative Perspective. The International and Comparative Law Quarterly，2001，p577.

（Australia Insurance Contracts Act 1984）第9条规定，将原来期望由谨慎保险人对告知义务人事实信息的询问转为由告知义务人根据其知识水平及关联性进行主动告知。①

3. 询问回答原则

询问回答原则是以问答的形式，由保险人向投保人或被保险人进行发问，进而收集对是否承保及保险费用安排的有用信息。该原则下，义务人仅需对保险人的询问如实回答，对其他事项不负有告知义务。询问回答原则的适用符合当前保险经济及技术发展的水平，也广为世界各国和地区所接受，如现行《德国保险合同法》第19条、《瑞士保险合同法》第4条、《韩国商法》第651条、我国《保险法》第16条第1款后半部分及我国台湾地区“保险法”第64条的规定。②

就自动申告原则而言，该原则的适用对告知义务主体要求过高，不合理地增加投保方的义务，在许多学者看来，该原则是“僵硬的、缺乏弹性的和过时的”。③ 而且，若要求投保人及被保险人将自己所知的全部信息告知保险人，势必产生道德危机，即义务人为了避免可能承担的不利法律责任，大量告知与订立保险合同不相关的信息，影响保险人作出正确决策，进而影响保险合同的成立及保障功能的发挥。订立合同时，对保险人作出决策产生影响的信息并非都需要投保人及被保险人主动告知，采用询问回答原则实际上是将问题的提出权利交由最具有资格、最能够把握何种信息对风险将产生怎样影响的保险人，不仅减少了许多不必要的告知环节，而且有利于提高交易效率。

笔者赞成《保险法》第16条对于询问回答原则的确认，即告知义务人只需按照其所持有的知识及信念回答保险人提出的问题，至于义务人的主观认识与客观事实的差异及覆盖的范围则交由保险人调查。但是，该法条在适用中仍会产生其他问题，如保险人为了获得尽量多的与订立合同相

---

① See Insurance Contracts Act 1984 (Australia), s. 9 (d), s. 9A.

② 参见孙宏涛：《董事责任保险合同中投保人告知义务之基本规范分析》，载《中南大学学报（社会科学版）》2010年第10期。

③ See Semin Park, The Duty of Disclosure in Insurance Contract Law, Dartmouth Publishing Company, 1996, p68.

关的重要信息，除了在投保单中列举各事项外，往往会增加“兜底性条款”，如规定“除上述事实外还有哪些事项需告知”等。这种“兜底性条款”的附加是对询问回答原则的实质性更改，未起到平衡各方权利义务关系的作用。因此，对于恶意增加的“兜底性条款”，投保方无如实告知义务，以避免产生“询问回答原则之表，而自动申告原则之实”的情形。此外，也有学者认为，使投保人遵守询问回答原则对保险人提出的事项进行如实告知，对于其不知的事项可直接向被保险人询问再行告知而无须增加被保险人为告知义务人。笔者认为，法条仅要求投保人履行如实告知义务，即便依据询问回答原则，其法定义务也仅为依自己所知而如实回答，如若不增加被保险人为告知义务人易引发道德风险，即保险人发现投保人告知信息与被保险人实际情形不符而提出异议时，投保人可以其就保险人询问皆如实回答且已向被保险人了解状况为由抗辩，从而使保险人承担不合理之风险。而且，如果将投保人就不知事项直接向被保险人询问纳入法律规定，在实践中易出现投保人对被保险人告知其事项的理解出现误差，进而给保险人以错误信息。因此，规定投保人与被保险人都应对保险人提出的问题进行如实回答，即使对相同事项存在不同的理解，保险人也可以根据自己的判断作出是否承保及安排保险费率的决定。

（三）如实告知义务重要事实的明确

所谓重要事实，即对保险合同的成立及保险费率的厘定产生决定性影响的保险标的信息及各项内容。《英国1906年海上保险法》规定，在合同订立前，被保险人应依本条之规定，将其所知之重要有关情节，尽量告知保险人。① 关于重要事实的判断标准，该法认为应包括两点，即是否影响保险人确定保险费及是否影响保险人承保。② 美国保险法对于事实重要性的界定有两种标准：一是风险是否增加，即一个事实要称为重要事实，必须引起承保风险的增加；二是有无造成损失，即义务人对事实的不实陈述有无对保险事故的发生或承保财产的损害扩大产生影响，如果两者之间并无因果关系，则保险合同并不因此无效，而不论不实陈述事实的本身是否

---

① See Sutton, The Test of Materiality of Facts at Common Law, Australian Business Law Review, 1995, p64.

② 参见张海棠主编：《保险合同纠纷》，法律出版社2009年版，第184~185页。

重要。美国法的规定赋予法官较大的自由裁量权，不同法官对风险的增加与损失的产生都有不同的认识，因此，对同类案件易产生不同判决。而《英国 1906 年海上保险法》则从保险人的承保实际出发，标准明确，即使不同认知水平的法官在审判中也会形成一致的判决结果。如 Pan Atlantic Insurance Co Ltd v. Pine Top Insurance Co Ltd 一案中，法官认为被保险人未告知的事实未对保险人是否承保或对保险费率的确定产生影响，不构成重要事实。①

修订前《德国保险合同法》第 16 条第 1 款的规定与英国法相似，即保险人以书面形式向义务人进行询问的事项，且对合同订立或约定内容的发生有决定性影响的，为重要事实，现行《德国保险合同法》依然保留此条款。《瑞士保险合同法》第 4 条规定，对保险人决定是否订立合同产生影响的危险事实即为重要事实。《韩国商法》第 651 条第 2 款规定："保险人书面质询的事项，应推定为重要的事项。"②

我国《保险法》第 16 条第 2 款规定"足以影响保险人决定是否同意承保或者提高保险费率"的事实为重要事实，这里需明确两个概念，即"影响"和"保险人"。对"影响"的理解应区分决定性影响和一般性影响，即存在程度上的差异，我国《保险法》第 16 条所说的"影响"指对合同成立与否产生决定作用的，应当是决定性影响；而这里的"保险人"，是指市场上具有一般保险知识水平、业务经验和能力的谨慎保险人，而非某一具体情形下的特定保险人。重要事实的告知未必能直接使合同成立，但对于谨慎保险人是否接受风险、如何溢价等各项举措仍具有重要影响。③上述第 2 款所使用的"足以"二字使该款规定具有弹性，即在个案中允许法官进行判断是否存在义务人违反义务的情形足够影响理性保险人的决策。目前的立法技术无法将"足以"的标准进行量化，基于法条的简洁性和抽象性，也不适宜展开表述，但在未来的保险法司法解释中可以考虑对

① See [1995] 1 A. C. 501, 517, 531.

② 参见吴日焕译：《韩国商法》，中国政法大学出版社 1999 年版，第 178 页。

③ See Container Transport Inc v. Oceanus Mutual Underwriting Association (in Bermuda) Ltd [1984] 1 Lloyds Law Reports 476; Pan Atlantic Insurance Co Ltd v. Pine Top Insurance Co Ltd [1994] 3 WLR 677.

义务的违反是否足以影响保险人作出决定进行具体分析，梳理出足以影响保险人作出合理决定的情形。

三、厘清义务未为履行的法律后果

对重要事实的误述或未告知并不足以赋予保险人对合同的解除权，该行为只是保险人解除保险合同的前提条件，即英美法中的诱因原则（The Actual Inducement Test）。如在 Pan Atlantic Insurance Company Limited v. Pine Top Insurance Company 一案中，法官认为如实告知义务主体仅仅施行虚假陈述和不披露诱导的行为并不使保险人具有合同解除权，同时必须证明实际的保险人在此基础上达成合议以承保危险。① 诱因原则的建立可以消除和弥补重要事实原则的不足，在保险实务中防止未受到任何影响或损害的保险人以投保人或被保险人未告知为由而拒绝理赔。

（一）具体情形下的义务免除

我国《保险法》第16条第6款规定："保险人在合同订立时已经知道投保人未如实告知的情况的，保险人不得解除合同……" 即保险人订立合同时已知义务人未如实履行告知义务，只要保险人同意承保并使合同成立，则其不得再以义务人存在履行瑕疵为由解除合同，此时不要求保险人知悉事实真相，而义务人是否再次如实告知对保险合同的效力及保险人责任的承担不产生影响。某种程度上说，此时义务人的如实告知义务已被免除。各国法律对如实告知义务的免除均有较为明确的规定。

1. 保险人未为询问的事项

我国《保险法》第16条第1款规定保险人以"提出询问"的方式要求义务人履行如实告知义务，对于保险人未提出的事项，义务人不负有告知义务。也就是说，只要是保险人未为询问的事项，即使为重要事项，义务人也可免除如实告知义务。

2. 保险人已知或应当知悉的事项

《日本商法典》第644条第1款规定："在订立保险合同时，投保人因

---

① See William J. Perry, Heidi Nash Smith, Drake v. Provident's Effect on Insurers' Duty of Good Faith in English Law, are Insurer Bad Faith Cases Going to Hit England? Defense Counsel Journal, 2005, p300.

恶意或重大过失不实告知重要事实，或对重要事项不如实告知的，保险人可以解除合同。但是，保险人已知该事实或因过失不知时，不在此限。”①《韩国商法》第651条也作出类似规定，即由于保险人的原因而未能获得订立合同的重要信息时，义务人不存在履行如实告知义务上的过错，保险人不得以此终止合同的订立。对于保险人知道或凭借其信息优势应当知道合同事实的情形下，若仍赋予保险人合同解除权，则明显违反保险法律制度设立如实告知义务之目的，也与最大诚信之精神相背离。

3. 超越告知义务人知识水平的事项

在一些英美法系国家的法律规定中，只要求义务人对与其知识水平及教育背景相符合的事实进行告知，即特定情形下的合理人标准（A Reasonable Person in the Circumstances），而对于超出该标准的事实，并不要求义务人继续履行如实告知义务。如EE Delphin v. Lumley General Insurance Ltd一案中，西澳大利亚州地方法院即依上述标准作出判决。②

除上述各项外，当投保人及被保险人已履行完毕如实告知义务后，保险人对义务人的回答未进行核实，或对瑕疵履行在一定期限内未要求再次告知的，则在发生保险事故时不得以告知义务人不实告知或未告知为由不承担赔偿责任。具体可见《德国保险合同法》第19条第5款、《澳大利亚保险合同法》S. 21（3）等规定。根据我国《保险法》第16条第1款规定可推知若保险人未向义务人询问的，义务人不承担不利后果；根据该条第5款“投保人因重大过失未履行如实告知义务，……保险人……不承担赔偿或者给付保险金的责任”的规定，义务人应告知的事项若超过其知识水平，不属于这里的重大过失，也不应承担不利后果。上述两种情形下，根据现有法条的规定，义务人的如实告知义务当然免除，无需在第6款中赘述。但应注意的是，第6款仅提出保险人已知义务人未如实告知的情形，却忽视了保险人应知却由于自身原因未知的情形，如因保险公司工作人员的疏忽遗漏相关信息或未在合理期间内对信息进行核实等，这些情形下保险人都应当继续承担保险责任。因此，《保险法》第16条第6款应增加保

---

① 参见肖和保：《保险法告知制度：变革中的利益平衡》，载《民商法论丛》（第33卷），法律出版社2005年版，第385页。

② See（1989）5 ANZ Insurance Cases 60 - 941;（1990）6 ANZ Insurance Cases 60 - 986.

险人应知而未知义务人未如实告知的情形下也不得解除保险合同的规定。

（二）比例处罚原则的适用

违反如实告知义务将导致保险合同效力终止，保险人对保险事故的发生不承担赔偿责任。例如《法国保险合同法》规定，当如实告知义务的不履行或错误履行是由于投保人或被保险人的原因造成，无论是基于故意或过失，只要影响到保险人对承保风险的预估和评价，即使义务人隐瞒或歪曲的事实与保险事故的发生无因果关系，保险合同仍做无效处理。①《日本商法典》也有类似规定，即投保人因主观恶意或重大过失，而在保险合同缔结阶段未告知重要事实或不实告知重要事项的，保险合同无效。德国法认为，义务人不履行如实告知义务是保险人获得合同解除权的前提，如《德国保险合同法》第19条第2款规定："当投保主体违背上文规定的告知义务，保险人可据此获得解除合同的权利。"②

英美法系中，当义务人违反如实告知义务时，法律规定保险人除享有合同解除权（Rescission of the Contract）外，同时对告知义务人依照比例原则进行处罚（The Assessment of a Proportional Penalty Against the Assured）。③所谓比例处罚原则，是指义务人不告知或不实告知相关事项并影响到保险人对保险费率的确定时，保险人并不当然享有合同解除权，在发生保险事故时，也不会要求保险人按原保险合同的约定给付全部保险金。此时可按照义务人如实履行告知义务后保险人计算出的保险费率与当前费率的比例关系，得出保险人实际承担的保险金额。合同解除权当然为救济守约方的补救方法，但这种全有或全无（all or nothing）的方式较为粗放，而适用比例处罚则更为精确，既能够对告知义务人起到惩戒作用，也可以保障合同双方权利义务的行使，是较之传统的以解除保险合同作为补救措施更为合理的方法。义务人未进行如实告知，在不考虑过错程度、大小及原因的前提下赋予保险人合同解除权，这种简单的处理措施不仅不利于对权利责任

① Voir Código de los seguros el Contrato.

② Siehe Gesetz über den Versicherungsvertrag §19.

③ 参见［美］托马斯·史科恩鲍姆：《海上保险法之最大诚信原则——美国法与英国法之比较研究》，李章军、陈辉煌译，载《国际经济法论丛》（第3卷），法律出版社2000年版，第352~353页。

的细化，甚至违背当事人的意愿，如保险人希望保持合同有效的同时能够通过比例原则免除自己部分的保险金赔偿责任。

我国《保险法》第16条第2款规定："投保人故意或者因重大过失未履行前款规定的如实告知义务，足以影响保险人决定是否同意承保或者提高保险费率的，保险人有权解除合同。"可见，我国法律应对义务人不履行如实告知义务的措施仍为对保险人合同解除权的赋予，但前提须满足义务人出于故意或重大过失及需告知的事项与事故发生之间存在因果关系。但是，粗放地赋予解除权只是一刀切地使存在瑕疵的合同关系消灭，这不仅不利于保险合同保障功能的发挥，甚至由于合同的解除使双方当事人基于利益的得失而产生新的纠纷，未产生良好的法律效果。增加比例处罚原则能够很好地解决前述问题，例如，法院在裁判时依据比例处罚原则可以避免在允许保险人从投保人及被保险人未履行如实告知义务的行为中获益，与允许投保人及被保险人将自己获取风险保障的成本转嫁给保险市场中其他无辜投保人员之间进行两难选择，有助于公正裁判及保险市场的正常运转。而且，比例处罚原则也满足了投保人及被保险人获取保险保障的合理期待，其未履行如实告知义务的行为将使得其保险收益降低，而不至于消灭，体现了保险产品提供救济的准公共物品属性。国外如《法国保险法》《葡萄牙保险法》《意大利民法典》《欧盟保险法指令》及《澳门商法典》都采纳比例处罚原则，立法上的优势也已经体现。① 因此，我国《保险法》未来在对第16条进行修订时，宜放弃以解除保险合同为唯一救济方法，适当增加比例处罚原则的适用。

四、结　语

保险合同与其他类型合同不同，是"一大群黑发黑肤孩子中的混血儿，虽非金发碧眼，但头发总显偏黄，眼珠总显偏蓝，无论怎么看，自是有些与众不同"。② 一般商事合同的签订并不要求当事人承担对重要事实的

---

① See Iskandars Hamwi, Durwood Ruegger, The Good, the Bad, and Proportionality, Society of Chartered Property and Casualty Underwriters CPCU Journal, 1998, pp. 188 ~ 191.

② 尹田：《中国保险市场的法律调控》，社会科学文献出版社2000年版，第1页。

告知义务，但“适用于各类保险的一个基本原则是，在订立保险合同时，投保人要向承保人披露一切会影响风险的重要资料”。① 英国曼斯菲尔德勋爵（Lord Mansfield）1766年提出最大诚信原则（Principle of Utmost Good Faith）时，对如实告知义务也作出说明。虽然我国《民法总则》《保险法》中都有对合同一方不实履行告知义务的撤销、解除规定，但保险合同作为特殊的合同，其分散风险、补偿损失的作用，以及人身保险合同所特有的储蓄功能和投资功能是其他合同所不可替代的，应尽量减少保险合同无效的情形。② 因此，我国《保险法》再次修订时，应将被保险人纳入如实告知义务人范围，对如实告知义务的履行内容进行完善，同时厘清义务未为履行的法律后果，完善相关规定，以促使保险合同有效成立及发挥各项功能。判

（本文仅代表作者个人观点）

---

① See Malcolm A. Clarke, Thc Law of Insurance Contracts, 3th ed. LLP Limited, 1997, p585.

② 《民法总则》第146条规定：“行为人与相对人以虚假的意思表示实施的民事法律行为无效。以虚假的意思表示隐藏的民事法律行为的效力，依照有关法律规定处理。”第148条规定：“一方以欺诈手段，使对方在违背真实意思的情况下实施的民事法律行为，受欺诈方有权请求人民法院或者仲裁机构予以撤销。”虽然《民法总则》就合同一方的欺诈等不实告知行为赋予了另一方的解除、撤销权利，但其本意在于督促权利人尽快行使权利。具体到保险合同中，如果对保险人行使上述权利的期间没有规定，这将使保险合同的效力处于不稳定状态，而且保险人往往倾向于选择对自己最有利的时机来行使合同解除权，从而损害被保险人的利益。例如，当保险事故发生时主张合同解除权，而当保险事故未发生时，则主张合同继续有效进而获取保险费的收入，这显然有悖于最大诚信原则。

建筑施工企业项目经理履职行为的理论概述与司法定位

——以职务代理与表见代理的认定为视角

王荣江[*] 苏凌蓉[**] 何雨梦[***]

案情概要

【案例一】①

2012年1月13日，句容市华阳镇人民政府（以下简称华阳镇政府）与江苏民宇建设有限公司（以下简称民宇公司）签订了一份《建设工程施工合同》，该合同约定了工程名称、工程内容、合同价款等事宜，以及项目经理为陈明，项目经理代表为杨国爱，并明确项目经理和专业质量员不得变更，否则视为违约。且对开工后项目经理在本工程现场时长进行了明确约定，若项目经理不在，由项目经理代表负责现场一切事宜。此前，民宇公司于2011年10月16日与杨国爱签订了《工程施工内部承包合同书》，该合同约定由杨国爱按合同和结算

* 浙江振邦律师事务所副主任。

** 浙江振邦律师事务所律师。

*** 浙江振邦律师事务所实习律师。

① 参见江苏省高级人民法院（2015）苏商再提字第31号。

造价进行单位工程全额承包施工，实行依法经营，独立核算，自负盈亏，自担风险，即民宇公司与建设单位签订的工程承包合同全部由杨国爱履行。2011年12月1日，杨国爱因案涉工程的需要，与李平签订一份《购建筑材料协议》，该协议载明甲方为民宇公司，由杨国爱在甲方栏签名并加盖民宇公司资料专用章。签订协议后，李平依约履行，杨国爱先后支付部分货款25万元。2012年12月30日，李平与杨国爱就水泥供货情况进行对账，并签署了《供货对账单》，载明收货方为江苏民宇建设有限公司周家岗二标项目部，合同金额处加盖了民宇公司资料专用章，复核人为杨国爱。双方对账无误后，杨国爱收回了全部的送货回单。2013年1月10日，案涉工程通过竣工验收，但民宇公司、杨国爱均未能支付货款，扣除杨国爱支付的25万元货款，尚欠货款200余万元。现李平提起诉讼。

【案例二】①

2011年9月5日，吕四钢管出租站作为出租方（甲方）与建工集团启东恒大威尼斯（Ⅱ标段）项目作为承租方（乙方）签订了一份租赁合同，合同约定乙方租用甲方的钢管、扣件，合同对费用、支付方式、运费以及违约事项等均作出约定。合同甲方落款处由郁晓雯代表签字并加盖吕四钢管出租站公章，乙方落款处由东强签字并加盖“江苏省建工集团有限公司启东恒大威尼斯水城项目部”印章。郁美群系吕四钢管出租站的经营者，叶祥兴系苏州钢管出租站、苏州高新区新益钢模板出租站的经营者，两人合伙向恒大威尼斯水城项目部供应租赁物钢管、扣件。故合同签订后，郁美群、叶祥兴按约供应租赁物，并在租赁结束后全部收回租赁物。2014年10月21日，经对账、协商，叶祥兴与东强一致同意钢管租赁费欠款余额按176万元计算，双方形成结算凭证，由叶祥兴与东强在该结算凭证上签字确认。现郁美群、叶祥兴提起诉讼。另查实，2011年，建工集团向启东宝丰置业有限公司出具一份授权委托书，载明“现授权委托江苏省建工集团有限公司的东强为我公司合法代理人，以本公司的名义参加启东上海恒大威尼斯水城饮食中心、羽毛球中心的项目的投标活动……本授权书于2011年9月7日签字生效，有效期至2012年12月31日为止。”同年10月21日，东强与江苏省建工集团有限公司天津公司签订了一份内部承包经营

---

① 参见江苏省南通市中级人民法院（2017）苏06民终3837号。

协议，该协议约定东强在承包期间内负责经营核算、自负盈亏。2011 年 10 月 9 日，建工集团向东强出具数额为 200 万元的收据，明确款项内容为“恒大启东公司饮食中心羽毛球中心项目保证金”。东强为启东恒大海上威尼斯水城饮食中心项目的承包经营人，该项目于 2015 年完工，但双方尚未结算。

裁判要旨

对于案例一，一审、二审法院均认为，杨国爱为案涉工程建设所需以民宇公司名义与李平签订协议购买建筑材料符合职务代理的法律特征，杨国爱的行为应当认定为职务行为。故一审、二审判决民宇公司支付李平货款。而再审法院认为，杨国爱主张双方存在劳动关系依据不足，其行为不构成职务行为。杨国爱以民宇公司名义对外签订合同行为未经授权为无权代理，李平在签订合同时没有理由相信杨国爱有代理权，故不符合表见代理构成要件。最终改判杨国爱承担付款责任。

对于案例二，一审法院认为，东强的行为不构成有权代理，也不构成对建工集团的表见代理，两者之前属于挂靠关系。郁美群、叶祥兴作为合同相对人未尽到审查义务，作为相对人主观上不能认定为善意且无过失，不能认定为表见代理成立。故判决东强应承担案涉租赁费的给付责任。二审法院认为，东强与郁美群、叶祥兴订立租赁合同的行为构成对建工集团的表见代理，其行为后果应当由建工集团来承担，且建工集团在合同履行过程中进行了追认，郁美群、叶祥兴并未明显过失。最终改判建工集团承担案涉租赁费的给付责任。

评析

上述两则案例均涉及目前建设工程领域常见的纠纷诉因——职务代理或者表见代理行为的认定问题，亦都与“项目经理”这一关键身份有关。然而相似的案例，不同法院的裁判观点存在差异，殊值进一步研讨。简言之，上述案例所涉及的争议焦点为建设施工企业项目经理（以下简称项目经理）的行为是否构成职务代理或者表见代理。据此所衍射的子问题有：内部施工合同所约定的职责范围能否对抗“法定”项目经理的正常职权范围、合同相对人明知挂靠关系存在是否影响项目经理构成表见代理、建筑施工企业在合同履行过程中进行追认是否影响项目经理构成表见代理、案涉合同相对人的善意且无过失标准的裁定等，如上焦点在建设工程领域涉及表见代理纠纷中多有所见，对此进行学理分析成为理论回应实践倒逼的应有态度。

一、项目经理的概念表达与多重类型

我们在研判项目经理是否构成职务行为或者表见代理时，必须面对的是对于项目经理这一概念的厘清，这也是讨论的前提所在。

在建设工程领域中，项目经理是建筑施工企业对其承办的建设工程项目管理负责人的任命，是该项目的总组织者、总协调者和总指挥者，其在项目管理上的主要任务是施工成本控制、施工进度控制、施工质量控制、施工安全管理、过程合同管理、工程信息管理、过程组织与协调等。① 建设部1995年1月7日发布的《建筑施工企业项目经理资质管理办法》第2条对项目经理概念有所表述："建筑施工企业项目经理（以下简称项目经理）是指受企业法定代表人委托对工程项目施工过程全面负责的项目管理者，是建筑施工企业法定代表人在工程项目上的代表人。"由此不难看出，项目经理与建筑施工企业之间存在劳动关系，是该企业下属员工。在建筑施工企业承揽建筑施工项目后，受企业法定代表人委托、任命管理工程项目施工过程，在授权范围内对外实施民商事法律行为，在工程项目施工中处于中心地位。

除上述定义，实践中我国建设工程领域中所称的"项目经理"还有如下类型：

其一，内部承包型的项目经理，即与建筑施工企业签订内部承包协议，约定工程项目盈亏分成，此种类型的项目经理与上述法律意义上的项目经理有相似之处，其与建筑施工企业之间存在劳动关系，是该企业下属员工，但此种类型的项目经理在施工过程中具有较大的自主权，建筑施工企业对其内部承包经营施工过程中发生的相关行为基本不干涉。

其二，实际施工人性质的项目经理，其是与建筑施工企业存在挂靠关系、签订内部协议的实际施工人，也包括非法分包、非法转包的个体包工

① 中国建设教育协会组织编著：《资料员专业管理实务》，中国建筑工业出版社2007年版，第268～270页。

头性质的实际施工人。因为随着我国房地产业的快速发展，建筑业市场需求也随之扩大，同时伴随着高额的利润回报，这也吸引着大量企业进入建筑行业。但《建筑法》对建筑施工企业的从业资格作了严格的限定，明确规定从事建筑活动的建筑施工企业取得相应等级的资质证书后，方可在其资质等级许可的范围内从事建筑活动。① 为规避法律并获得建筑行业高额利润，大量没有相应等级资质的企业或者个人采取挂靠、借用资质的方式承包建设工程，其多以被挂靠、被借用资质的建筑施工企业的项目经理身份管理项目工程，对外实施民商事法律行为。

故，面对以建筑施工企业名义对外实施民商事法律行为引起的诉讼纠纷，我们应当先确定案涉项目经理的类型，在此基础上进行理论分析。对比三种类型的项目经理，不难看出，在身份关系上，法律意义上的项目经理和内部承包型的项目经理与建筑施工企业之间存在劳动关系，属于隶属关系；而实际施工人性质的项目经理与建筑施工企业之间仅存在挂靠、转包分包关系，而非在该企业内担任职务。项目经理对外实施民事行为基于建筑施工企业对其的“授权”，但“授权”的方式以及“授权”范围内三种类型的项目经理在施工过程中行使权利的自主性和自由度有所不同，自主权的差异导致后续产生纠纷时责任分析的差异。

二、项目经理构成职务代理的理论要素

2017 年 10 月 1 日起施行的《民法总则》在总结理论研究成果和实务经验的基础上，借鉴域外立法经验，对职务代理及其法律后果作了规定，第 170 条规定：“执行法人或者非法人组织工作任务的人员，就其职权范围内的事项，以法人或者非法人组织的名义实施民事法律行为，对法人或者非法人组织发生效力。法人或者非法人组织对执行其工作任务的人员职权范围的限制，不得对抗善意相对人。”即职务代理，是指代理人根据其在法人或者非法人组织中所担任的职务，根据其职权范围对外实施民事法律行为，法律后果由法人或者非法人组织承担的代理行为。职务代理本质上属于代理的其中一种，是作为补充被代理人意思自治的重要方式之一，

① 最高人民法院民事审判第一庭编著：《最高人民法院建设工程施工合同司法解释理解与适用》，人民法院出版社 2004 年版，第 30 页。

其代理实施的是民事法律行为，而不是侵权行为，实施代理行为导致他人损害的法律后果由被代理人即该法人或者非法人组织承担。《民法总则》第170条以《民法通则》第43条为基础，在总结各方意见的基础上，有针对性地将职务代理以单独条文形式进行规定，体现了职务代理本身的性质及重要性。

法人指示或者委托工作人员对外进行法律行为，可能并不像一般意定代理那样进行外部授权，其内部授权更多地体现为公司章程中对各类工作人员职权范围的列举和限定，或者是通过内部的决议行为对各类工作人员的职权范围进行决定，这使得法人工作人员对外进行法律行为和一般委托代理之间存在一些差异，① 再结合法条的文义，笔者认为，判断项目经理对外实施民事法律行为是否构成职务代理，理应包含对以下几点要素的判断：

1. 项目经理是否是该建筑施工企业的工作人员

诚如前文所述，狭义上的项目经理是受该建筑施工企业法定代表人委托对该工程项目全过程进行负责管理的人员，即项目经理与建筑施工企业之间存在劳动关系，其自然是建筑施工企业的工作人员，而只有系属于企业的工作人员，其行为方有被认定为职务代理的可能。案例一中，再审法院即通过杨国爱与民宇公司并未签订书面劳动合同、民宇公司亦未为杨国爱办理社会保险，杨国爱主张双方存在劳动关系依据不足等事实认定杨国爱非民宇公司的工作人员，其行为不构成职务行为。然而，目前我国建筑市场在繁荣发展的同时也呈现大量不合法律法规的现实状况，最为典型的即是承包人为追求不正当利益，将承包的建设工程非法转包、违法分包。无资质的施工企业为承揽工程，常常通过各种形式使用法定资质建筑施工企业名义与他人签订建设工程施工合同。② 这几种情形之下，所谓的项目经理实际上就是这些借用资质、挂靠、非法转包、违法分包的实际施工人，而并非该建筑施工企业工作人员。所以，在这些情况下，即便有该建筑施工企业的授权，但项目经理所实施的民事法律行为，司法实践中也只

① 陈甦：《民法总则评注》（下册），法律出版社2017版，第1206页。

② 最高人民法院民事审判第一庭编著：《最高人民法院建设工程施工合同司法解释理解与适用》，人民法院出版社2004版，第46页。

是认定为授权代理行为而非职务代理。

2. 项目经理实施民事法律行为是否根据其授权职权范围

判断项目经理实施民事法律行为是否在其被授权的职权范围内，亦是司法实践对项目经理的行为进行认定所遇到的困难，特别是该问题还衍生出内部施工合同所约定的职责范围能否对抗“法定”项目经理的正常职权范围等问题。

建筑施工企业对其任命的项目经理在管理负责整个工程项目中有明确的授权或者规定，一般而言，项目经理的职权范围可见诸企业的授权委托书、登记备案的建设工程施工合同、施工图纸、企业与项目经理签订的劳动合同以及工地上公告牌上所注明的职权范围等，在上述职权范围内项目经理所实施的民事法律行为都可以认定为建筑施工企业对项目经理的授权，项目经理本身所处职位、所行使的职权就是建筑施工企业授权委托的证明。

然而，从善意相对人的角度看，依据《民法总则》第170条第2款“法人或者非法人组织对执行其工作任务的人员职权范围的限制，不得对抗善意相对人”的规定，即建筑施工企业对项目经理的职权范围的限制不得对抗善意相对人。易言之，在善意相对人无法明确了解职权范围的情况下，依据法律法规、相关规定或者行业惯例，超越职权范围的限制但在项目经理正常权限范围内，与项目经理订立合同也并无明显过失，应当保护善意相对人的合法权益。前文案例二中二审法院也沿循了根据“案涉合同系钢管租赁合同，建材租赁属于项目部正常权限范围”推知郁美群、叶祥兴依据东强持有的项目部印章与之订立合同并无明显过失的裁判逻辑。

3. 项目经理是否以建筑施工企业的名义实施民事法律行为

项目经理必须以建筑施工企业名义来实施民事法律行为，这是构成职务代理的一般构成要件。项目经理以建筑施工企业名义参与招投标、签订合同、采购设备、签证、参与工程竣工验收、按约结算工程价款等行为属于职务代理，其法律后果则由建筑施工企业来承担。前文两则案例中项目经理对外均是以建筑施工企业名义与相对人签订合同并加盖建筑施工企业印章，且在实践中项目经理也多数以建筑施工企业名义而非以自己名义对外实施民事法律行为。但假如项目经理并非以建筑施工企业名义，而是以自己的名义或者其他名义，则会构成无权处分或者侵权行为，应该适用相应的法律规则来处理，合同相对人只能依据合同相对性向项目经理主张权利，维护其合法权益的难度增加。

综上，应当从以上几点理论要素——项目经理是否为该建筑施工企业的工作人员，是否以企业名义根据其授权职权范围实施民事法律行为来探寻项目经理构成职务代理的司法认定路径。

三、项目经理表见代理认定的司法视角

如前所述，项目经理在建筑施工企业授权规定的职权范围内以该建筑施工企业名义对外实施民商事法律行为，可构成职务代理，其法律后果由建筑施工企业承担自不待言。但是项目经理超越建筑施工企业授权规定的职权范围以该建筑施工企业名义对外实施民商事法律行为，应当属于无权代理的情形，则涉及需要判断该行为是否符合《民法总则》第170条规定构成职务代理，抑或符合《民法总则》第172条规定构成表见代理。对于相对人而言，此情形下应当构成请求权竞合，可以允许其选择适用相应的法律条文以维护自身权益。因此，笔者认为，应当建立在对职务代理与表见代理的深刻理解基础上进行认定。

所谓表见代理，是指代理人之代理行为，虽无代理权，但有可使第三人信其有代理权之事由，因而使本人对于相对人负授权人责任之无权代理。① 表见代理本属于无权代理，但因本人与无权代理人之间的关系，具有授予代理权的外观致相对人相信无权代理人有权而与其为法律行为，法律使发生与有权代理同样的法律效果。② 在我国现有立法例中，《民法通则》对表见代理并没有规定，而《合同法》第49条对此有所规定："行为人没有代理权、超越代理权或者代理权终止后以被代理人名义订立合同，相对人有理由相信行为人有代理权的，该代理行为有效。"《民法总则》第172条在此基础上对于表见代理作了规定："行为人没有代理权、超越代理权或者代理权终止后，仍然实施代理行为，相对人有理由相信行为人有代理权的，代理行为有效。"这使得表见代理制度能够适用于通过代理实施民事法律行为的领域，与《合同法》的适用范围"以被代理人名义订立合

---

① 史尚宽：《民法总论》，中国政法大学出版社2000年版，第490页。

② 梁慧星：《民法总论》，法律出版社2011年版，第237页。

同”仅适用于合同领域相应地有所扩大。沿循理论与立法的表述，判断是否构成表见代理主要考虑以下两个因素：（1）在代理行为外观上存在授权表象使相对人相信行为人具有代理权，相对人对代理形成合理信赖；（2）相对人是善意且无过失的。

结合前述对于职务代理的分析，对比两者的构成要件不难发现，职务代理和表见代理两者都产生有权代理法律效果，即法律后果都归属于建筑施工企业承担，在代理行为外观上都产生合同相对人有理由相信项目经理具有代理权的授权表象，以及合同相对人都是善意且不知情、无过失的。但两者具有如下差异：

1. 职务代理要求项目经理与建筑施工企业之间有劳动关系，即实际施工人性质的项目经理与建筑施工企业之间属于挂靠、借用资质关系，并不在建筑施工企业内部担任职务，存在劳动关系。即便建筑施工企业对其有授权规定，或建筑施工企业在与发包方签订的建设工程施工合同中约定了其为项目经理代表，这也属于一般代理，可以参照授权代理，并非职务代理。在司法实践中，对于该种挂靠、借用资质的实际施工人性质的项目经理代理建筑施工企业产生纠纷，因缺乏隶属关系、劳动关系，一般考虑是否构成表见代理。

2. 从举证责任来看，根据《民法总则》第 170 条第 2 款“法人或者非法人组织对执行其工作任务的人员职权范围的限制，不得对抗善意相对人”之规定，即合同相对人对建筑施工企业对项目经理的职权范围的限制不知情，其和项目经理实施民事法律行为后果按照第 1 款规定“对法人和非法人组织发生效力”，由建筑施工企业承担法律责任，也可以说，对外实施民商事法律行为的行为人身份属于法律意义上的项目经理，在满足其他构成要件的前提下，只要合同相对人对其职权限制不知情，对其行为判断当且应当归属于职务代理行为，这对合同相对人而言，并不必如同表见代理要求相对人举证证明其有理由相信该项目经理有代理权，举证难度下降；而依据第 172 条“行为人没有代理权、超越代理权或者代理权终止后，仍然实施代理行为，相对人有理由相信行为人有代理人的，代理行为有效”之规定，基于无权代理为保护善意第三人合法权益考虑而依据法律规定产生有权代理的法律后果，因此，相对人要主张项目经理构成表见代理不仅应当举证证明存在代理行为授权表象，也要证明其本身善意且无过失相信项目经理具有代理权，故相对人主张项目经理构成职务代理的举证责任、举证难度较主张表见代理要低。

但同时也应当注意到，《民法总则》第 170 条第 2 款对于越权职务代理的规定，也属于超越代理权的范畴，该项目经理所实施的民商事法律行为超越建筑施工企业授权的职权范围，也就是超出了被代理人的代理授权范围，属于《民法总则》第 171 条第 1 款规定的无权代理的情形，同样在符合《民法总则》第 172 条规定情形，满足表见代理的构成要件情形下，也可以构成表见代理。这对合同相对人而言构成请求权竞合，可以允许其选择适用不同法律条文来维护自身合法权益。

四、结论

法律意义上的项目经理，超越建筑施工企业授权规定的职权范围对外实施民事法律行为，并非都构成职务代理，也有可能构成表见代理；实际施工人性质的项目经理以建筑施工企业名义对外实施民事法律行为，并非都属于无权代理行为，在具有被挂靠、被借用资质的建筑施工企业明确授权下构成有权代理。回顾前文案例二中东强与建工集团之间虽属于挂靠关系，但其与郁美群、叶祥兴之间签订建筑设备租赁合同实属建工集团授权的、法律规定的正常权限范围内，且在合同签订过程中加盖建工集团项目部印章，是具有极高可信度的权利外观，真实有效。而郁美群、叶祥兴在合同签订过程中也尽到善意相对人合理注意义务，故东强作为实际施工人性质的项目经理对外实施民事法律行为的法律后果由建工集团承担。

在司法裁判中，对于建设工程施工企业项目经理的代理行为认定为职务代理还是表见代理，项目经理的身份职务仅是衡量其是否构成职务代理的要件之一，关键考虑其代理行为是否满足以下要素：项目经理的无权代理行为在客观上是否形成具有代理权的表象，相对人是否在主观上善意且无过失地相信行为人有代理权。判

（本文仅代表作者个人观点）

论《民法总则》第146条的立法妥当性与漏洞填补

——以最高人民法院（2017）最高法民终332号判决为分析路径

谢明谚*

虚假意思表示除了会使虚假意思表示当事人间的法律关系（下称前手法律关系）无效外，也会影响到不知前手法律关系因存在虚假意思表示而导致法律行为无效，也会影响到不知前手法律关系存在虚假意思表示的无效事由，而以前手法律关系的有效为基础，进行后续交易行为（下称后手法律关系）取得权利或利益的善意第三人。此际，该善意第三人的交易安全即具有保护必要。

我国法上对虚假意思表示案件中交易安全的保护依据，应区分为2017年《民法总则》第146条施行前与施行后两部分说明。于《民法总则》第146条施行前，我国并未就虚假意思表示的类型、效力以及相关交易安全保护问题作出规范，导致涉及虚假意思表示的案件中，除了同时构成物权善意取得或表见代理的案件可以

* 中国人民大学法学院博士研究生。

分别依照相关规定受到保护外，其他案件类型（下称特定的虚假意思表示交易安全案件）均处在法律保护的空白状态。于《民法总则》第146条施行后，虚假意思表示的类型与效力已被纳入法典。① 然而，虚假意思表示交易安全保护的相关规定仍付之阙如，导致特定的虚假意思表示交易安全案件因仍缺乏法律上的保护依据而依旧处于法律漏洞的状态。② 鉴于《民法总则》第146条的立法结果并未解决过去我国法中特定的虚假意思表示交易安全案件所面对的法律空白困境，以及在立法完成后学界就此次立法结果的妥当性仍有不少反对意见的存在，足见《民法总则》第146条的立

---

① 《民法总则》第146条规定："行为人与相对人以虚假的意思表示实施的民事法律行为无效（第1款）。以虚假的意思表示隐藏的民事法律行为的效力，依照有关法律规定处理（第2款）。"

② 本文称《民法总则》第146条施行前法规力有未逮的情形为"法律空白"，《民法总则》第146条施行后的情形为"法律漏洞"。理由在于，通说见解认为，法律漏洞的认定必须符合以下要件：(1) 具体个案事实性质上不属于法外空间但无法在现行法上找到相应规范；(2) 该不圆满的状态违反立法计划。在《民法总则》第146条施行前，虚假意思表示的类型、效力以及相关交易安全保护问题均无明文。然而，该不圆满的状态是否违反立法计划尚不得可知，故笔者以"法律空白"称之。《民法总则》第146条施行后，立法者未规定虚假意思表示的交易安全保护的结果，使得特定案件类型处于法律空白的不圆满状态。且从立法说明可推知，立法者未予规定的主要考虑是立法位置体系上的效力，而非否认或是遗漏相关善意第三人的交易安全保护。然而立法结果上，仍对特定的虚假意思表示交易安全案件形成保护漏洞。显见，该不圆满状态仍违反了立法计划，从而可认定现况下的法律空白属于严格意义的"法律漏洞"，有赖司法予以填补。退万步言，纵认为现况的法律空白是"立法者有意的沉默"而不构成"法律漏洞"，但鉴于法律空白的填补必要性与方式仍与法律漏洞相仿，因此，上述区别仍无碍本文对于《民法总则》第146条的立法妥当性所提出的质疑与反思，以及就现况下立法空白部分所提出的解决方式。参见黄茂荣：《法学方法与现代民法》，作者自版2006年版，第556页。李永军：《民法总则》，中国法制出版社2018年版，第126页。王利明：《法律解释学》，中国人民大学出版社2016年版，第331页。梁慧星：《民法解释学》，法律出版社2015年版，第265页。王利明：《法律解释学》，中国人民大学出版社2016年版，第331页。梁慧星：《民法解释学》，法律出版社2015年版，第265页。陈金钊等：《法律方法论研究》，山东人民出版社2010年版，第544页。沈志先主编：《法律方法论》，法律出版社2014年版，第247页。王利明：《法律解释学》，中国人民大学出版社2016年版，第331页。梁慧星：《民法解释学》，法律出版社2015年版，第265页。

法妥当性仍具有相当的反思空间。

因此，本文将以最高人民法院（2017）最高法民终332号判决作为引子，就下列两个问题进行探讨：第一，《民法总则》第146条未设置虚假意思表示交易安全保护规定的立法妥当性与将来可能的完善方式。第二，《民法总则》第146条施行后，司法实践在现况下处理特定的虚假意思表示交易安全案件时，应如何填补相关法律漏洞以达到妥适裁判的结果。

案情概要

本案涉及虚假意思表示交易安全保护问题的主要事实为：鑫鹏公司与华中铜业公司有多年业务往来，双方存在真实的货物买卖合同关系，且自2010年起至2014年，鑫鹏公司将其对华中铜业公司的部分应收账款以保理合同的方式转让给汇丰银行武汉分行（以下简称汇丰银行）。后汇丰银行向华中铜业公司请求支付2014年长单合同（编号为2014 - XPZL - 001）所涉的应收账款时，华中铜业公司抗辩2014年长单合同（编号为2014 - XPZL - 001）是虚假的，故该笔应收账款债权不存在。法院经审理后确认，2014年长单合同（编号为2014 - XPZL - 001）的债权确实系鑫鹏公司与华中铜业公司通谋虚假所为，因此无效。但对于华中铜业公司作为虚假意思表示当事人，能否以其虚假意思表示的无效对抗善意不知情的第三人汇丰银行仍有疑问。

裁判要旨

法院判决指出：虽然《合同法》第82条规定，债务人接到债权转让通知后，债务人对让与人的抗辩，可以向受让人主张，但在债务人与让与人存在通谋的情况下是否仍然享有抗辩权，法律并没有明确规定。当事人从事民事活动，应当遵循诚信原则，秉持诚实，恪守承诺，如果允许明知转让虚假债权的债务人以转让债权不存在来抗辩，则明显有违诚实信用等民法基本原则。双方当事人通谋所为的虚假意思表示，在当事人之间发生绝对无效的法律后果，但在虚假表示的当事人与第三人之间并不当然无效。当第三人知道该当事人之间的虚假意思表示时，虚假表示的无效可以对抗该第三人；当第三人不知道当事人之间的虚假意思表示时，该虚假意思表示的无效不得对抗善意第三人。本案中，华中铜业公司没有证据证明汇丰银行武汉分行知道或应当知道2014年长单合同系变造以及华中铜业公司出具《承诺函》中承诺支付的款项已经支付给鑫鹏公司，因此，华中铜业公司不能免除其所承诺的付款责任。而且，一审判决认定债权转让的数额3088328379.07元是依据华中铜业公司出具的102份《承诺函》载明的应收账款数额，并非依据2014年长单合同（编号为2014 - XPZL - 001）得出，即使2014年长单合同虚假亦不影响一审判决的该认定结果，故一审判决认定的应收账款数额并无不当。华中铜业公司公司以2014年长单合同虚假及应收账款不存在为由抗辩不应还款，法院不予支持。

评析

最高人民法院（2017）最高法民终332号判决，是一则《民法总则》第146条施行前，涉及保理公司善意受让因虚假意思表示产生的无效债权时，其交易安全如何保护的判决。本案判决对于《民法总则》第146条的重要意义有三：

1. 本案判决在特定的虚假意思交易安全保护案件的案件类型与处理方式上，代表了《民法总则》第146条施行前司法实践的主流。首先，就案件类型的部分，经笔者以“通谋虚假行为”“虚伪意思表示”“虚假意思表示”“不得对抗善意第三人”为关键词，在威科先行数据库进行检索，共得到9则涉及虚假意思表示交易安全问题的终审判决，经分析后发现，目前司法实践上涉及特定的虚假意思交易安全保护案件的案件事实，均发生在《民法总则》第146条施行前。其中，涉及保理合同的案件在9则判决中占了6则，且这6则判决除了横跨各级法院外，其中属于最高人民法院的判决数为3则。① 显见，保理合同案件为《民法总则》第146条施行前，特定的虚假意思交易安全保护案件在司法实践中的主流案件类型。再者，于处理方式上，由于保理合同作为特定的虚假意思交易安全保护案

① 目前，司法实践中涉及“虚假意思表示交易安全保护”的终审判决，分布概况如下：截至2018年10月31日止，总数共9则。案件类型为，保理合同6则、确认合同无效2则、似应适用《民法通则》第66条表见代理规定却有不当适用此法理之嫌的1则。以法院层级区分：基层人民法院1则、中级人民法院4则、高级人民法院1则、最高人民法院3则。具体字号为：（2016）浙0103民初8638号、（2018）鄂01民终526号、（2016）新民终257号、（2014）民二终字第271号、（2017）最高法民再164号、（2017）最高法民终332号、（2016）苏11民终2710号、（2016）苏11民终2468号、（2016）粤03民终17497号民事判决书。

件，其交易安全的保护依据在《民法总则》第146条施行前处于法律空白状态。因此，上述6则涉及保理合同的判决，从基层法院至最高人民法院，均无一例外地通过宣示或援引“虚假意思表示的无效不得对抗善意第三人”的法理与原则，并采用“由虚假意思表示当事人举证第三人不具善意”的举证责任分配方式，来保护善意第三人的交易安全。至于其他3则无涉保理合同的判决，除了未论及举证责任分配外，其借由宣示或援引“虚假意思表示的无效不得对抗善意第三人”的法理与原则来弥补法律空白的做法也是一致的。显见，本案判决的处理方式与论证脉络均可以代表《民法总则》第146条施行前，司法实践在处理特定的虚假意思交易安全保护案件的主流做法。

2. 本案判决作为特定的虚假意思交易安全保护案件在司法实践中的主流案件类型，对《民法总则》第146条的立法妥当性具鲜明的验证功能。要言之，保理合同案件在《民法总则》第146条施行前所面对的法律空白困境，应受到立法者高度关注并在立法过程中予以充分考虑，以便使立法结果与司法实践相结合。然而，《民法总则》第146条施行后，处理保理合同案件中的交易安全保护问题仍存在法律漏洞。这不禁让人反思。在此意义上，本案判决体现了其对现行《民法总则》第146条立法妥当性的鲜明验证功能。

3. 本案判决的处理方式与论证脉络虽然是针对《民法总则》第146条施行前的保理合同案件，但是对《民法总则》第146条施行后的保理合同案件与其他特定的虚假意思表示交易安全案件，仍具有法律漏洞填补内容上、论述方向上的指引作用。详言之，虽然本案案件事实发生在《民法总则》第146条施行前，但是其内容为特定的虚假意思表示交易安全案件，于判决时所遭遇的法律空白困境与《民法总则》第146条施行后的保理合同案件、其他特定的虚假意思表示交易安全案件所遭遇的法律漏洞困境相同，且其在处理方式和论证脉络上具有的司法实践中的代表性已如前述。因此，本案判决的处理方式与论证脉络对《民法总则》第146条施行后的保理合同案件、其他特定的虚假意思表示交易安全案件中的法律漏洞填补工作仍具有参考价值与指引作用。

综上，最高人民法院（2017）最高法民终332号判决实为检视《民法总则》第146条立法妥当性的试金石，并且对于现状下司法实践应如何进行相关法律漏洞的填补工作具有很好的指引性与参考价值，堪称理解我国现况下虚假意思表示交易安全保护案件在立法、学理与司法实践运用中的经典裁判，对于本文所要探讨的问题与问题的解决有非常重要的意义。

一、虚假意思表示交易安全保护制度的设计选择

是否要设置虚假意思表示交易安全保护的相关规定，向来是比较法在规范虚假意思表示时所面临的重大争论问题。此一争议也充分地呈现在《民法总则》第146条的立法过程中。鉴于我国《民法总则》第146条立法过程中与立法完成后的争论主要延续于比较法与域外立法例上的不同观点，因此，本段落将在介绍比较法与域外立法例上就虚假意思表示交易安全保护制度的不同设计意见后，进一步说明我国《民法总则》第146条立法争议所在，以作为后续评价《民法总则》第146条立法妥当性的基础。

（一）比较法与域外立法例

比较法与域外立法例对于虚假意思表示交易安全保护制度的设计方式，主要有如下两种观点：

1. 不设置虚假意思表示交易安全保护规定

比较法上采取此一规范方式的国家以德国为首。《德国民法典》第117条并没有就虚假意思表示中的善意第三人作出保护的规定。[①] 就此部分，德国通说见解认为，对于该善意第三人的保护可通过《德国民法典》中物权善意取得制度（第892条、第932条）、提示证书下的债权让与制度（第405条）、表见代理制度（第170～172条）予以保护。若前揭制度仍有不足，该第三人尚可主张违反保护他人法律的侵权责任（第823条第2款，搭配《德国刑法典》第263条诈骗罪适用）或故意违反公序良俗加损

---

① 《德国民法典》第117条规定：“应当向他人做出的意思表示，在该意思表示系与他人通谋仅为虚伪地做出时，为无效（第1款）。以虚伪行为隐藏另一个法律行为的，适用关于被隐藏之法律行为的规定（第2款）。”参见《德国民法典》，杜景林、卢谌译，中国政法大学出版社2014年版，第23页。

害于他人（第826条）的侵权责任作为救济手段。[①] 另外，还有学者主张，虚假意思表示当事人间的虚假合意，对于不知情的善意第三人而言乃是法律上无意义的心中保留（第116条第1款），因此，前手法律关系对善意第三人而言仍然有效。[②] 总之，《德国民法典》通过民法中的其他交易安全保护规定作为保护虚假意思善意第三人交易安全的方式，而未就虚假意思表示设置交易安全保护规定。[③] 同样地，《俄罗斯联邦民法典》第170条[④]、《独联体成员国示范民法典》第169条[⑤]、《菲律宾民法典》第1345

---

① 参见［德］布洛克斯、瓦尔克：《德国民法总论（第33版）》，张艳译，中国人民大学出版社2014年版，第168页；［德］卡尔·拉伦茨：《德国民法通论（下册）》，王晓晔、邵建东、程建英、徐国建、谢怀栻等译，法律出版社2003年版，第500~501页；［德］维尔纳·弗卢梅：《法律行为论》，迟颖译，法律出版社2013年版，第486页。

② 参见［德］梅迪库斯：《德国民法总论》，邵建东译，法律出版社2013年版，第450页；［德］维尔纳·弗卢梅：《法律行为论》，迟颖译，法律出版社2013年版，第488页；王利明主编：《〈中华人民共和国民法总则〉条文释义》，人民法院出版社2017年版，第332页。

③ 参见龙卫球：《民法总论》，中国法制出版社2002年版，第488页。

④ 《俄罗斯联邦民法典》第170条规定：“虚构法律行为，即仅为了徒具形式而实施，并无意产生与之相应的法律后果的法律行为，自始无效（第1款）。伪装法律行为，即旨在掩盖另一法律行为而实施的法律行为，自始无效。对于双方实际欲为的法律行为，根据该法律行为的实质，适用与之相关的规则（第2款）。”参见《俄罗斯联邦民法典（全译本）》，黄道秀译，北京大学出版社2007年版，第99页。

⑤ 《独联体成员国示范民法典》第169条规定：“仅在形式上完成而没有意图产生相应法律后果的法律行为为虚伪法律行为，自始无效（第1款）。意图掩盖其他法律行为的法律行为为伪装法律行为，自始无效。对于当事人真正所关注的法律行为，根据该法律行为的特点，适用其相适应的规则（第2款）。”参见《独联体成员国示范民法典》，张建文译，法律出版社2014年版，第50页。

条①、《土库曼斯坦民法典》第 81 条②，也都未就虚假意思表示的交易安全保护设置相关规定。

2. 设置虚假意思表示交易安全保护规定

比较法上采取此一规范方式的有《荷兰财产法总则》第 36 条③、《奥地利普通民法典》第 916 条第 2 款④、《葡萄牙民法典》第 243 条第 1 款⑤、《日本民法典》第 94 条第 2 款⑥、《韩国民法典》第 108 条第 2 款⑦、

① 《菲律宾民法典》第 1345 条："合同的虚伪表示可以是绝对的也可以是相对的。各方缔约当事人根本不打算受其表示拘束的，发生绝对的虚伪表示；各方缔约当事人其隐藏真实协议的，发生相对的虚伪表示。"第 1346 条规定："绝对虚伪或虚假的合同无效。相对虚伪的意思表示，不损害第三人和未打算为任何目的违反法律、道德、善良风俗、公共秩序或公共政策的，缔约当事人受其真实协议的拘束。"参见《菲律宾民法典》，蒋军洲译，厦门大学出版社 2011 年版，第 178 页。

② 《土库曼斯坦民法典》第 81 条规定："仅为了做样子实施，无意产生与之相应的法律后果的法律行为（虚假的法律行为），自始无效。为掩盖另一法律行为实施的虚假法律行为（伪装的法律行为），适用关于虚假法律行为的规定。"参见《土库曼斯坦民法典》，魏磊杰、朱森、杨秋颜译，厦门大学出版社 2016 年版，第 23 页。

③ 《荷兰财产法总则》第 36 条规定："第三人基于他人的意思表示或行为，就法律关系的设立、存在或者消灭合理地作出认定，并因信赖该认定的正确而合理地行为的，该他人不得援引认定的错误对抗该第三人。"参见《荷兰民法典》，王卫国主译，中国政法大学出版社 2006 年版，第 18 页。

④ 《奥地利普通民法典》第 916 条第 2 款规定："基于通谋虚伪行为而生的抗辩权，不得对抗因信赖其意思表示而取得权利的第三人。"参见《奥地利普通民法典》，戴永胜译，中国政法大学出版社 2016 年版，第 174 页。

⑤ 《葡萄牙民法典》第 243 条第 1 款规定："虚伪人不可以虚伪所引致的无效对抗善意第三人。"参见《葡萄牙民法典》，唐晓晴等译，北京大学出版社 2009 年版，第 45 页。

⑥ 《日本民法典》第 94 条规定："与相对人串通做出的虚伪意思表示，无效（第 1 款）。前项规定的意思表示无效不能对抗善意第三人（第 2 款）。"参见《最新日本民法》，渠涛编译，法律出版社 2006 年版，第 25 页。

⑦ 《韩国民法典》第 108 条规定："与相对人通谋的虚伪意思表示无效（第 1 款）。前款意思表示的无效，不得对抗善意第三人（第 2 款）。"参见《韩国民法典》，金玉珍译，北京大学出版社 2009 年版，第 18 页。

《意大利民法典》第 1415 条①、《泰王国民商法典》第 118 条第 1 款但书②、《法国民法典》第 1321 条③、《瑞士债务法》第 18 条第 2 款④以及我国台湾地区"民法"第 87 条第 1 项但书⑤。此外,《欧洲示范民法典草案示范规则》第 2－9－201 条第 2 款⑥和《日本民法典修正条文案》第 49 条第 2 款⑦的做法亦同。其共同所呈现的意旨为:"虚假意思表示当事人间的法律行为虽因虚假意思表示无效,但该无效事由不得对抗善意第三人。"

---

① 《意大利民法典》第 1415 条规定:"伪装行为,不论由契约当事人,不论由其权利承继人,亦不论由伪装转让人的债权人,对于由善意表见名义人取得权利的第三人不得对抗。但不妨碍伪装行为的请求登记的效果。"参见《意大利民法典》,陈国柱译,中国人民大学出版社 2010 年版,第 257 页。

② 《泰王国民商法典》第 118 条第 1 款规定:"意思表示不真实,是与对方串通合谋的则视为无效,但是,不能因为该意思表示不真实而对抗善意第三人和对其造成损失。"参见《泰王国民商法典》,米建译,社会科学文献出版社 2018 年版,第 15 页。

③ 《法国民法典》第 1321 条规定:"私下订立的废除或者变更原契约的秘密附约,仅在缔结此种附约的当事人之间有效,对第三人不具有任何效力。"参见《法国民法典》,罗结珍译,北京大学出版社 2010 年版,第 335 页。

④ 《瑞士债务法》第 18 条第 2 款规定:"第三人因信赖书面的债务承认取得债权者,债务人不得以虚伪表示的抗辩权,对抗之。"参见《瑞士债务法》,戴永胜译,中国政法大学出版社 2016 年版,第 9 页。

⑤ 我国台湾地区"民法"第 87 条第 1 项规定:"表意人与相对人通谋而为虚伪意思表示者,其意思表示无效。但不得以其无效,对抗善意第三人。"理由谓:"谨按表意人与相对人通谋而为虚伪意思表示者,是欲欺第三人,非欲欺相对人也。无论于相对人无效,即对于第三人亦当然无效,惟此无效,不得与善意第三人对抗,以保护善意第三人之利益。"

⑥ 《欧洲示范民法典草案示范规则》第 2－9－201 条规定:"当事人已订立一个合同或一个表面上的合同,且当事人故意使合同表面上的效力不同于当事人真实想发生的效力的,以当事人的真实意思为准(第 1 款)。但是,某人既非原合同当事人或表面上的合同当事人,依法也不比该当事人享有更多的权利,该人并合理且善意地信赖合同表面效力的,应当以表面上的效力为准(第 2 款)。"参见欧洲民法典研究组、欧盟现行私法研究组:《欧洲示范民法典草案:欧洲私法的原则、定义和示范规则》,高圣平译,中国人民大学出版社 2012 年版,第 184 页。

⑦ 《日本民法典修正条文案》第 49 条规定:"关于以下法律行为的无效或撤销,不能以该无效或撤销的原因对抗善意第三人。二、第四十四条(虚假表示)正文规定的无效。"参见[日]加藤雅信:《日本民法典修正案Ⅰ》,朱晔、张挺译,北京大学出版社 2017 年版,第 28 页。

采此观点者认为，在意思表示效力中应存在一套专属于虚假意思表示交易安全的保护规定。关于此一制度的要件和效果如下：

首先，在要件上。此说要求该具有交易安全保护必要的第三人，必须是虚假意思表示当事人、继受人、利益契约第三人之外，在与虚假意思表示当事人进行后手法律关系取得权利或利益时，① 不知前手法律关系存在虚假意思表示的瑕疵，嗣后因该前手法律关系按虚假意思表示无效处理，导致其依后手法律关系取得的既存权利或利益遭受影响的第三人。② 质言之，只要同时满足以下四要件，虚假意思表示当事人就不能以前手法律关系存在虚假意思表示无效为由对抗善意第三人。此四要件分别是：（1）前手法律关系中存在虚假意思表示的无效事由；（2）第三人主观上不知前手法律关系存在虚假意思表示；（3）第三人与虚假意思表示当事人进行后手法律关系并取得权利或利益；（4）第三人所取得的权利或利益，因前手法律关系按虚假意思表示无效而受到影响。

就此部分，应特别注意的有几点：第一，善意第三人的不知情是否出于过失则非所问。原因在于，从可归责性的程度来看，第三人的“过失”相较于虚假意思表示当事人间以“故意”形成虚假意思表示外观而言，显得微不足道。③ 第二，就“善意不知情”的举证责任而言，由于该要件在诉讼程序中乃无法自证的消极事实，为贯彻本条保护善意第三人的力度，只要善意第三人能提出足令人信赖的正当外部表象存在，就应该推定该第三人的善意，而由虚假意思表示当事人举证证明该第三人为“明知或可得

---

① 参见王利明主编：《中华人民共和国民法总则详解（下册）》，中国法制出版社2017年版，第632页。

② 参见史尚宽：《民法总论》，中国政法大学出版社2000年版，第388页。王利明主编：《〈中华人民共和国民法总则〉条文释义》，人民法院出版社2017年版，第333页。我国台湾地区“高等法院”高雄分院2016年上字第105号判决书、“高等法院”2013年重上字第97号判决书、“高等法院”2012年上易字第728号判决书、“高等法院”高雄分院2005年上字第130号判决书。

③ 参见史尚宽：《民法总论》，中国政法大学出版社2000年版，第388页。

而知（即恶意）”。[①] 第三，关于第三人将取得的权利或利益再次出让给转得人时，转得人地位应如何处理的问题。学说认为，只要第三人或转得人之一为善意时，该转得人即属于善意第三人。[②]

其次，于效果上。此说认为虚假意思表示的无效不得对抗善意第三人。所谓不得对抗，并非指虚假意思表示对该第三人直接有效。而是指善意第三人既可以接受前手法律关系无效的事实，亦可选择主张前手法律关系按虚假意思表示的内容对自己发生效力，以避免自己既得权利或利益受到影响。[③] 质言之，在虚假意思表示的情形中，第三人于后手法律关系中取得权利或利益的正当性基础在于前手法律关系依照虚假意思表示的内容发生效力。当虚假意思表示当事人先以虚假意思表示存在为由，否定前手法律关系效力后，进一步以第三人在后手法律关系中取得权利或利益的正当性基础不存在或存在瑕疵为由，转而向第三人主张权利时，第三人可以主张前手法律关系对自己而言仍是按照虚假意思表示的内容发生效力，从而保障自己后手法律关系中取得权利或利益的正当性基础，以对抗虚假意思表示当事人的权利主张。[④]

---

① 参见沈德咏：《〈中华人民共和国民法总则〉条文理解与适用（下）》，人民法院出版社 2017 年版，第 979 页；刘得宽：《民法总则》，台湾地区五南出版社 2004 年版，第 193 页；人民出版社法信编辑部：《民法总则观点集成与审判实务指引》，人民法院出版社 2017 年版，第 645 页。

② 参见史尚宽：《民法总论》，中国政法大学出版社 2000 年版，第 390 页；刘得宽：《民法总则》，台湾地区五南出版社 2004 年版，第 194 页；我国台湾地区“高等法院”高雄分院 2016 年上字第 105 号判决书。

③ 参见沈德咏：《〈中华人民共和国民法总则〉条文理解与适用（下）》，人民法院出版社 2017 年版，第 979 页。王利明主编：《中华人民共和国民法总则详解（下册）》，中国法制出版社 2017 年版，第 631 页。杨立新：《民法总则》，法律出版社 2013 年版，第 470 页。陈聪富：《民法总则》，台湾地区元照出版社 2016 年版，第 261 页。茆荣华主编：《〈民法总则〉司法适用与审判实务》，法律出版社 2017 年版，第 247 页。我国台湾地区“高等法院”台中分院 2014 年上更（一）字第 25 号判决书。

④ 参见史尚宽：《民法总论》，中国政法大学出版社 2000 年版，第 386 页。施启扬：《民法总则》，中国法制出版社 2010 年版，第 245 页；郑冠宇：《民法总则》，台湾地区承法数位文化 2012 年版，第 298 页；邱聪智：《民法总则（下）》，台湾地区三民书局 2011 年版，第 85 页。

就此部分，应特别注意的有两点：第一，在第三人选择对抗的情形，前手法律关系对第三人依照虚假意思表示的内容发生效力；但在虚假意思表示当事人间的法律关系仍是依照其内心真意处理而无效。第二，在第三人放弃对抗时，该放弃不得撤回。当善意第三人有数人时，其中一人或数人承认前手法律关系无效，并不影响其他未承认的人主张前手法律关系的无效不得与之相对抗的权利。①

（二）我国《民法总则》第146条的立法争议

从此次的立法说明来看，《民法总则（草案）》的一到四审稿及大会审议稿均就第146条第1款设有“不得对抗善意第三人”的规定。然而，在最后审议时有代表认为，民事法律行为无效后对第三人产生的法律效果情况复杂，不宜一概规定不得对抗善意第三人，宜区分情形由民法典的分编作出具体规定，因而删除但书规定。② 学者指出，立法者未规定虚假意思表示无效不得对抗善意第三人的主要考虑是，《民法总则》第146条居于总则位置，可能影响后续民法各分编，而非否认或是遗漏相关善意第三人的交易安全保护，甚至还有替未来民法各分编保留制定交易安全规范空间的意思。因此，未来在处理虚假意思表示交易安全保护案件时，仍应注意涉案善意第三人的交易安全保护。③ 然而，即便透过上述学者对立法理由的说明，初步剔除了“立法者排斥虚假意思表示交易安全保护可能性”的质疑。但是，在立法完成后，学界对于《民法总则》第146条的立法考虑与立法结果的妥当性，仍存在相当的争议，概述如下：

肯定现行法的主要论点有三：第一，出于尊重立法者在最后一刻更动条文的价值选择，既然移除本条不得对抗善意第三人的但书是立法者特意

---

① 参见史尚宽：《民法总论》，中国政法大学出版社2000年版，第389页。

② 参见王利明主编：《中华人民共和国民法总则详解（下册）》，中国法制出版社2017年版，第630页；王利明主编：《〈中华人民共和国民法总则〉条文释义》，人民法院出版社2017年版，第331页；杨立新：《中国民法总则研究（下卷）》，中国人民大学出版社2017年版，第825页；杨立新：《民法总则条文背后的故事与难题》，法律出版社2017年版，第373页；沈德咏：《〈中华人民共和国民法总则〉条文理解与适用（下）》，人民法院出版社2017年版，第978页。

③ 参见沈德咏：《〈中华人民共和国民法总则〉条文理解与适用（下）》，人民法院出版社2017年版，第978页。

选择的结果，今后在解释适用本条时即不得作出任何相反的解释。① 第二，我国于《民法总则》立法时主要参考与继受的对象为《德国民法典》，惟虚假意思表示的无效不得对抗善意第三人的规定亦未见于《德国民法典》。另外，《日本民法典》是因为缺乏像德国一样的保护善意第三人交易安全的物权制度，才不得不采取此一规定作为补救措施。显见，在比较法上，不得对抗善意第三人的做法并非一般性的主流观点，不足以采。② 第三，当个案事实中，受虚假意思表示无效影响的善意第三人可以同时主张虚假意思表示的交易安全保护规定与民法典分编的交易安全规定时，将会出现立法体系冲击问题。以物权善意取得规定为例，由于虚假意思表示的无效不得对抗善意第三人的规定构成要件远比物权善意取得规定少，因此，善意第三人选择依据虚假意思表示对抗效力规定受到的保护，将远大于物权善意取得制度，从而造成显失平衡的结果。③ 进一步而言，尚有可能使得善意取得制度扩及于物权以外的其他权利。最终导致现行法基于物权与其他权利间公示程度的落差，刻意排除其他权利适用善意取得制度的立法体系遭受冲击。④

---

① 参见陈甦主编：《民法总则评注》，法律出版社 2017 年版，第 1046 页；李宇：《民法总则要义：规范释论与判解评注》，法律出版社 2017 年版，第 532 页。

② 参见李宇：《民法总则要义：规范释论与判解评注》，法律出版社 2017 年版，第 534 页；［日］我妻荣：《我妻荣民法讲义 I 新订民法总则》，于敏译，中国法制出版社 2008 年版，第 273 页。

③ 参见李宇：《民法总则要义：规范释论与判解评注》，法律出版社 2017 年版，第 532 ~ 533 页。

④ 参见李宇：《民法总则要义：规范释论与判解评注》，法律出版社 2017 年版，第 513 ~ 516 页。

否定现行法的主要论点[①]有三：第一，法律文本虽然是立法者的作品，但法律文本一旦完成即独立于立法者，与立法者拉开距离，除了受制于立法者所使用的文字外，不应再受立法者主观意思的制约。况且，法的实现就是法的自身，只有解释者最终确定了条文的含义、解释结论变成裁判结论时，才能说在此案中法律彻底完成。既然解释者与立法者一道参与了法律的完成，那就不可能只按立法原意来确定法律条文的含义。第二，在立法继受过程中，比较法的规范内容固然值得参酌，但不应成为国内学说探讨问题的限制。此外，德国的学说与司法实践嗣后亦发现了条文未保护善意第三人交易安全的不妥当之处。因此，亦尝试透过司法实践的内容，在个案状况中允许善意第三人对抗虚假意思表示当事人。[②] 至于日本法，承认虚假意思表示的无效不得对抗善意第三人的规定虽有助于补强既存法规上善意取得制度的漏洞，但是那仅是对抗效力规定在日本现行法上的重要功能之一而已，并非全部。此外，尚有许多比较法采取设置虚假意思表示交易安全保护规定的观点如前述。因此，断言虚假意思表示的无效不得对抗善意第三人的规定不是普遍原则的说法，并不精确。[③] 第三，当个案事实中，受虚假意思表示无效影响的善意第三人同时也符合民法典分编的交易安全保护要件时，由于民法典分编的交易安全规定在法典内容上较《民法总则》更为具体，属于《民法总则》的特别法。依照法律适用顺序上

---

① 参见杨立新：《民法总则》，法律出版社 2013 年版，第 470 页；杨立新：《民法总则条文背后的故事与难题》，法律出版社 2017 年版，第 373 页；王利明主编：《中华人民共和国民法总则详解（下册)》，中国法制出版社 2017 年版，第 630 页；王利明主编：《〈中华人民共和国民法总则〉条文释义》，人民法院出版社 2017 年版，第 331 页；梁慧星：《民法总论》，法律出版社 2017 年版，第 182 页；沈德咏：《〈中华人民共和国民法总则〉条文理解与适用（下)》，人民法院出版社 2017 年版，第 978 页；李永军主编：《中国民法典总则编草案建议稿及理由》，中国政法大学出版社 2016 年版，第 209 页；尹田：《中国民法典争鸣尹田卷》，厦门大学出版社 2017 年版，第 283 页；尹田：《民法总则之理论与立法研究》，法律出版社 2010 年版，第 539 页。

② 参见［德］维尔纳·弗卢梅：《法律行为论》，迟颖译，法律出版社 2013 年版，第 487 页；龙卫球：《民法总论》（第二版)，中国法制出版社 2002 年版，第 489 页。

③ 参见冉克平：《民法典总则意思表示瑕疵的体系构造——兼评〈民法总则〉相关规定》，载《当代法学》2017 年第 5 期。

"特别法优先普通法适用（或称具体规定优先抽象规定适用）"的适用原则，直接优先适用民法典分编的交易安全规定已足。① 因此，并不会如肯定论者所担心的，产生同样的事实适用不同规范导致轻重失衡冲击法体系的问题。在我国现行法已就物权善意取得、表见代理等交易安全保护制度作出具体规范的情况下，目前虚假意思表示的无效不得对抗善意第三人的规定主要会适用在债权表见让与的情形。②

二、《民法总则》第146条的立法评析与具体完善

（一）《民法总则》第146条的立法评析

除学理上已经存在的对《民法总则》第146条规定的商榷理由外，笔者仍有三点意见需要补充：

第一，现行法的立法结果不能完全解决立法者所顾虑的问题，二者欠缺手段与目的间的合理关联性。细究立法说明中所谓"……不宜一概规定不得对抗善意第三人，宜区分情形由民法典的分编作出具体规定"可发现，所谓"一概规定"是对应在《民法总则》第146条规定的效果；而所谓"区分情形具体规定"是对应在民法典的分编规定的效果。显见，《民法总则》在法典体系位置上的一般性效应对民法典分编的影响，才是立法者是否在《民法总则》第146条规定虚假意思表示的无效不得对抗善意第三人的重要考虑因素。至于，立法者究竟进一步考虑到什么问题，《民法总则》在体系位置上的一般性效应对于后续民法典分编的具体影响是什么，立法者又是如何及为何得出"宜与不宜"的结论，从极为有限的立法说明中我们实在无从直接得知。鉴于上述学界肯定论点的第一点与第二点

---

① 关于《民法总则》与民法典分编间的性质与适用关系，学者认为，《民法总则》是抽象性、一般性的规定，而民法典分编是具体性、特别性的规定。在适用方面上，应先寻找民法典分编上的具体特别规定，若民法典分编没有具体规定，再回到《民法总则》的抽象一般规定。参见杨立新：《民法总则新规则对编修民法分则各编的影响》，载《河南财经政法大学学报》2017年第5期。王泽鉴：《民法总则》，北京大学出版社2009年版，第343页。

② 参见王利明主编：《中华人民共和国民法总则详解（下册）》，中国法制出版社2017年版，第630页；王利明主编：《〈中华人民共和国民法总则〉条文释义》，人民法院出版社2017年版，第333页。

在论据上过于脆弱，因此，笔者合理地认为上述学界肯定论点的第三点（即担心《民法总则》设置交易安全保护规定的一般性的效力会冲击民法典分编中交易安全保护制度与立法体系的观点）是立法者真正的顾虑所在。然而，诚如否定说学者所言，民法典分编中的交易安全保护规定在内容上相较于《民法总则》更为具体。只要依照法律适用顺序上“特别法优先普通法适用”的适用原则，直接优先适用民法典分编的交易安全规定已足以解决上述顾虑。显见，现行法的立法结果与解决立法者所顾虑的问题间，欠缺手段与目的间的合理关联性。

第二，现行法的立法结果无法完全解决既有的法律适用困境。要言之，《民法总则》第146条未规定虚假意思表示的无效不得对抗善意第三人，会导致特定的虚假意思表示交易安全案件无法受到交易安全保护，而这样应然与实然偏离的不圆满性构成法律漏洞。鉴于法律漏洞的存在会损及法律透过规范方式实现其公平正义价值的要求，自有予以填补完善的必要。① 此外，在过去法律对于虚假意思表示的全部内容均未规范的状态下，法院在援引虚假意思不得对抗善意第三人的法理与原则填补法律空白时，较不会直接遭受到法无明文的质疑。但《民法总则》第146条施行后，法院在填补法律漏洞时必须先负担更高的论证义务去解释立法者未作相关规范的理由，并在确认立法者未作相关规范的理由不是在排斥虚假意思表示中的交易安全保护后，才能援引相关论据进行填补。

第三，现行法的立法结果与司法实践中的主流案型（即保理合同）出现脱节，具有立法上的瑕疵。要言之，法律作为调整社会生活中各样利益冲突的手段，必须在规范的范围与内容上尽可能地符合社会生活的实际需求，方能体现其工具性价值。而立法活动作为一种特定历史（立法）时间点下，决定社会生活中的特定事实是否纳入规范与如何规范的价值选择活动，立法者在过程中对于社会生活实际需求的发现与掌握程度，将是决定

---

① 即违反了“个案正义的需求”“法律的目的在于解决冲突”“法律追求内外价值体系无矛盾”等要求。参见黄茂荣：《法学方法与现代民法》，作者自版2006年版，第654页；梁慧星：《民法解释学》，法律出版社2015年版，第266页；陈金钊等：《法律方法论研究》，山东人民出版社2010年版，第550页；梁慧星：《民法解释学》，法律出版社2015年版，第266页。

法律适应性与价值性的关键。虽然，受限于客观上的时间点、主观上对社会生活的认知能力以及社会生活的内容随着时间推移不断改变的现实，使得法律相对于社会生活的滞后性必然存在，以至于我们不会期待法律能够完美地涵括所有的社会生活需求。但是，在每次立法时，尽力地探询该时空背景下的社会生活实际需求，使立法结果至少能就当代主流需求作出回应，既是立法者的责任，同时也是法律自身与时俱进的动力。掌握当代主流需求的重要方式之一，就是在立法活动时慎重留意并检视司法实践中的主流案型与争议问题，以作为决定制定或修改法律的方向。[①] 具体到《民法总则》第146条的问题上，本条的立法结果使司法实践主流案型中的善意第三人交易安全保护陷入法律漏洞的状态，已如前述。这不只说明了立法结果偏离社会生活主流需求的瑕疵，同时也说明了在制定《民法总则》第146条时似乎未通盘考量虚假意思表示交易安全案件类型，才会导致规范范围存在漏洞的遗憾。[②] 因此，笔者认为，设置虚假意思表示交易安全保护规定以预留补充空间并增强法规适用范围的弹性，或许是较为合适的立法选择。

综上，若未来有机会修正《民法总则》第146条时，应采用比较法

---

① 参见刘仲屹：《司法实践对我国立法完善的必要性分析——以司法实践与立法完善的关系为视角》，载《比较法研究》2016年第2期。

② 向来最广为学说探讨的交易安全保护遗漏案型为“债权的表见让与”以及“虚假买卖标的物的善意承租人保护问题”，但鲜少有人注意到司法实践中的最主流案型（即保理合同中善意第三人交易安全保护问题）。其中，学说对于“虚假买卖标的物的承租人是否为虚伪意思表示中有交易安全保护必要的第三人”一事，存有争议。否定说认为，依合同的相对性原则，租赁合同效力并不会因为虚假意思表示当事人间虚假意思表示的无效而受影响。当虚假意思表示的一方当事人向承租人主张返还目标物占有时，承租人依然可以透过有效的租赁合同对出租方主张违约责任，是其权益并不受影响而非有交易安全保护必要的第三人。肯定说认为，在第三人善意买受虚假买卖标的物之情形，让与人与受让人间的买卖合同亦因合同的相对性原则而有效，当虚假意思表示的一方当事人向买受人主张返还目标物占有时，买受人也可以依据买卖合同对出卖人主张违约责任。此种利益状态与上述租赁合同的情况并无二致，因此，以租赁合同的效力不受虚假意思表示影响为由，区别对待虚假买卖标的物的买受人与承租人，不具正当性。参见王利明主编：《〈中华人民共和国民法总则〉条文释义》，人民法院出版社2017年版，第333页；陈聪富：《民法总则》，台湾地区元照出版社2016年版，第262页。

上、学界多数说与司法实践的主流观点，在条文中设置虚假意思表示的无效不得对抗善意第三人的交易安全保护规定，以充分保护特定的虚假意思表示交易安全案件中善意第三人的交易安全。

（二）《民法总则》第146条的具体完善

在《民法总则》第146条的具体完善方式上，笔者认为，在设置虚假意思表示的无效不得对抗善意第三人的规定时，除了应吸纳比较法与域外立法的四个要件外，更要深化“善意不知情”的要件在诉讼中举证责任分配的理解。理由在于，比较法与域外立法的四个要件最令人诟病的地方在于，表面上仅以第三人的“善意主观不知情”作为保护交易安全的唯一要件，容易被误解为虚假意思表示的无效不得对抗善意第三人的规定的适用要件过于简易，在保护密度上可能会与民法中其他保护交易安全的规范产生轻重失衡的问题。实则，虚假意思表示的无效不得对抗善意第三人的规定，仍然是在具备“原权利人的可归责性”与“第三人合理信赖”两大要件的前提下,① 对原权利人静的安全与第三人动的交易安全间的冲突作出最合理的利益调节，从而落实私法上的分配正义，而与民法上一般交易安全保护规定的基本要求相同。②

具体到虚假意思表示的无效不得对抗善意第三人的规定中，“原权利人可归责性”的要件已被虚假意思表示当事人于对第三人的诉讼中自认了虚假意思表示存在的行为所涵盖；至于“第三人合理信赖”的要求，除了强调第三人主观善意不知情外，该不知情的原因更必须是出于对客观上某一权利外观的信赖，才能支撑该第三人主观善意的合理性。通说见解就“善意不知情”的举证责任指出，善意第三人至少要能提出有若干足使其主观上合理相信“前手法律关系没有虚假意思表示瑕疵存在”的外部表象，以达到可支撑其主观善意的合理性的程度。至此，法院就得推定该第

① 参见冉克平：《民法典总则意思表示瑕疵的体系构造——兼评〈民法总则〉相关规定》，载《当代法学》2017年第5期；［日］山本敬三：《民法讲义I》，解亘译，北京大学版社2012年版，第121页；［日］近江幸治：《民法讲义I民法总则》，渠涛等译，北京大学版社2015年版，第174页。

② 参见孙鹏：《民法上信赖保护制度及其法的构成——在静的安全与交易安全之间》，载《西南民族大学学报（人文社科版）》2005年第7期。

三人为善意，并将“第三人不具善意（即恶意）”的事实交由虚伪意思表示的当事人举证。这种举证责任的分配做法目前已在司法实践的裁判中得到充分的实践。① 以本案判决为例，在善意第三人汇丰银行已提出华中铜业公司所出具《承诺函》等权利外观事实作为其善意合理性的支撑后，法院即令华中铜业公司举证证明第三人汇丰银行“不具善意”。最后，由于华中铜业公司没有证据证明汇丰银行知道或应当知道2014年长单合同系虚假，因此，华中铜业公司应承受举证失败的后果，而不能以应收账款是虚假债权为由对抗善意第三人汇丰银行。

三、现况下虚假意思表示交易安全保护漏洞的解释填补

关于法律漏洞的填补，学理上提出了多种方法，具体到虚假意思表示交易安全保护漏洞的解释填补中，现行《民法总则》第146条实施后，特定的虚假意思表示交易安全案件缺乏保护依据的状况是偏离立法计划所形成的不圆满状态，属于有待填补的法律漏洞。于确认法律漏洞的存在后，开始依照下列步骤进行填补：

1. 引用《民法总则》第146条，说明前手法律关系存在虚假意思表示而无效。理由在于，虚假意思表示交易安全保护案件的产生以虚假意思表示存在导致前手法律关系无效为前提。在《民法总则》第146条已就虚假意思表示的类型与效果作出规定的情况下，法官基于依法裁判原则，应引用《民法总则》第146条说明前手法律关系存在虚假意思表示而无效，以确立虚假意思表示交易安全保护案件的前提。之后，再开始就《民法总则》第146条未规定的交易安全保护部分作漏洞填补。

2. 选择目的性扩张作为法律填补方法，解释出“虚假意思表示的无效不得对抗善意第三人”以及“虚假意思表示当事人举证第三人不具善意”等规则。理由在于，必须透过法理念与事理对相应规范进行扩张解释，以

① 目前保理合同的司法实践中，只要保理机构在诉讼时能够提出签订保理合同时债权人或是债务人所签发的《应收账款转让确认书》《应收账款保理业务确认书》《应收账款转让登记协议》《承诺书》等文件，基本上就满足了提出可资信赖外观的要求。参见（2018）鄂01民终526号、（2016）浙0103民初8638号、（2016）新民终257号、（2014）民二终字第271号、（2017）最高法民再164号民事判决书。

创设出虚假意思表示中的交易安全保护的规则。至于“应设计什么样的交易安全保护规则方属合理”的问题，《民法总则》第146条施行前司法实践的主流做法将是重要的参考对象，因为该内容具体明确且具备可实践性。此际，前述最高人民法院（2017）最高法民终332号判决内容就产生了鲜明的指引作用，该判决书载明：“……双方当事人通谋所为的虚假意思表示，在当事人之间发生绝对无效的法律后果，但在虚假表示的当事人与第三人之间并不当然无效。当第三人知道该当事人之间的虚假意思表示时，虚假表示的无效可以对抗该第三人；当第三人不知道当事人之间的虚假意思表示时，该虚假意思表示的无效不得对抗善意第三人。”透过上述判决内容的观察，我们可以知道本案中应抽象出的合理解释规则为“虚假意思表示的无效不得对抗善意第三人”以及“由虚假意思表示当事人举证第三人不具善意”。

3. 确认上述规则的所有论证材料后，进行排列如下：

（1）立法者的意思：借由上述立法说明的内容，我们可以明白立法者未在《民法总则》第146条作出规定一事，在主观上没有排斥虚假意思表示交易安全保护的意思。在客观上，从立法者设立物权善意取得与表见代理等交易安全保护制度，可推知立法者基于对交易安全的重视，也会支持创设虚假意思表示交易安全的保护的相关规则。

（2）比较法与学理的观点：此部分见本文“二、虚假意思表示交易安全保护制度的设计选择”的相关介绍，不再赘述。

（3）《民法总则》第146条施行前，司法实践的处理上一致倾向：此部分见本文“一、（三）本案判决对于《民法总则》第146条的重要意义”的相关介绍，不再赘述。

（4）私法上的信赖保护原则：此原则在学理上的具体应用为“权利外观理论”，这是目前民法制度中交易安全保护制度的理论基础，主要作用在于调整原权利人静的安全与第三人动的交易安全间的冲突。其公式为，当原权利人可归责地创造了一权利外观加上第三人善意信赖该权利外观而为交易行为时，第三人可以主张按照其所信赖的外观内容对其发生效力。应用在解释虚假意思表示交易安全保护规则的场景中，虚假意思表示当事人因可归责于自己的事由，通谋创造出前手法律关系有效的外观，而第三人善意信赖该外观进行为后手法律关系取得权利，基于对该善意第三人的保护，该第三人可以主张前手法律关系按照其所相信的对其有效，从而得出了虚假意思表示的无效不得对抗善意第三人的结论。① 学者认为，这种虚假意思表示当事人内心意思与对外表示不一致时优先维持对外表示外观的做法，可称为“表示行为的表见规范”。②

5. 诚信原则：在虚假意思表示交易安全保护案件中，当虚假意思表示当事人故意形成前手法律关系无效的原因在先，后又以该原因主张前手法律关系无效，并进一步对基于后手法律关系取得权利的善意第三人行使请求权时，该请求权的行使即有违诚实信用原则。因此，法院得以该请求权的行使违反诚信原则为由，限制虚假意思表示当事人对善意第三人的请求权，以达到保护善意第三人交易安全的结果。值得注意的是，前述最高人民法院（2017）最高法民终 332 号判决中，法院在论证保理合同案件中受虚假意思表示影响的债权受让人应受交易安全保护时，开宗明义即引用诚信原则谓：“……当事人从事民事活动，应当遵循诚信原则，秉持诚实，恪守承诺，如果允许明知转让虚假债权的债务人以转让债权不存在来抗辩，则明显有违诚实信用等民法基本原则……”紧接着论及虚假意思表示的无效不得对抗善意第三人的法理。从最高人民法院将“诚信原则”与“虚假意思表示的无效不得对抗善意第三人的法理”并列两者作为论证理由的做法可知，诚信原则在司法实践中作为虚假意思表示的无效不得对抗善意第三人的论证支持上，已具备可操作性。

第四，依据上述论证材料的支持，确认虚假意思表示的无效不得对抗善意第三人的规则合理性后，以之为大前提适用于具体个案事实中并分配相关要件的举证责任，以达到保护善意第三人交易安全的妥适结果。

（本文仅代表作者个人观点）

---

① 参见尹田：《中国民法典争鸣尹田卷》，厦门大学出版社 2017 年版，第 275 页。

② 参见冉克平：《民法典总则意思表示瑕疵的体系构造——兼评〈民法总则〉相关规定》，载《当代法学》2017 年第 5 期。

印度国家绿色法庭司法管辖权实践扩张及借鉴

王翼妍*

近年来，世界性污染问题愈发严重，跨区域污染与单源污染交错频发。如何做好环境污染治理，实现可持续发展成为世界各国普遍关注的问题。在司法领域，各国通过探索环境司法专门化以解决有关环境问题的诉讼。依据2010年《印度国家绿色法庭法》建立的印度国家绿色法庭便是印度探索环境司法专门化的重要实践。《印度国家绿色法庭法》中第14、16条规定了国家绿色法庭享有的司法管辖权。印度国家绿色法庭的法官基于此规定在司法实践中通过多种手段扩张其司法管辖权。本文在详细分析印度国家绿色法庭司法管辖权实践扩张的基础上，对比我国环境司法，提出借鉴建议。

一、印度国家绿色法庭司法管辖权的法律界定

《印度国家绿色法庭法》是一部独立的立法，它明确了印度国家绿色法庭的设立、诉讼程序、适用范围、职权和权力。该法设立的基本目的是防止环境污染和保护环境，提供并实现对环境司法的有效管理。该法将印

* 上海财经大学法学院环境与资源法学博士生。

度国家绿色法庭解决环境纠纷的管辖权分为初审管辖权、上诉管辖权、特殊管辖权及有限的刑事管辖权。

1. 初审管辖权

《印度国家绿色法庭法》颁布前，印度处理环境污染的传统一直是通过刑事制裁解决环境污染问题。刑事制裁的前提是具有充分而严苛的犯罪证据，而环境污染案件取证困难，往往导致污染者逍遥法外。为使受害者可以运用民事诉讼程序向污染者寻求赔偿或救济，作为民事法庭的印度国家绿色法庭应运而生。[①]

《印度国家绿色法庭法》第 14 条规定，印度国家绿色法庭有权受理涵盖附件 I 中规定的涉及重大环境问题的民事案件的初审申请。该法案第 14 条[②]和附件 I[③] 通过列举的方法规定了印度国家绿色法庭的受案范围，但没有明文规定超出这个范围的案件法庭是否应当受理。

印度国家绿色法庭是一个民事法庭，它拥有民事法庭所拥有的解决环境纠纷的全部权力，以及依据《印度民事诉讼法典》（1908）和《印度特定救济法》（1963）等法规拥有的授权救济的权力。具体来说，印度国家绿色法庭主要受理所有涉及环境实质问题的民事案件（包括涉及环境的法令权利的执行），以及实施相关法律规定所引起的此类问题。“民事案件”一词包含除《印度刑事诉讼法典》规定所管辖的刑事案件以外的所有法律诉讼。

---

① M. S. A. Samad, G. K. Varghese, B. J. Alappat, Environmental forensics in India——Four years after the National Green Tribunal Act 2010, Procedia Environmental Sciences, 30 (2015), pp. 91 ~ 96.

② Section 14: (1) The Tribunal shall have the jurisdiction over all civil cases where a substantial question relating to environment (including enforcement of any legal right relating to environment), is involved and such question arises out of the implementation of the enactments specified in Schedule I.

③ The enactments in Schedule I include: the Water (Prevention and Control of Pollution) Act 1974; the Water (Prevention and Control of Pollution) Cess Act 1977; the Forests (Conservation) Act 1980; the Air (Prevention and Control of Pollution) Act 1981; the Environment (Protection) Act 1986; the Public Liability Insurance Act 1981; and the Biological Diversity Act 2002.

《印度国家绿色法庭法》第18条第2款[①]通过列举的方式具体规定了受害人的诉讼资格，同时允许任何受害人及合法代表提出给予救济、赔偿或解决争端的申请。《印度国家绿色法庭法》第14条明确规定，印度国家绿色法庭受理的初审案件必须涉及与环境有关的实质性问题。《印度国家绿色法庭法》第2条m款[②]将“与环境有关的实质性问题”分为两类：一是直接违反可能影响社会的法定责任或环境义务；二是环境后果与特定活动或源头有关。

2. 上诉管辖权

上诉管辖权所针对的案件类似我国行政诉讼案件。《印度国家绿色法

---

① 《印度国家绿色法庭法》第18条第2款规定，下列人员可向法庭申请给予救济、补偿或解决争端：遭受损害的人；受损财产的所有人；环境损害致死案件的法定代理人；被正式授权的代理机构；国家机构的代表；其他受害人，包括任何代表机构或代表组织。

② “Substantial question relating to environment” shall include an instance where, —— (i) there is a direct violation of a specific statutory environmental obligation by a person by which, —— (A) the community large other than an individual or group of individuals is affected or likely to be affected by the environmental consequences; or (B) the gravity of damage to the environment or property is substantial; or (C) the damage to public health is broadly measurable; (ii) the environmental consequences relate to a specific activity or a point source of pollution.

庭法》第16条①规定：受害人有权向法庭针对某项命令提起上诉。上诉必须依据法律的规定，而不得通过当事人默许或法院命令而提起。如果法律没有规定对某一命令可以提出上诉，则法庭不得受理有关上诉。

“上诉”案件主要包括针对环境行政行为、环境行政命令、环境行政

---

① Any person aggrieved by, (a) an order or decision, made, on or after the commencement of the National Green Tribunal Act, 2010, by the appellate authority under section 28 of the Water (Prevention and Control of Pollution) Act, 1974; (b) an order passed, on or after the commencement of the National Green Tribunal Act, 2010, by the State Government under section 29 of the Water (Prevention and Control of Pollution) Act, 1974; (c) directions issued, on or after the commencement of the National Green Tribunal Act, 2010, by a Board, under section 33A of the Water (Prevention and Control of Pollution) Act, 1974; (d) an order or decision made, on or after the commencement of the National Green Tribunal Act, 2010, by the appellate authority under section 13 of the Water (Prevention and Control of Pollution) Cess Act, 1977; (e) an order or decision made, on or after the commencement of the National Green Tribunal Act, 2010, by the State Government or other authority under section 2 of the Forest (Conservation) Act, 1980; (f) an order or decision made, on or after the commencement of the National Green Tribunal Act, 2010, by the Appellate Authority under section 31 of the Air (Prevention and Control of Pollution) Act, 1981; (g) any direction issued, on or after the commencement of the National Green Tribunal Act, 2010, under section 5 of the Environment (Protection) Act, 1986; (h) an order made, on or after the commencement of the National Green Tribunal Act, 2010, granting environmental clearance in the area in which any industries, operations or processes or class of industries, operations and processes shall not be carried out or shall be carried out subject to certain safeguards under the Environment (Protection) Act, 1986; (i) an order made, on or after the commencement of the National Green Tribunal Act, 2010, refusing to grant environmental clearance for carrying out any activity or operation or process under the Environment (Protection) Act, 1986; (j) any determination of benefit sharing or order made, on or after the commencement of the National Green Tribunal Act, 2010, by the National Biodiversity Authority or a State Biodiversity Board under the provisions of the Biological Diversity Act, 2002, may within a period of thirty days from the date on which the order or decision or direction or determination is communicated to him, prefer an appeal to the Tribunal: Provided that the Tribunal may, if it is satisfied that the appellant was prevented by sufficient cause from filling the appeal within the said period, allow it to be filed under this section within a further period not exceeding sixty days.

执法、环境行政许可进行的诉讼。对此《印度国家绿色法庭法》采取了列举式的方式进行了规定，主要包括对相关机构作出的命令、判决、发布的指导意见或决定等10种情形。任何人受到这些命令，决定或判决的侵害，都可以在30天内向环境法庭起诉，如有特殊情况，可以延长60天。

上诉管辖权的受案范围同样受附件I约束。*M/S Ahuja Plastics v. State of Himachal Pradesh*（Judgment 13 January 2015）一案中，印度国家绿色法庭拒绝受理当事人根据《印度采矿和矿物（发展和管理）法》（1957）和《印度矿产特许权规则》（1960）提出的上诉，理由是该上诉不属于《印度国家绿色法庭法》附录I中规定的一部分。

印度国家绿色法庭的上诉管辖权，只有在上诉人穷尽现有法律规定的所有诉讼渠道后，方可援引。*M/S P Manokaran Power Loom v. Tamil Nadu Pollution Control Board*（Judgment 15 February 2012）一案就说明了这一点。上诉人在没有先向《印度空气（污染防治）法》（1981）第31条A款规定的专门上诉机构提出申请的情况下，就根据《印度国家绿色法庭法》第16条向印度国家绿色法庭提起上诉。印度国家绿色法庭拒绝受理此上诉，其给出的理由在于若受理该案则等于允许上诉人越过法定程序。

3. 特别管辖权

《印度国家绿色法庭法》第15条①所规定的特别管辖权，是印度国家绿色法庭受理环境公益诉讼的权力。在此管辖权的规定下，双方当事人一方为环境损害加害方，一方为受污染的且为附件I中规定的其他环境损害影响的受害人。印度国家绿色法庭有权判令加害方对受害人进行救济和赔偿，亦可在适当的情况下判令加害方赔偿受害方财产损失、修复受损区域生态环境。印度国家绿色法庭基于其特别司法管辖权，不仅可判令单位团体承担赔偿责任，也可以判令公民个人承担赔偿责任。

4. 有限的刑事管辖权

《印度国家绿色法庭法》第26条规定，不遵守法庭判令的个人、公司

---

① The Tribual may, by an order, provide, (a) relief and compensation to the victims of pollution and other environmental damage arising under the enactments specified in the schedule 1 (including accident occuring while handing any hazardous substance); (b) for restitution of property damaged; (c) for restitution of the environment for such area or areas, as the tribunal may thank fit.

以及政府部门会受到惩罚。不遵守法庭判令的个人将被处以三年监禁或（和）1亿卢比罚款（合100万英镑）。如果仍不遵守，在此期间，每日额外判处的罚金将高达25000卢比（合250英镑），罚款自第一次违反法庭判令时起算。① 这项藐视法庭罪可以说是印度国家绿色法庭享有的唯一与刑事有关的管辖权。而这项刑事管辖权是来自于印度国家绿色法庭作为民事法庭享有的启动藐视法庭诉讼程序的权力。②

针对 *Braj Foundation v. Government of Uttar Pradesh*（Judgment 5 August 2014）一案，印度国家绿色法庭认为法庭有权处置不遵守甚至违反判令的任何人，这是在实施其命令上固有的权力。《印度国家绿色法庭法》赋予法庭巨大的权力以处理不遵守判令的主体。《印度国家绿色法庭法》第28条授权印度国家绿色法庭可以控诉或判罚违反环境法的政府部门、政府官员，对其处以监禁或（和）罚款处罚。

印度国家绿色法庭主席斯瓦坦特·库马尔大法官认为："法庭有权惩罚不遵守法庭判决的人。《印度国家绿色法庭法》第19条第4款授予了我们民事法庭这项权力。我们当然可以向藐视法庭的行为人发出通知。"③

二、印度国家绿色法庭就其司法管辖权的扩张

（一）广义解释关键术语

1. 广义解释"受害人"

正如在 *Jan Chetna v. Ministry of Environment and Forests*（*MoEF*）（Judgment 9 February 2012）一案中，印度国家绿色法庭认为法官应当采用自由主义的结构和灵活的解释来诠释"受害人"这一术语，而不能局限地解读为字面意思。环境损害并不一定局限于固定的某一地区。环境恶化的影响

① Section 26 NGT Act.

② Section 19 (5) NGT Act.

③ Green Court to hear contempt plea against Sri Sri Ravi Shankar, NDTV, 26 May 2016 www.ndtv.com/india-news/green-court-to-hear-contempt-plea-against-sri-sri-ravi-shankar-1411307. The legitimate exercise of contempt power was challenged in Manoj Misra v Delhi Development Authority (Order 25 May 2016) and is posted for hearing.

可能远远超过其范围。任何人，无论他是否是那个特定地区的居民，不管是否受到侵害，都可以向印度国家绿色法庭提出申诉。*Betty C Alvares v. State of Goa*（Judgment 14 February 2014）一案进一步扩大了“受害者”的定义。印度国家绿色法庭认为“人”一词被解释为“个体的人”，因此，无论他是印度公民还是非印度公民，都可以向印度国家绿色法庭提起诉讼。

此外，印度国家绿色法庭创新性地将非人类纳入到“受害人”的范围中，通过生态中心主义的理论，将其视为合法当事人。*Tribunal on its Own Motion v. Secretary of State*（Judgment 4 April 2014）中，印度国家绿色法庭强调生态中心主义是以生命为中心、以自然为中心的，而自然界包括人类和非人类。《印度宪法》第21条不仅保护人类的权利，还赋予人类保护濒危物种的义务，保护环境是生命权利不可分割的一部分。①

Goa Foundation v. Union of India（Judgment 18 July 2013）一案中，印度国家绿色法庭同样强调，当局应将保护世界遗产地作为发展和适用生态中心主义原则而非人类中心主义的契机。因此，采用以生态为中心的方法和相关的生态伦理能够更好地在环境司法过程中，优先考虑和执行物种保护法。

2. 广义解释“实质性问题”

具体的环境实质性问题往往需要政府当局作出决策来应对解决。然而，现实情况是当局诸多的不作为，导致民众环境权利受到损害。民众是否有权针对受到的损害起诉政府当局成为双方争议的焦点。印度国家绿色法庭认为，基于《印度国家绿色法庭法》的规定，由于当局未履行其法定义务导致环境污染，印度国家绿色法庭即拥有对该案的管辖权。以下三个案例支持了这一观点。

在 *Satpal Singh v. Municipal Council Gardhiwala*（Judgment 25 April 2013）一案中，萨特帕尔·辛格及其他Gardhiwala镇居民认为市议会和旁遮普污染控制委员会未能执行《城市垃圾条例》（2000）和《旁遮普市法》（1911）第154条和第168条的规定。居民的健康因当局的失职受到不利影响，当局未能保证当地社区居民享有无污染空气和洁净水的基本权

① 见案件 *Sudeip Shrivastava v. State of Chattisgarh* Judgment 24 March 2014.

利。印度国家绿色法庭支持申请人的诉请，并要求当局立即采取行动，将垃圾倾倒场迁至离居民区较远的适当地点，并且要求当局每半年提交一份关于该垃圾倾倒场未来两年进展情况的规划书。

在 *Rohit Chaudhary v. Union of India*（Judgment 7 September 2012）一案中，针对加济兰加生态敏感区免受来自加济兰加国家公园及其周围无管制采石采矿活动的影响，印度国家绿色法庭认为当局无情和漠不关心的态度以及违反法律的行为导致国家公园及其周边建立了污染工业区，这威胁到加济兰加地区生物多样性、生态敏感地区、生态和环境。当局的不作为使得法庭拥有对此案的管辖权。法庭指示当局应立即关闭非法工业企业，或将其迁出禁止开发区。同时，法庭还指示环境和森林部以及阿萨姆邦政府拿出 10 万卢比（1000 英镑）用于保护和恢复加济兰加国家公园的生态和环境。

Goa Foundation v. Union of India（Judgment 18 July 2013）案中，两个非政府组织（果阿基金会和果阿邦和平社会组织）提出诉请，要求果阿邦政府按照西高止山脉生态专家小组的要求，采取措施保护西高止山脉。印度联邦坚持印度国家绿色法庭不能受理此案，认为在专家小组的报告被环境和森林部审议前，印度国家绿色法庭并不具备对该问题的管辖权。印度国家绿色法庭认为当局必须维持和确保环境平衡，而当局采取的立场不利于保护西部高止山脉，因此，法庭拥有对该问题的管辖。

3. 广义解释“环境”

在 *Tribunal on its Own Motion v. Secretary of State*（Judgment 4 April 2014）一案中，印度国家绿色法庭博帕尔分庭虽然因《印度野生动物（保护）法》（1972）没有被列入附录 I 而不具备管辖权，但是其依旧认为，某一特定生态系统的野生动物是《印度国家绿色法庭法》所定义的“环境”的一部分，任何对野生动物造成损害的行动，或可能对野生动物造成损害的行为，都不能排除在法庭的管辖范围之外。

（二）广泛运用多种手段扩张司法管辖权

1. 法庭基于主动审判权（*suo moto*）扩张管辖权

欧美法庭有一项源自于罗马法的权利——“on its own motion”。罗马法中“on its own motion”描述的是未经另一方正式提起而采取的权威行为。现代法律体系中该术语通常适用于法官未经当事人事先提议或请求而采取的司法行为。这一术语通常适用于法庭自身的行为，也可合理地适用于政府机构和以官方身份行事的个人的行为。

当一方当事人提出管辖权异议时，此当事人可能会要求法官移交案件。因此，法律规定若当事人不进行一般性的出庭，就不能证明管辖权有问题。对于否定采取“on its own motion”行动的常见理由是，法官裁定法院不具标的管辖权，或案件因利益冲突而移送至另一名法官审理。

印度最高法院也提出了一种关于如何启动这种特殊诉讼程序（*suo moto cognizance*）的思路。印度最高法院成立公益诉讼小组，相关案件由审理法官交给该小组审查，该小组审查后提交首席大法官。此时，受理案件的法院不受《印度民事诉讼法》和《印度证据法》的约束。为实现《印度宪法》第32条的目标和宗旨，相关法官可以设计审判程序或其他程序。

在一系列案件中，国家绿色法庭已经基于报纸的报道主动行使了对一些环境事务的审判权。例如，科瓦兰河河口①堆积的废弃物的不当处理，造成环境污染，危及人们健康。② 这起污染案件是印度国家绿色法庭展现其主动审判权的诉讼程序的例证。再如，喜马偕尔邦车辆增加③、坎哈国家公园老虎保护区内开采白云石矿④、供水管道和钻孔井污染德里地下水⑤等都是印度国家绿色法庭启动 *suo motu* 程序的例证。这些案件反映了印度国家绿色法庭认为以环境保护和人类福利为由而扩张其管辖权的可行性。

2. 综合运用各种原则

法庭审理和解决一个基于《印度国家绿色法庭法》规定的实质性环境问题而引起的争端。⑥ 在审理该实质性环境问题时，国家绿色法庭有权依

---

① 见案件 *Tribunal on its Own Motion v. Secretary*, MoEF 2013 SCC Online NGT 1083.

② 见案件 *Tribunal on its Own Motion v. State of Kerala* 2014 SCC Online NGT6763.

③ 见案件 *Court on its Own Motion v. State of Himachal Pradesh*（Judgment 6 February 2014）.

④ 见案件 *Tribunal on its Own Motion v. Secretary*, *MoEF*（Judgment 4å April 2014）.

⑤ 见案件 *Tribunal on its Own Motion v. Government of NCT*, *Delhi* Order, 19 June 2015.

⑥ NGT Act Section 14（2）: The Tribunal shall hear the disputes arising from the question referred to in subsection（1）and settle such disputes and pass order thereon.

据可持续发展原则、风险预防原则和污染者付费原则发布命令、决定或裁决。① 在 *Manoj Misra v. Union of India*（Judgment 13 January 2015）中，印度国家绿色法庭认为，这些原则是法庭判决案件的基础。事实上，为更恰当地分配环境正义，必须统筹适用风险预防原则、污染者付费原则和可持续发展原则这三项基本原则。

此外，运用自然正义原则也是国家绿色法庭扩张其司法管辖权的方式。自然正义原则是英国及英联邦国家法律体系中的特定程序权利。它类似于美国公平程序和程序正当的概念。自然正义原则表达了普通法与道德原则之间的密切关系。虽然“自然正义”一词通常被保留为一般概念，但在诸如澳大利亚这样的司法管辖区和英国，它已经被更普遍的“公平行事义务”所取代和扩展。自然正义原则分为两部分，即反对偏见的规则以及公平的权利听证会。② 自然正义原则有三项基本规则，即听双方之词（听证权）、禁止自己裁判（否决偏见）和发言规则（理性的决策）。③

基于自然正义原则，印度国家绿色法庭通过上诉管辖权审查印度管理当局颁布的相关政令的合法性和正当性。尽管自然正义原则不具有法定效力，但是否遵循自然正义原则是衡量与判断法律规则遵守情况的基本准则。法庭通过适用自然正义原则，确保法律得到法定管理机构公正、客观和公平的适用。④ 违反自然正义原则，只要影响到第三方的权利，就会使相关行政或准司法行为失效。

在 *Rajasthan Rajya Vidyut Utpadan Nigam Ltd Jaipur v. Cess Appellate Committee*（Judgment 20 August 2015）一案中，税率上诉委员会在下发要求

---

① NGT Act Section 20：The Tribunal shall, while passing any order or decision or award, apply the principles of sustainable development, the precautionary principle and the polluter pays principle.

② *nemo iudex in causa sua*, *audi alteram partem*.

③ *audi alteram partem*（right to be heard）, *nemo judex in re sua*（rule against bias）and *speaking orders*（reasoned decision）

④ 参见以下案件 *M/S Sterlite Industries*（*India*）*Ltd v. Tamil Nadu Pollution Control Board* Judgment 8 August 2013；*M/S Sesa Goa Ltd v. State of Goa* Judgment 11 April 2013；*Ashish Rajanbhai Shah v. Union of India* Judgment 11 July 2013；*M/S Techno Engineering v. Maharashtra Pollution Control Board* Judgment 1 January 2015；*Kranti S S Karkhana v. Revenue and Forest Department* Judgment 15 January 2015.

上诉人履行关于承担付税责任的命令之前未举行听证会。印度国家绿色法庭指出，即使在准司法事务中，当局基于授权作出决定时也必须遵守自然正义原则。

在 *P S Vajiravel v. Chairman Tamil Nadu Pollution Control Board*（Judgment 26 March 2015）一案中，上诉人就被告向其发出的查封令提出上诉。被告未经听证，于2012年10月28日向上诉人送达了一项查封令。印度国家绿色法庭认为上诉人事先没有得到任何通知，也没有得到足够的机会陈述其案情。被告下达查封令的行为违反自然正义原则。上诉人的诉求得到法庭的批准。

同样，在 *M/S Om Shakthi Engineering Works v. Chairman Tamil Nadu Pollution Control Board*（Judgment 10 April 2012）一案中，污染控制委员会根据《印度环境（保护）法》（1986年）和《印度大气（预防和控制污染）法》（1981年），以噪音污染为由下令关闭上诉人的工程车间，且指令电力部门停止供电。上诉人事先既没有接到污染控制委员会的通知，也没有获得相关听证机会。印度国家绿色法庭取消了查封令，恢复了电力供应，理由是污染控制委员会适用自然正义原则时带有任意性和不合理性。

三、印度国家绿色法庭司法管辖权扩张所带来的争议

（一）印度国家绿色法庭是否具有在环境事务上的主动审判权（*suo motu*）

《印度国家绿色法庭法》中并未明确规定印度国家绿色法庭是否有权启动基于主动审判权的诉讼程序，起初在 *Baijnath Prajapati v. MoEF*（Judgment 20 January 2012）一案中，印度国家绿色法庭认为其没有被授予这一权力。随着受理环境案件类型的增多，以及被授权制定适合自身的诉讼程序，主动审判权就成为印度国家绿色法庭全面有效发挥职能的重要方式。虽然创设诉讼程序是为了获取更大的公众和环境保护利益，但如何界定印度国家绿色法庭主动审判权的权限成为多方争议的焦点。印度环境和森林部及马德拉斯高等法院都针对印度国家绿色法庭的主动审判权提出了异议，认为这超出了其法定权力范围。高等法院担心印度国家绿色法庭行使主动审判权的行为单方面扩大了审理环境案件的权力。马德拉斯高等法院

阻止印度国家绿色法庭钦奈分庭提起相关诉讼并支持了所谓司法越权的指控。高等法院认为，印度国家绿色法庭不是高等法院的替代品。其必须在《印度国家绿色法庭法》（2010）规定的范围内运作。在《印度国家绿色法庭法》或根据该法案制定的相关规则中，没有提到印度国家绿色法庭有权主动对任何人或法定当局提起环境诉讼。[①] 因此，马德拉斯高等法院于2015 年 7 月 7 日[②]通过的一项命令称，印度国家绿色法庭不应主动提起环境诉讼。

而印度国家绿色法庭在行使主动审判权时，不仅会和高等法院的司法权产生冲突，也会同印度环境和森林部之间产生权利冲突。在 2013 年提交给印度最高法院的一份证词中，印度外交部表示，印度国家绿色法庭未被授予主动审判权。因此，印度国家绿色法庭作为一个裁决机构，应当遵循《印度国家绿色法庭法》的规定。[③]

一些律师同样对印度国家绿色法庭行使主动审判权持保留意见。他们认为，法庭是一个法定机构，其管辖权是在法律中规定的，法庭不能随意扩大其管辖范围。尽管印度国家绿色法庭适用主动审判权是合法的，但这种毫无意义的行为受到了印度最高法院及环境和森林部的质疑。[④]

印度国家绿色法庭针对各界的争论，坚持认为有关主动审判权的管辖权必须成为印度国家绿色法庭的组成部分。《印度国家绿色法庭法》允许印度国家绿色法庭自行制定相关诉讼程序，那么就意味着法案允许法庭广

---

① "Green tribunal's wings clipped, Madras High Court halts suo moto proceedings", Times of India, 3 January 2014. http：//timesofindia. indiatimes. com/city/chenai/Green - tribunals - wings - clipped - Madras - High - court - halts - suo - moto - proceedings/articleshow/28346066. cms.

② 见案件 *P Sundarajan v. Deputy Registrar NGT*（2015）4 LW 23 第 27 段；*Vellore Citizen Welfare Forum.*

③ "No suo noto powers provided for you, MoEF tells green tribunal" *India Express*, 26 August 2013. http：//archive. indianexpress. com/news/no - suo - moto - powers - provided - for - you - noef - tells - green - tribunal/1160046/.

④ 见案件 *Tribunal on its Own Motion v. Government of NCT*, *Delhi* Order, 19 June 2015. In an affidavit filed before the Supreme Court, the MoEF stated that："...the government of India has not agreed to confer suo motu powers onthe Tribunal. It is for the NGT, an adjudicatory body, to follow the provisions of the NGT Act 2010."

泛扩张其司法管辖权，以寻找符合公共利益的紧迫的环境问题。①

(二) 印度国家绿色法庭是否具有司法审查权

印度国家绿色法庭主张法庭在实现环境权方面具有相当广泛的权力，这是“作为民事法庭的必备条件”。而行使司法审查权是“快速而有效处理这些案件内在而本质的要求”。印度国家绿色法庭基于《印度国家绿色法庭法》享有完全独立的司法权，具有与普通法院相同的司法地位。

在 *Wilfred J v. MoEF*（Judgment 17 July 2014）一案中，印度国家绿色法庭通过行使司法审查权审查授权立法的合宪性。这一司法审查行为引起各界不同的看法。环保主义者 Ritwick Dutta and Rahul Choudhary 认为，印度国家绿色法庭针对一项行政决定的过程和结果进行司法审查，有利于保护公民个人免受政府当局滥用或误用权力的侵害。律师 Rajeev Dhavan 则认为，印度国家绿色法庭的这种行为有试图获得高等法院权力的嫌疑。印度国家绿色法庭不能推翻一项法令，只能审查该行政决定是否符合《印度国家绿色法庭法》第 20 条设置的三项原则。而对于政府当局，印度国家绿色法庭相当于攫取了其原有的权力。印度环境与森林部亦认为印度国家绿色法庭只能审查政府决定，而不能推翻一部法令。

宪法专家认为，印度国家绿色法庭超越了其法定职权，不恰当地获得了仅限高等法院享有的权力。司法审查权是印度宪法所规定的高等法院基本权力的一部分。高等法院有权对各自管辖范围内的法院和法庭能否行使司法审查权进行审查，这是一项确定的法律规则。印度最高法院在 *L Chandra Kumar v. Union of India*（1997）3 SCC 261 一案中明确指出，除高等法院和最高法院外的所有法庭不被赋予司法审查的权力。

对此，印度国家绿色法庭有不同的看法。于 *Wilfred v. MoEF* 和 *Kalpavriksh v. Union of India*（都是 2014 年 7 月 17 日的判决）中，印度国家绿

① 参见案件 *Tribunal on its Own Motion v. District Collector, Sivaganga District* 2014 SCC OnLine 1450; *Tribunal on its Own Motion v. Union of India* 2014 SCC OnLine 1433; *Tribunal on its Own Motion v. Union of India* 2014 SCC OnLine 2352; *Tribunal on its Own Motion v. The Secretary, MoEF* 2013 SCC OnLine 1086; *Tribunal on its Own Motion v. State of Tamil Nadu, Municipal Administration and Water Supply Department* 2013 SCC Online 1105.

色法庭均表明，为行使必要的权力，法庭必须扩大自己的权力；本法庭不仅可以通过默示适用法律原则，而且通基于《印度国家绿色法庭法》第19条享有制定独特程序和遵循自然正义原则的权力。印度国家绿色法庭进一步强调，如果法庭没有权力根据《印度国家绿色法庭法》的规定审查相关行政命令的正确性或合宪性，这将是对司法正义的嘲弄。有关环境的实质性问题，只有在符合《印度国家绿色法庭法》规定的管辖权的情况下才可提出。印度国家绿色法庭如若不享有司法审查权，则不可能对提出的实质性环境问题作出有效和全面的裁决。

（三）印度国家绿色法庭司法管辖权与高等法院范围交叉

管辖权扩张带来的另一问题，就是印度国家绿色法庭同高等法院之间管辖权区分不明。《印度宪法》第226条①规定了印度高等法院的司法管辖权，当事人是否可以据此向高等法院上诉？而《印度国家绿色法庭法》清楚地规定了印度国家绿色法庭属于民事法庭，但未明确规定其上诉法院为高等法院或联邦法院。那是不是意味着高等法院无权管辖印度国家绿色法庭的判决？《印度国家绿色法庭法》第22条②只规定针对印度国家绿色法

① Article 226 Constitution of India deals with the power of High Courts to issue certain writs. It states: Notwithstanding anything in Article 32 every High Court shall have powers, throughout the territories in relation to which it exercises jurisdiction, to issue to any person or authority, including in appropriate cases, any Government, within those territories directions, orders or writs, including writs in the nature of habeas corpus, mandamus, prohibitions, quowarranto and certiorari, or any of them, for the enforcement of any of the rights conferred by Part III and for any other purpose....

② NGT Act Section 22: Any person aggrieved by an award, decision or order of the Tribunal, may, file an appeal to the Supreme Court, within ninety days from the date of communication of the award, decision or order of the Tribunal, to him, on any one or more of the grounds specified in section 100 of the Code of Civil Procedure, 1908: Provided that the Superme Court may entrtain any appeal after the expiry of ninety days, if it is satisfied that the appellant was prevented by sufficient cause from preferring the appeal.

庭的判决，可以向印度最高法院提起上诉。该法第29条①也是只明确排除了民事法庭的司法管辖权。

在 *Kollidam Aaru Pathukappu Nala Sangam v. Union of India*（2014）SCC Online Mad 4928 一案中，马德拉斯高等法院分庭认为，高等法院有权受理针对印度国家绿色法庭判决的上诉。分庭强调，尽管《印度国家绿色法庭法》第29条排除了民事法庭对环境案件的司法管辖权，但《印度宪法》第226条、第227条规定的高等法院的司法管辖权并未被排除。遵照印度最高法院对 *L Chandra Kumar v. Union of India*（1997）3 SCC 261 一案的判决，该分庭认为，《印度宪法》第226条、第227条所授予高等法院的司法管辖权以及第32条授予印度最高法院的司法管辖权不得被排除。针对印度国家绿色法庭决定的上诉必须首先向高院或其分庭提起，且当事人不得被强迫向印度最高法院递交特别移送管辖申请。*T Sudhakar Prasad v. Government of Arunachal Pradesh*（2001）1 SCC 516 一案中明确提出，印度国家绿色法庭行使高等法院的司法管辖权是对高等法院职能的额外补充，但二者并不享有同等地位，印度国家绿色法庭受高等法院司法审查和司法监督的制约。②

Court on its Own Motion v. National Highway Authority of India（2015）SCC Online Bom 6353 一案中，孟买高等法院同意马德拉斯高等法院的观点，认为高等法院对其管辖范围内的所有法庭行使司法审查权，是法定的权利。从 *Mira Bhaindar Municipal Corporaion v. Nagri Hakka Sangharsh Samiti*（2015）SCC Online Bom 6992 一案可以看出，法院认为，印度国家绿色法

---

① NGT Act Section 29:（1）With effect from the date of establishment of the Tribunal under this Act, no civil court shall have jurisdivtion to entertain any appeal in respect of any matter, which the Tribunal is empowered to determine under its appellate jurisdiction.

（2）No civil court shall have jurisdiction to settle dispute or entertain any question relating to any claim for granting any relief or compensation or restitution of property damaged or environment damaged which may be adjudicated upon by the Tribunal, and no injunction in respect of any action taken or to be taken by or before the Tribunal in respect of the settlement of such dispute or any such claim for granting any relief or compensation orrestitution of property damaged or environment damaged shall be granted by the civil court.

② 见案件 *Vijaylakhmi Shanmugam v. Secretary, MoEF*（2014）SCC Online Mad 256.

庭应服从孟买法院的判决，因而针对印度国家绿色法庭的上诉必须由高等法院审理。[①]

Shrushti Paryavaran Mandal v. Union of India（Order 7 September 2015）一案，是高等法院和国家绿色法庭之间管辖权冲突的又一例证。印度国家绿色法庭德里主法庭基于《印度国家绿色法庭法》第 26 条启动藐视法庭罪的诉讼程序，判令扣押马哈拉施特拉邦的森林和环境部部长、印度国家公路局首席总经理、森林首席负责人的财产，认为被告在曼萨尔和哈瓦亚之间的国家 7 号高速公路上砍伐树木的行为违反先前判令。而在 *Court on its Own Motion v. National Highway Authority of India* 一案中，孟买高等法院中止了印度国家绿色法庭的审理程序，认为此案属于高等法院管辖范围，印度国家绿色法庭的主法庭对于在马哈拉施特拉邦提起的诉讼没有司法管辖权，而继续对申请人进行藐视法庭的审理既不符合司法利益，也不符合宪法法院的指令。

（四）案件量大且易积压

印度国家绿色法庭面临的另一重大问题是案件审理不及时。诉讼数量逐年增加、各分庭资源有限、巡回法庭数量不足、法官经常轮换和调任、申请人不按时递交材料、政府当局利用延期审理程序不配合法庭工作等诸多问题，导致印度国家绿色法庭案件大量积压、数量剧增。[②]

案件积压是印度各级法院的常态。正如印度最高法院法官马登洛克所说："印度最高法院目前有待办案件 65000 件，法院的案件堆积如山。"[③]而印度全国则有超过 3000 万件案件积压待办。据印度彭博商业周刊报道："如果全国的法官不眠不休地处理这些积压待办的案件，以每小时处理 100 起案件的速度，仍需超过 35 年的时间才能赶上进度。据 2013 年统计结果显示，印度每百万人口中只有 15.5 名法官，而印度最高法院待办案件数量

---

① 见案件 *Anil Hoble v. Kashinath Jairam Shetye*（2015）SCC Online Bom 3699.

② Interviews with advocates between 2014 – 2015 in all NGT benches.

③ Supreme Court swamped with pending cases Hans India, 22 November 2016, www.thehansindia.com/posts/index/Telangana/2015 - 11 - 22/Supreme - Court - Swamped - with - pending - cases - Judge/188090.

到2014年12月1日为止已达64919件。”①

虽然如此大量的案件积压致使印度其他法院工作效率不高，进而导致司法决策系统的普遍瘫痪，但国家绿色法庭尚不受这一情况影响。尽管如此，印度国家绿色法庭也面临着不容乐观的办案压力。除非补充额外的资源和法官，否则，印度国家绿色法庭同样要面临案件日渐增多、不能及时处理的问题。官方数据表明，2012年（印度国家绿色法庭运行的第一年度），德里和金奈率先设立的印度国家绿色法庭分庭受理了548起案件，处理了523起案件。此后，其他分庭开始运行。截至2015年末，印度国家绿色法庭受理的6158起案件中，仅处理了2191起，有2144起案件等待审理。②

不过，有趣的是，作为印度国家绿色法庭主席的斯瓦坦特·库马尔大法官曾在一天中，用11个不同的判决解决了112起案件和大量庞杂的申请。③ 这说明印度国家绿色法庭虽然受理案件数量庞大，但具体环境损害类型较为统一，可以归类审理。这不失为解决案件积压的一种好方法。

四、印度国家绿色法庭司法管辖权扩张的启示

近十年，环境司法专门化的兴起和推进是我国环境司法的重大进展。建立环境司法专门机构——环境资源审判庭，健全专门环境司法制度——专业化环境审理。④ 十九大报告对生态文明建设的全面部署，为新时代的环境资源司法创造了新机遇、提出了新挑战，需要环境资源司法确定专门化维度、精细化路径、个案公正价值导向的新目标。⑤ 作为发展中大国，中国也同印度一样，面临着亟需依法解决的严峻的经济发展同生态环境保护的矛盾。为进一步推进环境司法专门化，更好地发挥环境资源审判功能，对比中印两国环境法庭的发展情况，印度国家绿色法庭扩张司法管辖

---

① www. bloomberg. com/news/articles/2015 - 01 - 08/indias - courts - resist - reform - backlog - at - 314 - million - cases.

② NGT International Journal on Environment (2016) volume 1.

③ Official Note, NGT, 13 January 2015 www. greentribunal. gov. in/news_ detail. aspx.

④ 蔡守秋：《当代环境司法的新进展》，载《人民法治》2018年第4期。

⑤ 吕忠梅：《新时代中国环境资源司法面临的新机遇新挑战》，载《环境保护》2018年第1期。

权的相应举措，值得我们学习借鉴。

（一）扩张解释环境法律术语

印度国家绿色法庭通过诸多案件的裁判扩张解释三类术语的具体含义，从而扩张司法管辖权。这不仅使更多的环境案件能够进入法院，使环境受害者的权益得到司法的救济，也促进了印度国家绿色法庭司法职能的有效发挥。反观我国情况，一方面，很多专门设立的环境资源审判庭还存在着受理案件不足、“吃不饱”的问题；另一方面，相当多的当事人无法就自身遭受的环境污染损害向法院提起诉讼并得到受理。因此，如何借鉴印度国家绿色法庭的做法，将扩张解释作为法律解释的基本方法，通过多种手段广义解释“环境”等相关术语以扩大受案范围，是我国需要关注、研究的一个重要方面。

当然，在我国没有判例法传统，要想实现这一目的，更多地需要通过立法解释、司法解释等释义法条，细化规则。近年来，最高人民法院发布的指导性案例的指导作用也日益明显。由此建议，最高人民法院更多地通过司法解释或者指导性案例扩张解释关键术语，由此增加我国环境案件受案类型，扩大环境案件的司法管辖权。

（二）扩大原告主体资格范围

印度国家绿色法庭认为任何人甚至非人类都可以作为诉讼主体参与环境诉讼。这种不限制原告主体的开放式起诉资格制度，有利于保证公众广泛参与到环境保护中。反观我国环境诉讼关于原告的规定有诸多限制，环境私益诉讼严格要求原告必须有直接利害关系，环境公益诉讼的原告必须是检察机关或符合要求的公益组织，生态损害赔偿诉讼的原告则仅限经授权的省市级政府及其主管部门。

我国仍需扩大环境公益诉讼原告主体资格范围，将公益诉讼同私益诉讼相结合，赋予公民个人环境公益诉权。准许公民个人提起环境公益诉讼，能够更好地落实公众参与原则，有利于加强对环保机关行政执法和企业履行环保义务情况的监督，全方位强化我国的环境生态保护工作。[①] 在现行法律框架下，即使公民个人不能直接提起环境民事公益诉讼，但其为

① 王翼妍：《略谈环境公益诉讼的原告资格》，载《人民司法·应用》2017年第4期。

保护自身利益提起的私益诉讼中，仍然存在着维护环境公益的很大的延伸空间。① 在很多情况下，损害公共利益的行为也会损害私人利益，公民、法人和其他组织可以依据《民事诉讼法》第119条规定的“直接利害关系原则”提起诉讼，达到直接保护个人利益，间接保全公共利益的效果。②

此外，还可以考虑充分借鉴印度国家绿色法庭依据 suo moto 理念主动审理环境污染案件的做法，进一步强化我国环境法庭的能动司法行为。法庭作为案件发起者，支持环境资源审判庭。尽管我国立法并未授权法院主动启动诉讼的权力，但基于环境问题的特殊性，应当赋予法院和法官针对环境污染案件“风闻奏事”的权力。在目前的法律框架下，应当特别强调环境案件审理中的司法能动性。在未来适当时候，还可以通过修改诉讼法赋予法院主动审判权，允许法院对一些重大生态环境问题主动启动相关诉讼程序。

（三）创设独特环境司法模式

环境问题的复杂性造就了环境资源案件法律关系的复合性，因而无法用传统方式定义、处理这些案件。印度国家绿色法庭只能受理环境民事案件，不能受理环境刑事案件的规定，一直是相关法官所遗憾的问题。在 *MP Pollution Control Board v. Commissioner Municipal Corporation Bhopal* (Judgment 8 August 2013) 一案中，印度国家绿色法庭的法官表示，法庭不能审理涉刑事环境案件是不合理的，但因为法律这样规定，不得不遵守。也有印度学者认为，除常规环境案件，“附带环境案件”也应当成为印度国家绿色法庭管辖权的一部分。若能进一步界定附带环境案件的范围，也将有助于重新界定印度国家绿色法庭初审管辖权的范围。③

由此联系我国环境案件的审理，也可考虑创设适应环境案件审理需

---

① 王翼妍、满红杰：《论环境民事公益诉讼原告资格的实践扩张》，载《法律适用》2017年第7期。

② 王胜明主编：《中华人民共和国民事诉讼法释义》，法律出版社2013年版，第112～113页。

③ Interview 14 April 2015; “SC stays own decision to transfer environmental cases” Down To Earth, 15 April 2014. www. downtoearth. org. in/news/sc - stays - own - decision - to - transfer - environmental - cases - from - high - courts - to - green - Tribunal - 44068.

要、具有环境审判特色的司法模式，要将环境民事案件、环境行政案件、环境刑事案件广泛纳入环境资源审判范围中。目前，我国在环境资源案件一体化审理方面卓有成效地开展了审理模式创新。最高人民法院继2016年实行环境资源民事、行政案件“二合一”审理模式后，2017年开始在最高人民法院第三巡回法庭探索实行环境资源刑事、民事、行政案件“三合一”审理模式。部分基层人民法院的环境资源审判庭也已探索实行民事、行政乃至刑事案件的“二合一”或“三合一”审理模式。①

“多审合一”的环境案件审理经验，应该推广到全国各级环境资源审判庭，探索适合本地区的“多合一”环境诉讼审理模式。将涉环境诉讼统一归环境资源审判庭审理，由该庭根据环境损害行为分类处理相关案件。这样既节省审判资源，又可以综合处理案涉问题，提高审判效率。除创新审判模式，还应在执行、调节、磋商等方面，创设符合环境问题特殊性的独特环境司法模式。

（四）灵活运用绿色原则和基本原则

印度宪法确认公民具有环境权，强化了环境权益的保护；我国生态文明入宪，亦具有异曲同工之妙。但印度国家绿色法庭倡导生态中心主义理念，灵活运用环境权及各项原则审理案件的系列做法，则是我国环境司法审判应当学习借鉴的。我国《民法总则》第9条规定了绿色原则，强调民事主体从事民事活动，应当有利于节约资源、保护生态环境，《环境保护法》第5条亦规定了环境保护要坚持保护优先、预防为主、综合治理、公众参与、损害担责的原则。如何进一步更新适应新时代要求的环境案件司法理念，统筹运用《民法总则》第9条和《环境保护法》第5条规定的各项原则，是我国今后研究和实践的重点，也是扩张司法管辖范围的一种手段。

（本文仅代表作者个人观点）

---

① 蔡守秋：《当代环境司法的新进展》，载《人民法治》2018第4期。在18个设立专门环境资源审判机构的高级人民法院中，贵州、河南、青海实行“二合一”审理模式；福建、江苏、河北、重庆、海南、四川、新疆实行“三合一”审理模式；云南实行刑事、民事、行政审判以及公益诉讼案件执行“三加一”审理执行模式。

——编辑后语——

法律应当坚持国际性还是本土性一直是个仁智互现的话题，学者之间的交锋已有不少，终也难分伯仲。但是不管怎么说，契约法是最为接近“国际法”的法律领域应无争议，台湾大学陈聪富教授撰写的《国际契约法统合和契约法之修订》以台湾地区“民法”修改为背景，广泛征引了具体合同制度的趋同现象，进而指出国际契约法正处于统合趋势之中，台湾地区“民法”应与全世界的契约法修订的趋势一致。反观大陆《合同法》，广泛借鉴国际先进立法也一直被视为“成功”之要素，正在编纂的民法典亦会坚持开放的理念和包容的心态。可是，问题总是发生在细微处，预期违约与不安抗辩权导致的制度重复、效率违约与继续履行的冲突、无过错归责原则与我国文化心理的龃龉等在理论界已非新事，国际契约法能否与本土法兼容依然是不容忽视的隐忧，未来如何将国际契约法进行本土化改造任重而道远。

侵权法和合同法的关系是另一个法学“幽灵”，尤其是如何处理二者竞合的问题，学者们殚精竭虑。德国波鸿大学彼得·A·温德尔教授也未能“脱俗”，在《合同责任与侵权责任的统合与区分》一文再次探讨了合同责任和侵权责任之间的关系：二者统合的基础是统一的责任基础或者统一的责任结构？二者区分的意义是什么？保护的利益、形态和范围有何不同？如果二者竞合又当如何处理？作者对这一连串问题的自问自答体现了原汁原味的德国法风格，抽象思辨、技术理性、提取公因式等，不一而足。作者的论述是否具有说服力，“一千个读者就有一千个哈姆雷特”，读者可以亲自品鉴。但有一点是确定的，合同责任与侵权责任只是人为拟制的分析工具，应当是“我们的仆人，而不是主人”，损害赔偿范围不应仅仅因为划入不同的法律范畴就产生差别。

“职业打假”问题是近年来理论和实践的双重“争点”，且历久弥新，尤其是食品标签引发的十倍食品安全惩罚性赔偿纠纷和三倍消费者欺诈惩罚性赔偿纠纷，已然成为消费者诉讼洼地。宋硕和马欣法官在《反思与矫正：食品标签惩罚性赔偿纠纷裁判难题及应对——以法律适用逻辑思维为方法》一文中，基于实践经验和法理思考检视了司法裁判的矛盾立场，倡言食品标签纠纷不止是法律概念上的形式判断，还是一个实质的价值“评价（判断）—论证（解释）”过程。诚然，法律概念对法律结果的稳定性和可预期性断然有益，但“职业打假”实为不同价值冲突的结果，裁判者就不得不倚赖于价值判断方法进行补充，通过对个案中知假买假行为可能带来的社会效应作出评价，最终进行权衡与取舍。

说完作者的“贡献”之后，不妨反躬自问，“你的贡献是什么”，这是萦绕在所有学术出版物心中的问题。知识增量？显然不是，在网络时代，知识问题不是匮乏而是泛滥，读者的甄别成本太高，大多数学术出版物都切切实实地被“藏之名山，付诸后世”了。经济效益？这个可能性更小，学术出版物大都不以盈利为目的，真正的学者亦不会以经济财富作为终极价值追求。历史学家汤因比在考察完世界各个文明之后，曾在《历史研究》一书中断言，文明的兴衰荣辱最终都要归因于特定民族在面对困境时作出的选择，器物制度只是这一选择的衍生物。其实，出版物又何尝不是这样，淘尽种种外在的理由，剩下的只是坚守的初心，有时候可能也仅此而已——为理论与实践搭建沟通的桥梁，我们纯粹地希望着、努力着、前行着。

——征稿启事——

《判解研究》系教育部人文社会科学重点研究基地——中国人民大学民商事法律科学研究中心主办、《判解研究》编辑部编辑、人民法院出版社出版的，面向海内外公开发行的全国性法律专业连续性出版物。本刊秉持“加强判解研究，推进司法改革”的宗旨，以裁判实践以及相关法律、司法解释的研究为基本关注，设有法学专论、司法解释之窗、法官论坛、判例评析、公报案例评析、焦点笔谈、调查与研究、海外判例选介等多个栏目，力图多视角、全方位地追踪和展示中国的判例、司法解释及相关研究之全貌，总结司法经验，探求法治精神，积极推动国家法制建设与法学研究的发展。

本丛书恪守求实、严谨、公正的办刊理念，弘扬兼容并蓄的学术传统，诚邀法学理论及实务工作者惠赐佳作。来稿要求：

1. 来稿应属未以任何形式公开发表过的作品。本丛书不接受一稿多投，因此类行为给本丛书造成不良影响和损失的，将予以严肃追究。

2. 本丛书对来稿的篇幅原则上不作限定，但对于全文低于八千字或超过二万字（含注释部分文字）的稿件，适用更为谨慎的编审程序。

3. 来稿应遵守本丛书注释体例，注释以必要和合理为原则，不使用伪注；标点符号、数字的使用应遵守国家有关规定。

4. 案件评析的稿件应包含案情概要、裁判要旨以及学理评析三部分，且前两部分所占篇幅应限制在全文的五分之一以内；所评须为真实案例，并附注裁判文书字号。

5. 本丛书用稿实行匿名评审制度，请作者将姓名、出生年月、性别、工作单位、职称、学位、职务、通讯地址、联系电话、电子邮箱等个人信息，单独放在首页，稿件正文不要体现上述信息。

6. 本丛书不退来稿，稿件采用后，编辑部会及时与作者联系；稿件寄出后两个月未收到用稿通知，作者可另作处理。

7. 凡本丛书所发表的文章，自发表之日起一年内，由本刊享有专有版权和使用权，任何转载、摘登、翻译或集结出版等事宜，均须事先得到本刊编辑部的书面许可。

8. 来稿请寄：北京市海淀区中关村大街59号中国人民大学明德法学楼1015室《判解研究》编辑部（100872）；或发送邮箱：panjieyanjiu@163.com。

《判解研究》编辑部

附：《判解研究》注释体例

1. 文中注释一律采用脚注，每页独立注码，样式为：①②③等；

2. 非直接引用原文时，注释前加“参见”；引用非原始资料时，请注明“转引自”。

3. 请规范数字用法，其中非直接引用法条的序号用阿拉伯数字(包括正文)。

4. 注释及参考文献范例：

（1）著作类：

①《马克思恩格斯选集》（第4卷上册），人民出版社1972年版，第24页。

②佟柔：《中国民法》，法律出版社1990年版，第67页。

（2）论文类：

①苏永钦：《私法自治中的国家强制》，载《中外法学》2001年第1期。

（3）文集类：

①龚祥瑞：《比较宪法学的研究方法》，载《比较宪法研究论文集》（第一集），南京大学出版社1993年版。

（4）译作类：

①［古希腊］亚里士多德：《政治学》，吴寿彭译，商务印书馆1983年版，第54页。

（5）报纸类：

①张志铭：《现代化与中国律师制度的发展》，载《光明日报》2003年9月23日。

（6）古籍类：

①［清］沈家本：《沈寄簃先生遗书》甲编，第43卷。

（7）辞书类：

①《新英汉法律词典》，法律出版社1998年版，第24页。

（8）网络资料类：

①郑成思：《“入世”、知识产权保护与民商法的现代化》，载中国法学网 http：//www.iolaw.org.cn/showNews.asp？id=243，访问时间：2007年4月29日。

（9）英文类：

①L. Fuller，The Morality of Law，revised edition，New Haven：Yale University Press，1969，p. 143.

②See Roscoe Pound，The Spirit of the Common Law，New Brunswick：Transaction Publishers，1999，pp. 179 ~ 180.

③Joseph Raz，“Legal Principles and The Limits of Law”，81 Yale Law Journal（1972），p. 839.

④H. L. A. Hart，“Jhering's Heaven of Concepts and Modern Analytical Jurisprudence”，in Essays in Jurisprudence and Philosophy，London：Oxford University Press，1983，pp. 269 ~ 270.